# 生命教育

郭靜晃◇等著

# 郭序

　　臺灣社會正值政治民主化，經濟自由化，社會多元化的快速轉型時期，舊有的思維、價值及生活模式也要隨之調整。近年來，社會也在這些快速變遷之下，造成社會風氣日靡，功利主義盛行，也因此衍生不少的社會問題。在諸多問題的衝激之下，個人的生存意志變得薄弱，社會責任變得模糊，社會產生各種不同的亂象，也阻礙個人及社會適應朝向成長的進程，也讓人無不感慨社會病了。

　　天有不測風雲，人有旦夕禍福，自一九九九年九月二十一日及今年的桃芝颱風，讓大地一瞬間風雲變色，造成數百條生命在一夕之間，造成生離死別的哀慟，也不禁令人思考到底生命的本質與價值為何？而存活的人，帶著其一套獨特的遺傳結構，經由特定社會文化與歷史哲學展露個人之特質，而形成個體之敘事及生活型態，因此，人之行為是受社會環境之模塑而塑化其行為特質，所以，個體必須具有適應環境之能力以幫助個體獲得最適合的生存。

　　自新世紀以來，人類社會的內部矛盾和危機不斷加劇，泡沫經濟之後，經濟蕭條和失業的陰影再度籠罩人心，價值與利益的衝突，也造成緊張的世界局勢，甚至演變戰爭，如美國九一一事件及美阿衝突，諸此種種不僅威脅地區區域人的安全，進而也威脅人類生命的存亡；而社會關係的疏離、冷漠、社會生活的壓力，也造成個體的焦慮、憂鬱身心變化，更讓人頓時失去生活本質和價值感，這也衝激著人類存在的意義和生活之品質。

我國當前的教育政策將「終生學習」列爲重要施政目標，亦是人生生涯規劃的重要理念，加上教育部也將生命教育列入重要教育政策並制定今年爲「生命教育年」。有感生命教育的重要及當前市面上也缺乏一本淺顯及深入淺出的教科書，在揚智文化事業股份有限公司葉總經理忠賢熱情邀約之下，並希望由本系可以撰寫一本重視實務之應用與本土化的教材。因此，本書在構思起始，集合中國文化大學社會福利系專兼任同仁及兒童福利所研究生共同撰寫本書。本書共十七章，共計爲第一章：生命的意義、價值與目標（張瓊云著）、第二章：人生哲學與人生觀（林文琪著）、第三章：探討生命的本質（林麗眞著）、第四章：人權與人性尊嚴（胡中宜著）、第五章：宗教關懷與生命尊嚴（王順民著）、第六章：人生歷程與生命改變（郭靜晃著）、第七章：提昇生活及生活品質（黃惠如著）、第八章：生活品質與生命尊嚴相關社會資源簡介（黃志成、林貞谷著）、第九章：生涯規劃（黃志成著）、第十章：如何增進問題解決能力（胡慧嫈著）、第十一章：人際關係（蔡宏昭著）、第十二章：學業與工作的壓力調適（高嘉慧著）、第十三章：感情與婚姻生活的壓力調適（高嘉慧著）、第十四章：疏離與憂鬱（羅聿廷著）、第十五章：自殺行爲（郭靜晃著）、第十六章：從健康觀點談塑身減肥（林麗眞著）、第十七章：臨終關懷（林烝增著）。

　　本書的完成最能呼應團體合作的精神，也歸功於黃志成教授的精心策劃及熱情邀約作者來共襄盛舉，在有限的時間內，戮力完成此書。如果本書有不盡完善之處，請各位先進多多包涵、斧正，當請先輩先進，不吝雅正。

**郭靜晃** 謹識

陽明山華崗

# 作者簡介

## 1.生命的意義、價值與目標

作者：張瓊云

學歷：中國文化大學兒童福利研究所碩士

經歷：台南女子技術學院兼任講師

中國文化大學推廣教育部兼任講師

## 2.人生哲學與人生觀

作者：林文琪

學歷：中國文化大學哲學研究所博士

成功大學公共衛生研究所博士後研究

經歷：華梵大學美術系兼任助理教授

## 3.探討生命的本質

作者：林麗真

學歷：中國文化大學生活應用科學研究所

經歷：正因文化公司副總經理

## 4.人權與人性尊嚴

作者：胡中宜

學歷：東海大學社會工作研究所博士班肄業

經歷：玄奘大學社會福利系講師

## 5.宗教關懷與生命尊嚴

作者：王順民

學歷：中正大學社會福利研究所博士

經歷：中國文化大學社會福利系教授

### 6.人生歷程與生命改變

作者：郭靜晃

學歷：美國俄亥俄州立大學家庭關係與人類發展博士

經歷：中國文化大學社會福利系教授兼系主任

### 7.提昇生活及生活品質

作者：黃惠如

學歷：中國文化大學兒童福利研究所

### 8.生活品質與生命尊嚴相關社會資源簡介

作者：黃志成

學歷：美國紐約州立大學教育碩士

經歷：中國文化大學社會福利系教授

作者：林貞谷

學歷：輔仁大學醫學院心理復建系

### 9.生涯規劃

作者：黃志成

學歷：美國紐約州立大學教育碩士

經歷：中國文化大學社會福利系教授

### 10.如何增進問題解決能力

作者：胡慧嫈

學歷：東海大學社會工作研究所博士

經歷：中國文化大學社會福利系副教授

### 11.人際關係

作者：蔡宏昭

學歷：中正大學社會福利研究所博士

經歷：中國文化大學社會福利系副教授

### 12.學業與工作的壓力調適

作者：高嘉慧

學歷：中國文化大學生活應用科學研究所碩士

經歷：中國文化大學推廣教育部兼任講師

## 13.感情與婚姻生活的壓力調適

作者：高嘉慧

學歷：中國文化大學生活應用科學研究所碩士

經歷：中國文化大學推廣教育部兼任講師

## 14.疏離與憂鬱

作者：羅聿廷

學歷：中國文化大學兒童福利研究所

## 15.自殺行為

作者：郭靜晃

學歷：美國俄亥俄州立大學家庭關係與人類發展博士

經歷：中國文化大學社會福利系教授兼系主任

## 16.從健康觀點談塑身減肥

作者：林麗真

學歷：中國文化大學生活應用科學研究所

經歷：正因文化公司副總經理

## 17.臨終關懷

作者：林烝增

學歷：中國文化大學兒童福利研究所碩士

經歷：台北諮商輔導中心專任張老師

# 目錄

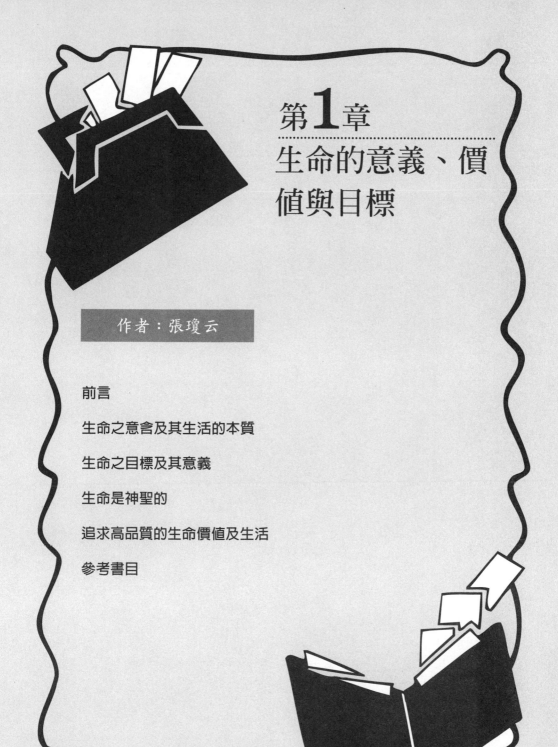

# 第1章
## 生命的意義、價值與目標

作者：張瓊云

死亡一定和生命一樣，是非凡的事情。

生命是很完整的。

悲傷、痛苦、快樂、妄念、佔有、嫉妒、愛、辛酸的孤獨
——都是生命。

要瞭解死，必須先瞭解生。

——克里希那穆提

## 前言

　　生與死，這是人生的兩大重要事件。要討論生命的起源與歷程，就必須面對人生中的老與死。而死亡的發生可能由於生病、發生意外、更可能是因為歲月流逝所導致的自然衰老。這些都是自然生物生命逐漸結束的明顯事實，隨著年齡的增長，我們不斷地發現自然生物所製造的問題，在歷經衰老的歷程，我們開始無法處理生活，於是「老」也成了問題。回溯過往生活，我們可能一輩子都沒有真正活過——我們持續地活在掙扎、痛苦、抉擇及焦慮當中。這一切都會表現在我們的臉上、身體上，也會表現在我們的態度上。

　　想要瞭解生命完整的動態，我們必須深入瞭解三件事情。這三件事情就是時間、意念，以及死亡。只要瞭解自我的意念，就會瞭解死亡是怎麼一回事，亦會知道時間是如何無情地流逝。如果我們認為意念和時間、死亡間沒有關係，我們絕對無法瞭解其間那非凡、奇妙的美與生命力。所謂「意念」是起自記憶的一種反應動作，是長期累積的，是世代傳襲的。意念其實就是記憶的一切，每當我們遇到挑戰或要求，其實都是記憶在做連結及反

應，所以意念也是屬於時間的，我們利用「時間」追求進步、成就事業、改變及創造某種結果。對大多數的人來說，時間是用來追求更大成就，用來培養能力、精進技術，以及達成目標的墊腳石， 不論這最後的終極目標是否值得受人稱許及肯定。同時，我們也需要「時間」來衝破社會加諸於人們的種種束縛，例如，宗教信仰、道德律及社會規範等，進而開創全新的前景及未來。

而要面對「死亡」的美及其非凡的本質，首先必須要先學會捨棄自己所熟悉的事物。唯有捨棄熟悉的事物，才能開始認識死亡，因爲這時的「意念」是全新的，是無懼的，是不受脅迫的。其原因在於，我們常感到恐懼的，其實不在於死亡的發生，而是害怕未知的未來，害怕失去熟悉、能掌握的事物。如果在生活當中不斷地擔心失去親人、排斥孤獨、恐懼不被認同、害怕失去所有的話，諸如此類的意念將延續製造我們永無止盡的痛苦及絕望。而事實上，「死亡」並不在遠方某處，而是在眼前、在當下。當你我正在講話之際，死亡就在當前。如果我們能知覺到這個事實，就表示我們已經完全不懼怕死亡。如此一來，所謂的生與死，從頭到尾其實是一體的，隨著時間的消逝，萬事萬物皆在不斷地死亡及重生，隨著意念及記憶的累積與聚集，生命即永生的在時間的洪流中延續下去。

而「延續」不就代表著時間的流轉？這「時間」指的絕對不是時鐘上的紀年時間，而是一種「我要活下去」的心靈意念，一種利用「時間」思考，藉以創造不朽的「我」的重生的意志。生命是脆弱的，它會因爲意外、病痛及衰老等原因而結束。凡是人都有延續生命的慾望。人想延續的，是他所收集的一切—— 知識、觀念、財產、信仰等，古埃及人有古埃及人的方法，現代人有現代人的做法。不論是土葬或是火葬，總是希望能有某些代表「我」的東西長久地延續下去。我們渴望延續，希望曾經經歷過、

掙扎過、獲得過、學習過、受苦過，及享樂過的「我」能「永生」的存在。於是，當我們知道人生必有死，自然生物肉體的結束是無法避免之際，我們開始有了種種的信仰、信條、復活、輪迴等千奇百怪藉以逃避面對死亡的方法。因為我們的心要的是「永久」，有了永久才有安全，人們藉由「上帝」、「觀念」的存在，證實自己永生的價值。但是到底有什麼東西是真正「永久」「不變」存在的呢？是姓氏、聲譽、家庭、房產，還是工作？古埃及人將自己的日常生活內容放進金字塔中，藉此追求不朽；古印度人藉由「我」的不斷輪迴，達到永生的最高原則；而基督教徒也會藉由復活來證明其生命的延續。由此可知，唯有正視「我」的價值才能永生不朽地存在。

　　「我」其實是由意念拼湊出來的。「我」會持續地在時間與空間中存在，「我」就是世界，世界就是「我」。「我」的意識就是世界的意識。「我」意識的內容就是世界意識的內容。而這意識的內容則是用「我」的名聲、家庭、信仰、財富及人生歷練所拼湊起來的。這就是「我」意識的所有，也是世界意識的所有。意念是起自記憶的反應，記憶又是儲存在腦裡的知識，這是一種物質轉換的過程。所以，腦一死，這個物質過程就會跟著死亡。而死後永久的事物，指的是不會受到時間影響，不會隨著文明、文化敗壞的，人間所經歷的一切經驗、知識、激奮、反應等都各自隨著「我」的存在而存在者皆屬之。但是如果過於執著於「延續」，就會害怕死亡，而失去品嘗生命存在價值的機會。亦即只要我們一心一意地想延續自我性格、行為、能力、名聲等的優勢時，就會開始擔心失去所有，害怕死亡或不幸的降臨，進而產生恐懼。在如此的心態之下，在面對事物延續時決不會產生「更新」，而事實上，唯有結束才能「更新」，唯有「更新」才能永生延續。

# 生命之意含及其生活的本質

生命其實沒有所謂「是」或「不是」的答案，但是，我們的心總是愛問「是」與「非」。因為我們從小到大所受的訓練及價值認定總是在教導我們應如何正確地判斷是非對錯，並加以確實地執行它。依循著這如宇宙黑洞、大怪獸般禮義教條遊戲規則行事的人，必定會備受社會肯定及接受，例如，在帝王時期標榜著婦女一生忠烈守節的「貞潔牌坊」，即是用來鼓勵喪夫之婦女應用其一生剩餘時間來守護家庭及其子女；相反地，對於改嫁之婦女，則以變節、不貞視之，而全然放棄了個人探究自我內在想法的心靈感受，也就是說，忽略了自己內心深處那呼喊著「我要…」、「我想…」的聲音。

我們都知道生命總有終止的一天。昨天還活著，今天不一定活著。今天活著，明天不一定活著。而生命的意義因人而異，因時而異。重要的不是廣泛地談論著一般生理性的生命意義，籠統地談論這個問題就如同問象棋大師：「請問大師，哪步棋是世界上最妙的棋？」一盤棋如果離開對局的具體形式以及對手的具體品性，就無從談論什麼是最妙的棋，甚至也無所謂的好棋。人的存在也是這個道理，我們所尋找的不是抽象的生命意義。每個人都有自己特定的人生使命或天職，及被要求完成所負與他的具體任務。在這一點上，每個人都是不可替代的，每個人的一生都不能重複，每個人完成其使命的特定機會也是如此。

漢德蘭（Hedlund, 1977）認為生命的意義指的是個人的意義，也就是個人存在的理由。它賦予個人力量與價值感，當個人能意識到自己存在的理由時，個人會感到有力量，並覺得自己存在是有價值的。此時個人將對自己的方向有清楚的認知，並有動

機完成自己所從事的工作。

克如柏夫（Crumbaugh, 1973）將生命的意義界定為一種能給予個體存在有方向感與價值感的目標，藉由實現此目標的過程，個體可以獲得「成為一個有價值的人」的認同感。

弗蘭克（Frankl, 1986）表示，生命可以從三個方面來獲得意義：第一，從我們所給予生活的東西中，即我們的創造物中；第二，從我們對世界所求取的東西中，即我們認為有價值的事情中；第三，從我們對命運所採納的立場中，這一立場是我們深信不可改變的。此外，從生存的悲劇性經驗中，從痛苦、死亡和愧疚中，也可以找到生命的意義（劉翔平，2001）。

人們對生命意義的追求和傾向，使人無論在什麼樣的生活環境下都想去探究它。有時，人們表面上努力地追求幸福，其實他們所追求的是幸福背後的意義，而幸福不過是它的附帶價值。而人們具有意志的自由和對意義的追求，使得人的生命產生了意義。看上去沒什麼意義的生命和生活，其實仍然充滿了意義，只不過我們沒有意識到它而已，沒有意義的生命是不可思議，也是不可能的。

生命的存在具有其主觀性與獨特性，它會因時、因人、因情境而隨時改變。不論個人之年齡、性別、智力、教育背景或宗教信仰為何，皆有其獨特的生命意義與使命待完成及實現。弗蘭克（1963）認同尼采所說的「參透『為何』才能迎接『任何』」（He who has a why to live for can bear with almost any how），並鼓勵心理治療者應幫助當事人知覺到個人生命獨特的使命與責任，使其能面對生命過程中的任何挑戰。弗蘭克並由對人類行為經驗的現象分析中歸納出生命意義的三種途徑。他認為一般人可以藉由實現以下三種價值來展現其對生命的肯定：

## 一、經驗價值

　　此價值是藉由對世界的接納與感受中實現的。例如，欣賞文學或藝術作品、投入大自然的懷抱、與人交談，或是體驗愛的感覺等。

## 二、創造價值

　　指透過某種類型的活動以實現個人的價值。例如，個人的工作、嗜好、運動、服務、自我的付出及貢獻，或是與他人所建立的關係等。

## 三、態度價值

　　當個人面對無法改變之命運（例如，罪惡感、死亡或痛苦的逼迫）時所採取面對的態度屬之。例如，個人所持的生活信念及價值觀。

　　這三種價值會隨著時間、空間、情境的不同而交替浮現。有時候生命要求我們實現創造的價值，有時候則轉為經驗的價值，但在特殊情況下，則需要我們展現出態度的價值。例如，當病人逐漸步入生命的末期時，這三種價值會以戲劇化形式依序展現出來。由此可知，癌症病人的生命意義可由其所展現的活動、經驗的事物，以及對於痛苦的態度與看法中發現（Frankl, 1986）。但在傳統價值觀已無法指引個人方向的現代社會中，人們雖有足夠的技能與方式來維持個人的生存，也逐漸重視休閒的生活，卻有更多的人不知道應該如何填滿多餘的時間，也因此而感到生命的空虛，覺得人生沒有意義，常感到無聊與厭倦，這就是所謂的「存

在空虛」（existential vacuum）。對自己的存在提出質疑，並不是一種病態的表現，相對地，這正是區分人類與動物不同的主要特徵。人們如果不能瞭解這個道理，並且正視這種無意義的感覺，則可能會轉而追求權力，或藉由日復一日的忙碌來逃避，有的甚至轉向酗酒、飆車、閒聊、賭博等追求享樂及速度的活動來消耗時間，浪費生命。

其實，人生在世所遭遇到的每一件事都是一種新鮮的挑戰，都是擺在面前需要面對及解決的問題，因此，與其詢問生命的意義為何？還不如盡其努力地對自己的生命負責，對自己的人生有交代，以「盡責」來回答生命的意義。所以，我們可以發現：生命的意義其實就在於人們所信奉的信條之中，在人們的工作中，在人們的產物中，在人們所愛的人、事、物中，在人們所經歷的經驗中，在人們隨時隨地所遭遇的真、善、美中，在人們每天所接觸的人中。即使生活中的每一天都充滿了絕望與痛苦，人們仍然可以在其中發現到自己生命的意義，亦即為「苦難」的意義。

## 生命之目標及其意義

我們生活在一個充滿生命挫折的年代，尤其是對於那些無法肯定自我生命價值及意義的人而言。他們常會覺得生活無聊、內心空虛，找不到人生的重心及希望，尤其是在面對生活中的高社會道德價值或經濟壓力時。他們並沒有明顯的身心病症，而是出於對人生的絕望，他們也許有性的滿足，甚至對權力並不在乎，但就是覺得生活沒有意義或沒意思，心煩意亂，卻又不知道煩的是什麼具體的事情。霍普金斯大學社會科學工作者曾經對四十八所學院的7,948名學生做過一次統計調查，當問及他們目前認為什

麼是極其重要的事時，16％的學生選擇賺大錢，78％的學生回答說，他們的首要目標是尋找人生的目的與意義（劉翔平，2001）。

所謂生命的價值感係指個人自認其生命有無目的與意義的程度（何紀瑩，1994）。我們主導生活軌道的能力，遠比我們想像中大得多。能使我們生活產生重大轉變的抉擇，通常也最難下決定。這些決定並不簡單也不有趣，但它們是我們必須要去作的決定，而且每一個決定都使我們更清楚地瞭解自己。當我們下決定時，我們也就更接近內心世界的真實感受。我們選擇是為了成為真正的自己。但是我們常常無法下定決心，原因之一是我們無法決定究竟什麼才是我們想去做的。所以當我們著手下任何決定時，第一步就是要釐清我們的需求。抉擇的能力可改變人的一生，沒有任何事是預先注定好的，為自己抉擇並接受自己的決定是個人的責任。能做到這一點，等於是向自由邁出一大步。

下定決心做困難的選擇，需要信心──是個確信無論另一端有什麼在等著我們，都可以忍受，且勇於排除萬難的信念。我們永遠無法達到百分之百的安全與滿足，而只能在不管多危險的情況下，緊抓行動與抉擇的機會。能勇於面對挑戰的人，才能鼓舞我們過真正自己選擇的生活。在生死無可選擇之間，我們應專注於當時是屬於我們的最佳選擇。

努力奮鬥和遭受困難總是在所難免，倘若死亡是人生的最後期限，一旦我們被告知即將死亡，就會覺得沒有時間再耽擱、拖延，能選擇的就是抓取美好的剩餘時刻，盡情去活。此時，我們會著手安排未妥的事物、照料未被滿足的需求、解決存在的問題、增加與家人朋友共處的時間…等。既然如此，那我們就從此時此刻開始將生活的重心及焦點轉移到該愛及該欣賞的人事物上，盡情地過豐富的生活吧！只要我們能在每個全新的一天醒來，即應為生命的偉大而感恩，或者我們也可以認為生命不值得

努力，因爲對它不存希望，因爲生活太艱辛。不幸地，許多人都寧可被告知如何去過生活，而不願運作自己的意願去選擇自己要過的生活。

　　積極的人能鼓勵我們要努力把握短暫生命。愛因斯坦（Albert Einstein）認爲：「人能感受到最美好的事物是生命的奧妙，亦即人們因確定有死亡而選擇生命。我們感受到自己對生命的渴望與熱情，此種愉悅充實著我們生活的每一天。渴望與熱情之情永遠是我們的良師。」人何以把握人生？爲什麼有些人能開放地成長、表現、擴展及開拓自我？有些人眞的有能力維持自己穩定的寧靜與平衡，接受自己無法改變的，並面對自己所能，持續向前邁進。我們需要什麼來增強自我、使自己獨立且自由？

## 一、過著有目標的生活

　　除非我們在事情上獲得成功，否則我們不能增強自我，而且如果沒有目標也不會成功。將設定目標變成一種習慣，當達到這個目標時，要爲自己感到驕傲及光榮。

## 二、設定合理且符合自我需求的目標

　　這些目標應該具有足夠的挑戰性，足以提供個人一具體的滿足感，並且必須要符合實際的可達成狀況。

## 三、尋找良好的角色規範

　　角色規範未必一定要是自己身邊認識的人，但是他們應當具有足以激發你產生熟練及熱誠的生活態度。

## 四、以正面的態度向自己喊話

假如你覺得大聲地自言自語會很尷尬，就小小聲地自言自語吧！多花些時間去傾聽自己內心的聲音及需求，並且仔細地回想美好的經驗和過去的成功，來增強及肯定自己的信念。

成功地達成目標及克服生活挑戰，有賴於我們自動自發地充分發揮自己的能力及努力。生命是自我創造而得，需要努力經營。許多成功的音樂家、藝術家和作家（例如，馬友友、張大千及東方白等）花了許多時間使他們的技巧更臻熟練，由此可知，所謂的成功及勝利完全端視自己想得到它的程度。當我們努力奮鬥卻感到失落時，可以選擇對我們最有益的改變，我們可選擇同時擁有雲雨和陽光。因此，認清自己的感受，就如同正視自己的力量、弱點和智慧一樣地重要。謙恭絕對不是埋沒自我，致力一切對自己最有意義的，表達出這些感受。經常留一些時間給自己，將使自己的生活透明化，容易掌握。當我們完全獨自一人獨處時，將呈現一些人生的純淨抉擇；愈是沉思、冥想，心靈愈是冷靜。當我們覺得無望的時候，那即是提醒我們需要遠離每日匆忙時刻的時間到了，也就是需要重建自我平衡與復甦活力的時刻已經來臨。此時，如果我們仍然堅持上緊發條、咬緊牙關硬撐，而不是暫緩腳步、養精蓄銳，我們將無法感受到其中的寧靜無憂，這也就是坎貝爾所說的最大的「天賜之福」。

## 生命是神聖的

一朵花的盛開，一個嬰兒的呱呱落地，神秘的生命是一種至

高無上的奇蹟。人類有重視生命爲神聖的傾向。我們認爲生命具有神秘的靈性，並賦予它崇高的價值。萬物有靈者相信，一切物體都有靈魂，必須受到尊重。生機論者相信，所有的生物都有種動力，它無法被簡化到成爲化學或物理元素。印度教徒相信，所有的動物都有神性；至於猶太教和基督教則認爲，只有人類有神聖的靈魂。這是眞正的自我，也是我們確實價值之所在。以下我們將探討兩種生命神聖原則——生機論和人道主義。生機論者認爲，所有的生物都是神聖的，他們都應該受到尊重。人道主義者則認爲，人類生命非常特別，只有人類生命具有永恆的價值。

## 一、生機論

艾伯特‧史懷哲醫生（1875-1965）將基督教的觀點和萬物有靈論結合在一起，提倡「虔敬生命」（reverence for life）的生機論。史懷哲在非洲服務時，看到島嶼另一端有大小河馬蹣跚地走著，「當時我身心俱疲，而『虔敬生命』卻有如閃電一般擊中了我。我從未讀過或聽過這一名詞，但是我知道這是我苦思已久的答案。」史懷哲如此地解釋著「虔敬生命」的意義，而它同時也成爲生命神聖原則的經典論述之一。

史懷哲認爲：一個希望生存的生命是存在於一個希望生存的大生命體中。一個活著的世界會傳達所有生的訊息，生機會不斷地湧現，有如來自永恆之泉。生存與道德息息相關，而且這種關係不斷地成長。我們必須尊重所有即將出現的生命，有如敬重自己，這就是道德的基本原則。維持並珍惜生命是善，破壞或阻止生命是惡。眞正有道德的人會遵守這個規矩，避免傷害任何活著的物體。對他而言，生命是神聖的，他不會將樹葉從樹上摘下來，也儘量小心不要採死地上的昆蟲。對他而言，倫理本身就是要無限延伸對生命所有的責任。

## 二、人道主義論

「神聖」（sacred）是一個宗教觀。上帝是神聖的，所有神聖的事物都來自上帝。拜倫（Rabbi Byron Sherwin）說：「根據猶太教的法律，生命是必須不計代價予以保留的。人生命中的每一時刻都很神聖。保護生命重於過『好日子』。由於生命神聖，人人都有獨特的一面，因此必須採取一切可能的行動來保護生命。」人道主義支持者認為：人類生命的價值在於神賦予它的價值。人類之神聖在於其生命過程及社會或政治秩序，每個人的生命完全來自神的命令，是欠神的一筆債務，以及一種服侍神的機會。它的精髓就在於：他在神的面前生存，以及他是來自於神。他的尊嚴是一種「外來的尊嚴」，是一種「經由神所賦予他的尊嚴」。

生命神聖的教義和生命品質的教意是相對的。生命品質的原則是，生命的內涵重於生存本身。蘇格拉底說：「未經檢定的生命不值得生存。」意指懂得反省與有道德的生命才值得生存。生命是價值的基礎，但是如果生命沒有這些其他的價值，就沒有必須存在的理由。生命本身只是根據這些特色而有些「價值潛力」而已。

## 追求高品質的生命價值及生活

每個人都經歷著各自的命運，我們常會聽到許多人經歷了人生的坎坷之後，以充滿感觸的口吻說著：「這一切都是命運，誰也無法逃脫自己的命運！」坦白說，所謂的「命運」全都是自己的選擇，即使是面對著自以為是無法抗拒的命運力量時，我們仍然可以選擇自己的立場。同樣的道理，人們總認為對「存活」及

「死亡」皆不具有控制力，這兩者皆是人生在世無法擺脫的命運。眾所皆知，人的生命是有限的，任何人都不能隨心所欲的長命百歲，在年老之後會自然地死亡。所謂的「人生一世，草木一秋」，人死之後，萬事皆空。事實上，隨著生命的展開，它的實體性愈來愈少，愈來愈多的部分會逐漸轉變成機能性質，到最後，生命主要包含著個人所經歷的經驗、行動、價值與歷程。每個人的人生就有如一件件獨一無二的雕塑作品，每個人都用著自己的錘子和鑿子在雕塑著石頭，人們不斷地以自己的生命來勾勒完成其所創造、經歷及忍受的生命的價值。

對多數人而言，「快樂」是生命中最主要的目標，人們花費相當的精力在追求快樂，只要他們找到了，就會緊握快樂不放。假如快樂的重要性是一個人肯定自我價值的重要指標之一的話，那麼人們追求快樂慾望的念頭就顯得理直氣壯，但是快樂就如同湯瑪士（Thomas Szasz, 1990）所比喻的：快樂就如同一塊淋溼的肥皂，你抓的愈緊，它愈是容易從你手中滑脫。雖然快樂的狀態也許讓生命產生了價值，但是如果人們為了追尋快樂而奉獻出自己生命卻是危險的，例如，以吃搖頭丸的方式來暫時脫離生活壓力及問題。所謂的快樂指的應該是「主觀的快樂」，也就是對生活各方面的滿意態度。其具有下列的特質：

一、在大多數的情況下，我的生活與我的理想很接近。
二、我滿意我的生活。
三、我得到我生命中想要的重要事件。
四、假如我的生命可以重來，我不會改變任何事。

這些對生活感到滿意的念頭會藉由情緒上的穩定和沉著來獲得快樂，進而肯定人生存在的意義與價值。

而我們可以藉由下列的方法來製造快樂：

一、主動積極且保持忙碌。

二、發展令人滿意的人際關係。

三、從事有意義的工作。

四、更有條理和周詳地計畫事情。

五、控制負面思考。

六、保持具有激勵作用但實際的期望和抱負。

七、發展正面、樂觀的思想。

八、及時行樂。

九、決定未來的個人價值。

十、對其他人感興趣。

十一、發現你自己的自我認同。

十二、發現負面經驗和問題的解決之道。

十三、重視心情平靜的概念。

　　藉由帶來喜悅和振奮人心的生活事件，只要它們不會破壞日常歡樂的價值，都將會受到人們的細細品味和欣賞，引導我們邁向高品質的生活。

　　另外，努力建立及維持「幽默」的生活態度，也是建立高品質生命態度的重要指標之一。佛洛依德（Freud）曾將幽默感評述為最高的防衛機制，他認為幽默是個「稀少而且珍貴的天賦才能」，它讓我們在面對壓力及困擾時提供「對自己的生活本分維持一種均衡感的能力」。當我們遭遇到不順遂的事情時，有良好幽默感的人比缺乏幽默感的人較少有負面的生理情緒反應。對於處理人們因屈服於負面事件所造成的不滿情緒和以客觀角度來看得事情，「幽默」特別有幫助。然而，幽默未必能降低一個人面對威脅時所產生的焦慮。但是幽默對於應付負面情緒（例如，氣憤、

悲傷和沮喪）則是有效的方法。有良好幽默感的人較可能採取積極的態度面對挫折及打擊等不順利的事情，並且會試著擺脫它們，讓個人繼續面對逆境；而缺乏幽默感的人可能比較被動，而且會讓負面及悲觀的情緒、想法及價值觀控制他們的心靈。另外，根據研究，有良好幽默感的人也有較高的比例擁有健康的身體及較強健的免疫系統。

　　此外，無論我們是沮喪或歡樂，都必須記得：我們永遠可以選擇去愛。「愛」這個字或許顯得平凡且微不足道，然而當我們以行動去加以詮釋時，可使深鎖之心靈門窗得以敞開，接受陽光的洗禮，讓能量和大自然的喜悅充滿一室，更可深深地觸動我們的心。所以，讓我們用感恩的心去歌誦生命，並愛惜自己，內在的滿足將使愛啟發、開花、結果與提昇。用充滿愛的心去感受所有層面的韻律與節令。當夏日逝去，秋天來臨，接受此變化。秋天無論有多壯觀，都會漸漸引領冬天來臨。但我們總有春天來臨的承諾，或有生命的重生與復甦。所有的選擇，無論好壞、或是平庸，皆源於自己的內心。一旦我們輕忽了自己，將會失去明智抉擇的能力。認識、活化，並尊重內在自我的表達，一旦我們有所啟發，精神亦隨之改變。因為摯愛生命，我們利用自己自由時間的方式，及為家庭、生活風格、事業、朋友和對社會貢獻的決定，都會對我們展現出自我生命的完整及其存在的價值。

　　所以，如果我們能夠好好的過每一天，不讓時間成為我們的負擔，成了我們真實知覺的障礙，努力將每一天盡力地完成，把每一個明天都當作是嶄新的、新鮮的一天來過，並將我們每一天得到的新事物、知識、訊息、記憶、掙扎及抉擇，都歷經一次死亡及重生，不將它們帶到明天，這裡面所經歷的一切就是人生中的美，即使其中有結束、悲傷及痛苦，但是其中也會有更新、愛及快樂。如此一來，我們就不會再害怕死亡，進而能勇於面對生

命，邁向永恆。

# 參考書目

## 中文部分

何紀瑩（1994），基督教信仰小團體對提高大專學生生命意義感的
　　團體歷程與效果研究。國立台灣師範大學教育心理與輔導研
　　究所碩士論文。

劉翔平（2001），《尋找生命的意義：弗蘭克的意義治療學說》。
　　台北：貓頭鷹。

## 英文部分

Crumbaugh, J. C. (1973). *Everything to gain: A guide to self-fulfillment through logo analysis*. Chicago: Nelson-Hall Company.

Frankl, V. E. (1963). *Psychotherapy and existentialism: Selected papers on logo therapy*. Washington: Square Press.

Frankl, V. E. (1986). T*he doctor and the soul: From psychotherapy to logo therapy*. New York: Alfred A. Knopf, Inc.

Hedlund, D. E. (1977). Personal meaning: The problem of educating for wisdom. *Personnel and Guidance Journal*, 23, 602-604.

# 第2章

人生哲學與
人生觀

作者：林文琪

有人認為一部哲學史便是人類自我覺醒、自我發現與成長歷程的紀錄，當人類在自己存活的自然環境中覺醒，發現到人與自然的區別之後，便開始嘗試去瞭解自然、瞭解自己，發掘自然與人之間的關係，更重要的是人類幡然醒悟到認識人自身、解開生命之謎、追求生命的意義，才是人生命在自然中奮鬥、存活的真正目的，也就是說認識人本身，追求生命的意義，才是人終極關懷的首務。從剛開始素樸的理解到現在多學科的發展，例如，醫學、心理學、社會學、文化人類學、政治學、經濟學……等等，一言以蔽之，無不是在探究與解釋人類生命過程中的各種現象而已。

然而由於近代以來，學術的分工，專門化、部門化的發展，固然深化了各個層面的理解，相對的，也造成各個學科都只偏重研究人類的某一個面向；再則由於受到實證主義的影響，各學科對人的研究也都傾向於把人當作一個客觀事實來研究，並嘗試經由經驗歸納去表述和證明「人」這一客觀事實。長期以來，造成人被當作一個客觀的存在物來觀察，並且被割裂地去研究。相較於這種割裂分析的研究，哲學則採取較為宏觀、整體的觀點去思索人的問題，哲學不是將人割裂地、當作一個客觀對象而已，哲學所要研究的是做為一個整全的人是什麼；主要探究的不只是當下的人，而是探索人始終是什麼的問題。主要問題有：人開始時是什麼？什麼力量賦與人去改變所遭遇到的環境？在主體性的意義上，屬於人自身的東西是什麼？人可以相信些什麼，能運思些什麼？人應當在什麼範圍內懷疑自身所要求的對象的確定性？人能對其自身所遭遇而又參與其中的日常生活和活動指望什麼？在艱難的人生過程中，人繼續生活的勇氣從何而來？超越自身、超越自身所接納的對象的人本身是什麼？人生命終止於何處？此種種便是哲學所探究人類生命問題的主要課題（赫爾曼·施密茨，

1997，頁IX）。

換句話說，從哲學立場整體地去探索生命，可以避免把人當作對象物、割裂的研究傾向；而且透過哲學性的探索，不僅只是知道現實上的「人是什麼」、「人能知道什麼」而已；更可以瞭解到作為一個理想的人，「應當做什麼」，「可以期望什麼」。如此哲學性探索的方向，可以作為人類謀劃未來，應當如何行事的參考，更是有關人的生命教育課程中所不可或缺的學科。

有關探索生命的課題相當多，無法一一陳述，在此僅嘗試就哲學的立場擇要探討如何活出生命的意義問題。對其他生命問題有興趣的讀者，則可進一步閱讀有關生命哲學的相關著作。

## 什麼是「生命的意義」

在探討如何活出生命的意義之前，首先必須要澄清的是究竟什麼是「生命的意義」問題。這個問題不是在問「『生命』的意義是什麼」，也不是在問「『生命』是什麼」。「『生命』是什麼」是有關「生命」的本質是什麼的詢問；而「『生命』的意義是什麼」是在追問「生命」本身有什麼意義。本文所要探討則是「生命的意義」本身是什麼。

人的「生命」從人類受胎開始就已經存在了，但是「生命的意義」並不是始於人的受胎成形，也不是天生現成的，而是人在有所自覺之後才開始自己構畫賦與的。誠如諾齊克（Nozick）所說的：「生命的意義：一個人根據某種總體計畫來構畫他的生命，就是賦與生命意義的方式；只有有能力這樣構畫他的生命的人，才能具有或力求有意義的生命。」（尼古拉斯・布寧、余紀元，2001，頁596）「生命的意義」是人類自我所賦與的，是在人

們根據某個總體計畫，或者說是依照某個總體的生命藍圖來構畫自己的生命方向時才賦加上去的，也就是說隨著每個人所選擇總體生命藍圖的不同，所構畫出的「生命的意義」也有所差異。在這層理解之下，當我們面對生命，或許不必先急著問：「生命的意義是什麼」，而要先問：「人應該如何賦與生命意義」，或者說：「人應該如何去構畫出生命的意義」，只有人們開創了自己生命的意義，而後才能去追問我們生命的意義是什麼，去對人所建構出來的生命意義進行肯認。因此不必惋歎生命沒有意義，畢竟「生命的意義」是在每一個人如何去構畫自己「生命」的活動中賦與的，責任在每一個賦與生命意義的人，只有人們去構畫自己的生命，並努力成就自己的生命，生命才活出了意義。

## 如何活出有意義的生命

一個想要活出生命意義的人，首要的工作就是要自我立定志向、目標去找尋一個總體計畫或是總體生命藍圖，依照這個總體生命藍圖去構畫自己的生命，同時能夠貫徹實行自己的構畫，才能活出自我生命的意義。一個有宗教信仰的人可能會根據宗教的計畫來構畫自己的生命，並活出具宗教意義的生命；一個注重傳統的人，可能選擇根據傳統的計畫來構畫自己的生命，並活出承襲傳統的生命意義；一個凡事要求合理化的人，可能根據各種不同的理論模型來構畫自己的生命，過著他所認為的合理的生活；……。無論我們從事什麼樣的選擇、找到了什麼樣的總體生命藍圖；然而依照該計畫來構畫生命，進一步活出有意義的生命，並不是件簡單的工作。因為總體生命藍圖不是現成的羅列在眼前，任由我們隨意去評比揀選，就可以對我們的生命活動產生影響力

的；總體的生命藍圖必須要內化為自己堅固的世界觀、人生觀或人觀才能影響生命的方向。

## 一、總體生命藍圖的內化與建構——一種永恒的追求

　　總體生命藍圖在內化為個人的世界觀、人生觀或人觀的過程中必須經過漫長而艱辛的磨鍊：人必須經過一段不斷選擇、結構、解構、重構的接受過程。這個內化的過程從人們還很小的時候就開始了，從我們開始會對所遭遇到的人事物去詢問「為什麼」並努力找尋解答的時候就已經開始從事一種建構的謀劃，至於說要到人生的那個階段才構畫完成，則不得而知，或許可以說人終其一生都在構畫一個總體而完整的生命藍圖，這是人終極的追求。這並不是說要構畫完成一個最完整的總體生命藍圖，人的生命才有意義；事實上，隨著個人生命的成長與發展，隨著個人所遭遇到的人事物之增廣，個人所構畫出的總體生命藍圖有其廣度及深度上的差異，每個階段的完成，對個人而言都有其階段性的意義；只不過對一個追求成為完備的人而言，永遠不會停滯於現階段的完成，因為他明白只有不斷地開拓總體生命藍圖的廣度與深度，個人的生命意義，才能不斷地開展。

　　總之，內化到個人心中的總體生命藍圖不是一個封閉的世界，而是開放的，一個可以不斷擴展與加深的內在世界，所以人與其說是在找尋一個總體的生命藍圖，不如說是人在心中不斷地調整與構畫著一個較完整的總體生命藍圖，而正是因為這個永恒的追求，使人生命的意義具有了無限開展的可能性。

## 二、建構內在總體生命藍圖的重要性

　　人究竟該如何在心中建構總體的生命藍圖呢？簡單地說，就是「即事而問」，在日常生活的遭遇中，不斷地去扣問所遭遇到的人事物及問自己「為什麼如是存在」、「為什麼展現如是的生命現象」並積極地去找尋解答。在人生過程中對所遭遇到的人事物問「是什麼」，與問「為什麼」是兩個不同的發問。「是什麼」的發問，主要意味著我們想要進一步瞭解所遭遇到的事物本身的結構如何？這個事物本身有那些特性？這個人事物本身之所以為人事物自身的本質又是什麼的問題；而問「為什麼」的問題，則並不只是想要去認識人事物本身是什麼而已，「為什麼」的發問是人們企圖對所遭遇到的人事物進行解釋與理解，企圖將所遭遇到的人事物納入到他個人內在意義世界時的一種提問。接觸過小孩子的讀者，大概都領教過他們每事必問的工夫吧？！一連串的「為什麼」時常會問到大人們無力招架，或感到困窘，甚或有時會因為不耐煩而惱怒。小孩子真的是每事必問，這為什麼這樣，那為什麼那樣，何止十萬個為什麼！孩子這一連串「為什麼」，意謂著在孩子的小腦袋瓜子裡正在尋求一個解釋、一種答案，以便去編織一個對自我而言充滿意義的世界，他必須對所遭遇到的人事物，一一在他腦袋中加以編碼連結，使所遭遇到的人事物都能納入到他意識中原本已經自我建構的意義網絡中而得到安頓與理解，才會使孩子暫時的停止發問。若是面臨到無法理解的人事物，也就是無法將現實中所遭遇到的人事物納入原先已經構成的內在意義網絡，孩子們就會又開始進行這個「為什麼」的提問過程。在詢問與找尋解答的過程中，孩子不只是將獲得的答案納入一己原先構畫的網絡中，同時也開始去對原先建構起來的意義網絡進行解構——相應新的人事物，調整自己原本建構起來的意義

網絡，直到重構出一個可以將所遭遇到的、新的人事物一一納進來的意義網絡為止。這個相應於所遭遇到的人事物，不斷地追問「為什麼」並找尋解答的過程，並因此而建構起來的內在意義世界，就是一個已經內化為個人世界觀、人生觀或人觀的總體生命藍圖。

　　人的真實生命是在與情境的互動中展開的，相對於人的內在世界，外在世界雖然是被給與的，但是外在世界也必須被人的內在理智所掌握，並惟有經過人的詮釋才能被人理解。人雖然是世界的一個部分，但是人必須經過不斷的與世界交往互動，並經過人不斷地去向世界追問「為什麼」，從而為自己的提問找尋答案，再三琢磨確認，才能消除內心對世界的陌生感，有了這種確切的認知，人在生存世界之中，才能逐漸獲得一種安居其中的熟悉感及確定自己該如何行事的方向感。如果仔細觀察，或許會發現當孩子們面對新的環境，接觸新的人事物時，「為什麼」、「是什麼」的發問特別多，多到令大人們覺得有些聒噪了，換個角度想想，似乎這也意味著這個孩子急著重構自己內在的意義世界，因為他原本建構起來的內在意義世界，無法安置所面臨的新的人事物；孩子的聒噪，顯示了孩子無法將新的人事物納入內心意義世界時，內心引發的焦慮不安，及不知所措、失去行動方向感的困窘。所以說對所遭遇到人事物去追問「為什麼」的問題，並找尋解答的努力，絕不只是哲學家們無聊的思想遊戲而已，基本上這種活動，是參與生存世界中的人，企圖在心中構成總體的生命藍圖，活出生命意義的嚴正活動。有意義的生命，意味著我們可以將所遭遇到的人事物都轉化成為可理解的，並且能運用在實際生存情境中，去獲得一種熟悉感及決定行動的方向感，讓人安居在生存世界中而不致焦慮不安、不知所措。

## 三、建構內在總體生命藍圖的可能方式

　　如前所述，人是在日常生活的遭遇中，不斷地去扣問「為什麼」並努力去找尋解答的過程中建構起生命藍圖的。根本而言，找尋解答的方式非常的多，比如我們問說：「為什麼我會感到痛苦？」一方面我們可以對這個問題提出生理學角度的解釋，亦即把痛苦當作一種生理現象，並去描述痛苦的生理過程；另方面我們也可以提出宗教上的解釋，將痛苦解釋成源自人本身的無名；或者也可以從心理學的角度來理解，將痛苦理解成是某種心理狀態；……總之，找尋解答的方式可以是多樣的，同一件生命事件，放在不同的脈絡中則展現不同的意義。換句話說，生命的意義是如何的，決定在我們將生命現象放在什麼樣的脈絡背景中去理解。

　　醫學、生物學、心理學、社會學、政治學、人類學、歷史學……等學科，乃至哲學，所有的知識都足以提供人們作為理解生命現象的背景。所以廣讀這些學科的知識，可以幫助人們走出狹隘的認知，而廣泛的理解生命現象，從而在其中揀擇、構成總體的生命藍圖。但必須要指出的是，無論我們採取那一個學科領域對人的研究成果來理解生命現象，所構成的總體生命藍圖，仍只是一種思想的存在或是意識的存在。這種思想的或是意識的生命藍圖，所能解決的不過是我們理論理性的要求，滿足我們知性上合理化的需求而已。不可諱言的，凡事要求有一個合理化的解答，對人類的生存而言，是相當重要的，因為我們總是不可避免的會去思索「為什麼」的問題，而各種知識性的理論模式，都是勇於嘗試解答者，盡可能的為我們提供一種可能的、理解生命現象的途徑。然而人類的認識能力終究是有限的，生命對我們而言永遠是個待解的謎，我們似乎永遠無法知道生命「為什麼如此」，

對一個明白自己認識限度的人而言，再完備的理論體系，都無法完全安頓他對生命的提問。如果他還堅持要問「爲什麼」，那麼似乎要尋求其他的解答途徑了。在這種狀況下，訴諸傳統、信仰都是可以嘗試的途徑，也是一般較熟悉的途徑。

不過以下所要討論的並不是傳統的或是信仰的答解途徑，而是較爲人們所忽略的另一種途徑，亦即人透過身體與周圍的一切保持不斷的互動關聯時，身體所體會和感受到的、身體化的總體生命藍圖。

## 四、身體化的總體生命藍圖

綜觀整個西方哲學的發展，可以發現，西方傳統哲學雖然早就開始研究人，但主要的觀點卻是採取身心二元的理解結構，以致忽略了人的基本生活體驗，受這種理解結構的影響，造成身心的疏離，人們與自己的身體失去了緊密的聯繫：或有人視肉體是罪惡、痛苦之源，肉體是心靈的牢籠而不重視肉體；或認爲我們要追求的是心靈的滿足而把肉體放在一邊；或是否認在身體內發生的感覺，以爲這些是不好的、有害的，以致逃避而不敢面對自己身體的反應（瑞尼‧威爾菲爾德，2001，序言）。廿世紀以來存在主義的發展，促使人們重新開始重視人的基本生活體驗，到了廿世紀中葉，法國哲學家梅洛‧龐蒂（M. Merleau-ponty）創立以身體爲基礎的存在現象學，詮釋了身體在世界構成中的基礎作用，更進一步提昇了身體在當代思想中的地位，引發了人們轉回對身體的關注，並意識到身體是人構成世界的原型這一事實（梅洛‧龐蒂，2001）。事實上早在一八九六年，柏格森（H. Bergerson）出版的《物質與記憶》一書中，就已經非常注意身體的問題，指出了身體會選擇一種方式，通過這種方式，儲存它所

發現的東西（柏格森，1999，頁8-9）。有關身體的研究到上世紀八〇年代以來，更整合為對身體的跨學科研究，在西方並已獲得了相當豐碩的成果，社會學、文化人類學、文化研究、精神分析學、主姓主義等都把它作為主要的研究論題。

其實從遠古時候起，神話、巫術與宗教信仰瀰漫下的人類，就是以自己身體的原型去構想宇宙的形態、社會的形態、乃至精神的形態，但西方人卻走了那麼遠的路，到了十九世紀末、廿世紀才回頭重新開始注意到這種現象；相較於西方，或許可以說中國人老早就有意識的、自覺的注意到這個現象了，例如，漢朝的董仲舒就曾經提出了「察身以知天」的說法，不僅意識到，更進一步反省與考察人是如何以自己的身體為原型去構想天地萬物的形態，指出想要知道在人們構想中的天地萬物形態究竟是如何的，就必須反身自省，由考察人的「身體」入手。

在中國傳統思想中，所謂的「身體」是包含：感官、心知、百體在內的，身心合一的整體。所謂的「察身」，並不是把人從具體的生存情境中抽離，孤立地去研究人類自身內在的事物，如思想、靈魂和肉體的作用如何？而是把人納入實際情境中加以掌握；中國人也觀察人，但是中國人對人的觀察，是將人置於現實生存情境中，所掌握到的是人相應生存情境而產生的一種動態關聯。這種人與情境相關互涉的動態關聯，也可以作為我們構畫生命的總體生命藍圖。有關這種思想，可以在中醫理論中找到系統的說明，對於有興趣從醫學背景中來構畫生命意義的讀者，或許可以進一步去研究中醫理論，並從中發現與理解中國傳統醫學中所提供的總體生命藍圖究竟是如何的狀況。此非本文所探究的範圍，不遑多論。

在此所要特別指出的是有關「察身」的另一層意義——「察身」不只是對身體作對象化的觀察，「察身」也可以指人們在自

己的生存情境中，對自己身體活動的整體知覺，或稱之為身體的知覺。這種身體的知覺不是把身體當作一個對象化的客體，不是從外部來觀察自己的身體，而是「以身觀身」（《老子》），回返身體本身，從內部感受身體自己在運動時的震顫狀態。

## (一) 如何構成身體化的總體生命藍圖

　　誠如德國哲學家赫爾曼‧施密茨（Hermann Schmitz）對哲學所下的定義，以為哲學可以界定為「人對自己在遭際中的處身狀態的沉思」（赫爾曼‧施密茨，1997，頁XI）。現代身體現象學的主要意圖，即在試圖揭示性的和理性的去接近身體無意識的生活體驗（赫爾曼‧施密茨，1997，頁IX），而傳統中國思想不僅只是教人揭示性的和理性的去接近身體無意識的生活體驗；更要進一步的教人在生活情境中調整無意識的身體活動，使其能展現理想的活動狀態，構成理想的、身體化的總體生命藍圖；同時也教人開發身體的各種感知能力，去感知原本是無意識的身體震顫。這種以人的身體去建構總體生命藍圖，或生命意義的方式，有其特殊性與簡易性，以下即以中國傳統思想為主，詳細分析中國傳統思想是如何教人在具體的生活情境中，調整自己身體的活動，使身體向所遭遇到的人事物開放，構成理想的、身體化的總體生命藍圖；以及如何教人用身體去感知身體的震顫；希望由此引述，指出這種構成生命意義方法的特殊性。

## (二) 論「心齋」，「坐忘」

　　大體而言，《莊子》書中有關「心齋」、「坐忘」的敘述，或可視為瞭解中國古人對於如何構成理想的、身體化的總體生命藍圖，如何開發身體知覺等相關問題，相當典型的範例。為了清晰的說明上述經由身體構成總體生命藍圖的見解，首先得分別解析式的揭示在《莊子》中有關「心齋」、「坐忘」的描述。《莊子‧

大宗師》說：

> 然曰：「何謂坐忘？」顏回曰：「墮枝體，黜聰明，離形去
> 知，同於大通，此謂坐忘。」仲尼曰：「同則無好也，化則
> 無常也。而果其賢乎！丘也請從而後也。」

在〈大宗師〉中，莊子借孔子與顏回的對話來闡述何謂「坐
忘」，根據其中的對話可知，所謂的「坐忘」，就是要使自己「同
於」大道；而「墮枝體，黜聰明，離形去知」所描述的是人處於
「坐忘」狀態中，人包含感官、心知、百體在內的身體與外物的認
識關係如何。

首先要說明的是所謂人自己必須「同於大通」的意思，基本
上指的是《莊子》所認為的一種理想的身體活動方式。所謂的
「同」除了具有「會合」、「齊」的意思之外，還有參與共謀以及
和諧的意思，循著這些意義，「同於」物或是「同於」大通（大
道），主要是說理想的身體活動方式應該是指與天地萬物會合，與
天地萬物以一種相互關聯、相互配合的方式，構成一種相反相
成，共同謀劃的、共在的、和諧關係（林文琪，2000）。

其次所謂的「墮枝體，黜聰明，離形去知」，依莊子的看法，
主要在說明人應該要如何調動自己包含感官、心知、百體在內的
身體，去完成理想的身體活動狀態。有些人以為〈大宗師〉所謂
的「墮枝體，黜聰明，離形去知」主要是指人應該要去情去我，
而抑制形體、感官、心知的作用。若依照一般的看法，那麼所謂
的「坐忘」豈不就像是《莊子·天下篇》所記載的慎到之流的人
物，追求「至於若無知之物而已」（《莊子·天下》），如草木樹石
般無情、無知之物的生命狀態？！其實莊子並非如此之主張，反
而以為這根本是「非生人之行而至死人之理」（《莊子·天下》），
由此可見《莊子》所謂的「墮枝體，黜聰明，離形去知」並不是

要使人的生命「至若無知之物」的狀態。那麼竟究該如何理解〈大宗師〉所謂的「墮枝體，黜聰明，離形去知」呢？本文認為應該回到「墮」枝體、「黜」聰明、「離」形、「去」知等「墮」、「黜」、「離」、「去」在人身體上所發生的活動狀態如何，來作重新的反省。（林文琪，2000）

「墮」字，有「易」，轉變、簡易的意思；也有惰的意思。循此義衍伸，則「墮」枝體，並非要放棄身體的意思，而是指轉變肢體本身的運作方式，使其由繁而簡，讓肢體的運動回復到最簡單的、基本的運作狀態；而「墮」作為「惰」的意思，則是指調整肢體相應外界的反應方式，使其由積極主動的活動方式，轉而採取一種被動因應，「待物而動」的活動方式。（林文琪，2000）也就是要調整身體的活動使其展現「聽之以氣」的狀態。《莊子‧人間世》說：

回曰：「敢問心齋？」
仲尼曰：「若一志，無聽之以耳而聽之以心，無聽之以心而聽之以氣。聽止於耳；心止於符；氣也者，虛而待物者也。唯道集虛。虛者，心齋也。」

《莊子》指出，人與外界的人事物相遇時，若只是開放我們的耳目口鼻等身體的感官去接受他們，那麼就如「聽止於耳」般，我們只對所遭遇的人事物開放身體的感官而已。《莊子》以為人與外界的人事物相遇時，除了引發我們感官的活動之外，還會進一步的引發心知的構成活動——「聽之以心」；但是「心止於符」，心知構成活動，容易將外物當作一個客觀的存在物來觀察，因此如果只對所遭遇到的人事物進行心知的構成，亦即只對外界人事物進行知識性的理解，如此一來，心知所建構起的內在生命藍圖，不過與外界的人事物有一種相符合的關係而已，並沒有產

生具體的、存在上的關聯。因此《莊子》進一步指出，理想的人與外界人事物的互動方式，是「聽之以氣」。所謂「氣」，主要是指身心合一的身體在參與情境互動中所展現出來的總體活動狀態；「聽之以氣」，則是說我們在與外界的人事物交接互動時，必須以整個身體參與到情境中，以整個身體向情境開放，展現「虛而待物」，讓身體活動展現「應物而動」的狀態，才能與情境保持一種動態的協作關係。

「黜」與「屈」相通，具有收斂的意思。如《國語‧周語下》：「為之六閒，以揚沉伏，而黜散越也。」王引之的《經義述聞》說：「引之謹案：黜，讀之屈。屈，收也，謂收斂散越氣也。……沉伏者，發揚之；散越者，收斂之，此陰律所以聞陽律，成其功也。發揚與沉伏義相反，則黜與散越義亦相反。」從身體活動的角度而言，「黜」是一種反向的調整活動，亦即收斂呈現散越狀態的氣。在這個理解之下，所謂的「黜」聰明，是指調整耳目的運作狀態，亦即收斂耳目指向外界，逐物而不反的狀態，轉成為一種「反聽內視」的狀態。這就是《莊子‧駢拇》所說的：「吾所謂聰者，非謂其聞彼也，自聞而已矣。吾所謂明者，非謂其見彼也，自見而已矣。」「黜」聰明就是指調整感官知覺的作用，使其成為「反聽內視」的自聞、自見，回返身體活動本身來加以感受。（林文琪，2000）

「離」具有兩行並立，以及明的意思，循此義而論，所謂的「離」形，並非說「坐忘」時要超越形體，心靈脫離形體而進入出神的狀態，而是說「坐忘」時人不僅從未超越形體，反而在坐忘狀態的當下，人的身體本身對自己所展現的形體，有一種與形體活動兩行並立的自知之明，亦即對活動中的身體形成一種身體的知覺，感受到形體活動時的震顫狀態。（林文琪，2000）

「去」具有「人相違」、行的意思。循此義而論，則所謂的

「去」知，不是不用心知、脫離心知的意思，而是「違」其心知而行的意思，亦即調整「心知」的作用方式，使「心知」的作用方式與一般主動構成的作用方式相反。例如，相應於我們與物交接時，心知指向外物去認知外物的指向活動而言，所謂的「違」其心知而行（「去知」），就是說要調整心知的指向作用，使其由向外物的意向轉而成為一種對「思」的活動「反躬自省」的意思；另就心知的構成活動而言，心知的構成活動，主要是先將外物與我對立，而後去對外物進行批判性的考察，使外物脫離直接經驗的或感知的所對，而成為一種可理解的、具有確定性的、思維的對象。相應心知的這種構成活動，「違」其心知而行（「去知」），旨在調整心知的構成成活動，使心知能以「徇耳目內通而外於心知」（《莊子・人間世》）的方式展開，亦即當感官心知「徇耳目內通」，經感官、心知作用形成關於外物的知覺時，心知能發揮其「反躬自省」的能力，自我調整，不以持有（having）的方式來固持心知構成之成果，不視之為唯一的真理，重反直接面對事物的交往活動。（林文琪，2000）

## （三）小結

綜合前面關於「心齋」、「坐忘」討論中，有關身體活動狀態的說明可知，《莊子》以為理想的人與天地萬物互動的方式是，人整體身心的活動必須處於「同於」天地萬物的狀態，亦即與天地萬物的活動相會合，與天地萬物形成一種相互關聯的、相互配合的、相反相成的、共在的、和諧的互動狀態。也就是說，人以實際身體在情境中，以與情境融為一體的狀態，與情境互動，而在「墮枝體，黜聰明，離形去知」之後，與情境成為和諧共在的整體。

基本上，這種理想的身體活動方式，是通過一種本體同一化的運作，向外物開放，以「虛而待物」的方式，因應外物之動而

動，參與外物的存在活動，使人的存在活動與物的存在活動，在密切而具體的交住（communion）之中，相互諧調，和諧共動。這不只是一種理智的構畫，而是實際身體的活動，在身體實踐中完成的生命意義。

理想的身體化的總體生命藍圖，就是在我們「虛而待物」的身體活動中構成的。然而《莊子》認為我們不只要調整身體的活動方式來構成理想的、身體化的總體生命藍圖而已，而且在相互諧調的互動中，人對自己理想的身體活動方式要有一種「反聽內視」和「反躬自省」。這種身體在活動過程中不斷地向內的「反聽內視」和「反躬自省」，就是身體構成自身身體形象的過程，或可稱之為形成身體知覺的過程。比如當自己在打字時，除了調整我們的身體，使自己身體動作都能展現與情境中的條件相協調的狀態外，在過程中還要去感受打字時自己身體整體的震顫狀態，像：肌肉的收縮與放鬆，整個身體的運動方向，自己身體在整個環境中的位置等。身體知覺的開發，不僅使我們發現身體所構成的、理想的總體生命藍圖如何，肯定、確認了自己所構成的理想的總體生命藍圖如何；而且可以讓我們感受到自己是身心合一的整體，引發一種與整個生存情境相互協調的、共同體的感受。這就是《莊子》所說的「物化」。《莊子・齊物論》說：

> 昔者莊周夢為蝴蝶，栩栩然胡蝶也，自喻適志與！不知周也。俄然覺，則蘧蘧然周也。不知周之夢為蝴蝶與？蝴蝶之夢為周與？周與蝴蝶，則必有分矣。此之謂物化。

所謂的「物化」是人以其自己全身心的存在向物開放，讓自己的生命律動展現為因應外物之動而動的狀態，與外物形成一種交互同步、複調性的和諧互動。在互動中，人不僅致力於調整自己以與外物形成同步的互動，而且體驗著自己活動的成果，形成

一種與外物合而爲一的感受；但是這種一體的感受，這種與外物合而爲一感受，不是自我縮減，放棄自我投入對象的密契經驗，而是如莊周夢蝶般，自己化作另一隻蝴蝶，栩栩然地與所交往的蝴蝶共舞，是一種與他物共在的感受，一種共同體的感受。所以「物化」不是化身爲對象，而只是調整自己，使自己與對象成爲同一層次的存在，以與外物形成交互同步、複調性的和諧互動。雖然「物化」時人是調整自己的活動使之與對象成爲同一層次的存在，但是人在與物交互同步的互動中，是隨時保持著清楚的自覺，「俄然覺，則蘧蘧然周也」，儘管在互動中會引發「不知周之夢爲蝴蝶與？蝴蝶之夢爲周與？」密切不可分割的一體感，但是「周與蝴蝶，則必有分矣」，人們不僅感受到整體，而且也能感受到自己是整體的部分，自己與共舞的對象是有分別的。（林文琪，2000）

此外，身體知覺的開發，也使得人對自己與外在人事物互動時的身體活動本身，產生一種全神貫注而且沒有外在目的性的知覺，以致引發「躇躊滿志」的「自得之樂」。這就像《莊子·養生主》中庖丁解牛故事所描述的，解牛本來不過是個技術性的操作而已，但由於庖丁不僅追求技術的純熟，而且對自己整個解牛的活動過程，有非常清楚的感受，且能欣賞自己所完成的動作，引發「躇躊滿志」的自得之樂，賦與了生命活動審美的性質。

## 結語

回到本文主要的論點必須再三申明，生命的意義不是現成的某物，而是我們所賦與的看法。賦與生命意義的方式，主要在根據某一個總體的計畫或是生命藍圖來構畫自己的生命方向，並實

踐這種生活，如此才能活出有意義的生命。

　　一個總體的生命藍圖，必須內化為個人的世界觀、人生觀或是人觀，才能在生活實踐中發揮影響力。但是總體生命藍圖內化的過程，不是一勞永逸的追求，而是在與所遭遇到的人事物互動中構成的，隨著我們遭遇的不同、個人選擇的不同，所建構出的總體生命藍圖也會展現出不同的廣度與深度。

　　大體而言，我們可能持以構畫自己生命的總體生命藍圖有很多，比如各種理論模型，例如，醫學的、社會學的、心理學的、歷史學的、哲學的……等等；或影響著我們生活的傳統；或各種的宗教信仰等等。本文集中介紹較為人們忽略，但現在似乎又開始引起注意的一種方式，亦即透過身體來構成身體化的、總體的生命藍圖。事實上，對身體而言，「生命藍圖」的措詞並不恰當，因為身體化的生命藍圖並不是透過對象化的觀察所得到「視覺圖像」，而是身體從內部感受到的身體活動狀態，亦即人們在具體的生存情境中，身體本身所感受到的、在身體中發生的、整體的震顫狀態。

　　身體化的總體生命藍圖的建構方式與知識性的總體生命藍圖的建構方式不同。知識性的總體生命藍圖是透過「為什麼」的提問和解答的尋求在意識中建構起來的；但身體本身不問為什麼，身體構成意義的方式，是以相應情境作出不同的活動方式來展現的。也就是說身體會相應情境作出不同的反應，而這些不同的反應方式本身，就蘊含著身體對情境的理解。無論是意識所構成的知識性的總體的生命藍圖，或是身體所構成的身體化的生命藍圖，對追求完整的總體生命藍圖者而言，二者都是同樣重要的。本文所以特別著墨論述身體所構成的、身體化的總體生命藍圖，旨在喚起大家不要因為身體化的生命藍圖是在無意識的狀態下建構，並在無識意識的狀態下影響著我們生命的發展，而忽略它。

文中分析《莊子》所敘述的「心齋」、「坐忘」，來進一步說明古人對於身體化的、總體的生命藍圖有何構想。「心齋」、「坐忘」的身體經驗，並不是一種脫離情境的、純粹心靈的活動，而是可以在日常的行、住、坐、臥當中發生的，關鍵在於我們要在日常行、住、坐、臥的當下，關注自己的活動過程，關注自己的身體如何相應外界的人事物來展現如此這般的活動方式；並開始有意識地調整自己身體的活動方式，以「虛而待物」的方式向情境開放，展現應物而動的狀態，恢復身體與情境的直接交住；再則要有意識地開發自己的身體知覺，恢復我們與自己身體的關聯，從內部來感知自己身體的震顫狀態。如此，只要持之以恒，我們自然可以在自己日常的行、住、坐、臥中展現出和諧與平衡的身體震顫狀態，構成理想的、身體化的總體生命藍圖，並活出有審美意義的生命。

行文至此，熟悉傳統中國文化的讀者或許會發現：中國古代用來教育世子、國子的禮樂之教中，有許多演習禮儀、樂舞的課程設計，這些課程至東周禮崩樂壞之際，孔子還依然非常重視，並用來教育平民學生。這種重視身體操演的教育課程，意味著什麼呢？順著本文的脈絡，您或許會回答說：古人的禮樂教化課程，不正就是一套訓練學生如何在各種生存情境中做出理想的身體活動，建構理想的、身體化的總體生命藍圖，並開發學生身體知覺的課程（林文琪，2001）？沒錯！有興趣的讀者，不妨進一步去探究中國傳統禮樂教育的實質，或許可以從中解消您閱讀本文帶來的、有關如何建構身體化的總體生命藍圖的疑惑。

# 參考書目

## 中文部分

郭慶藩輯（1974），《莊子集釋》。台北：河洛。

〔德〕赫爾曼‧施密茨（Hermann Schmitz）著，龐學詮等譯（1997），《新現象學》。上海：上海譯文。

〔美〕瑞尼‧威爾菲爾德著，孫麗霞等譯（2001），《身體的智慧》。遼寧：遼寧教育。

〔法〕梅洛‧龐蒂（M. Merleau-ponty）著，姜志輝譯（2001），《知覺現象學》。北京：商務。

〔法〕柏格森（H. Bergerson）著，肖聿譯（1999），《材料與記憶》。北京：華夏。

〔英〕尼古拉斯‧布寧（Nicholas Bunnin）、余紀元編著（2001），《西方哲學英漢對照辭典》。北京：人民。

林文琪（2000），「師古人」與「師自然」的規範性反省—論二種學習中國傳統書畫藝術的方法，《華梵學報》6，35-54。

林文琪（2001），在身體實踐中成就的禮學，「第五次儒佛會通學術研討會」論文集。華梵大學哲學系，491-499。

# 第3章

探討生命的本質

作者：林麗真

一九九九年九月二十一日凌晨一點八分，黑夜籠罩，人們沉沉入睡，突然一陣天搖地動，人們從床上翻滾了下來，嬰兒啼哭、雞犬鳴叫，還來不及奪門而出，大地撕裂，轟地一聲巨響，高樓坍塌，人們淒零的哀嚎聲在空氣中迴盪著，然後，萬物回歸寂靜。

　　台灣百年首見的大地震，讓大地在一瞬間變色，人們無家可歸，活著的人餘悸猶存地在瓦礫堆中尋找親人，埋在土石中，已經死亡的受難者，或者陷入漆黑，氣若游絲地看著自己的生命一分一秒流逝的求助者，生離死別的哀慟，家園殘破崩頹，人間煉獄真實呈現。

　　時間不過兩年，大地的重創仍在，桃芝颱風卻挾帶豐沛雨量，對脆弱的土地再度進行一次侵略，於震災中倖免於難的人們，在轟地爆發的土石流中瞬間成了犧牲者。

　　倖存的人曾經與死神面對面搏鬥，重生的喜悅切身感受到生命的可貴。也因此對於缺乏慈悲的遲緩政府救援反應，發出怒吼之聲。為什麼不能以救人為最優先考慮呢？令人不解。眾所皆知，被活埋的人只要耽誤一、兩個小時，就可能喪命。是誰、於何時、如何判斷，是拒絕了還是曾作保留？民眾，尤其是受害者，有知道事實的權利。發生災害時，從這一點，就能看出對人類所抱持的態度。

　　一想到受災者，就感到痛心。那段期間幾乎每天都可以聽到報導：「死者增加到……人。」但是，人命不能用數量來計算，並非因幾百幾十人遇難才算是悲劇，每一位罹難者都是家庭中珍貴的父親、母親、孩子、親屬或朋友。從緊急處理災害的應變中，可窺見該國的文化，明顯地表現出它是不是一個重視生命的社會。我們應創造一個視生命為最高價值的時代。為此，我們絕對需要能夠解明生命的可貴、尊嚴，以及無限可能性的哲學。

生命是萬人皆具、無比尊貴，這是誰都無法否定的事實。自己當中有「我」，死後也一直維持這個「我」。因此，這個「我」就是生命的實體。那死後的「我」在哪裡呢？應該不像靈魂那樣飄浮不定吧！

## 生命的起源

地球上的生命是怎麼誕生的？關於這個問題，科學家們提出各種論點，「自然發生學說」較為一般人所接受。

蘇聯的奧帕林（A. I. Oparin）和英國的潘納爾（J. D. Bernal），可說是科學界中，探討生命起源的代表人物。他們主張，地球是在進化過程中，自然產生生命的。簡單來說，最早是從無機物中產生了有機物，接著是蛋白質形成，進而由於物質的新陳代謝，而產生了生命體。

這一學說，是根據所發現的生物化石，以科學技術推算出簡單的有機物，從而得到證實。在科學家的眼中，生命不過是一種物質現象，然而，我們所想要探討的，不是生命「怎樣」從無生命的物質世界中誕生，而是「為什麼」會誕生的問題。所以，不只要理解物質現象，更須深入一層挖掘生命的本質。

生命絕不是靜止的，而是動態的，是自主的、內發的，那麼它的自發性從何而來？日本哲人池田大作認為，地球在無生命的狀態中，蘊含著讓生命誕生的因素，其後藉由種種衝擊融合的過程，產生了生命現象。可以說，生命自身既是作者，又是作品。

時至今日，科技發展一日千里，從科學的論證來說，宇宙，包括地球，本來就是有生命的存在，只要條件齊備，任何地方都可能有生命體。現代科學早已設想，地球以外還有很多天體有生

物存在，也發現了一些端倪。總而言之，宇宙猶如「生命之海」，
蘊藏著使生命誕生的力量。

## 人可以長生不老嗎？

　　不過，生命在誕生之後，隨即一步步走向死亡之路。生老病
死，無疑是自然的定律，也是萬物生生不息的動力所在。死後生
命會繼續存在嗎？或者只有這一世？如果生命接續的，那麼是永
遠存在呢？還是有限的呢？又是以什麼狀態持續的？這是「生命
論」相當重要的課題。古往今來不知有多少賢哲、聖人爲這個課
題所苦。中國史上最早想到這個問題的，該算是尋求仙藥的秦始
皇吧！

　　兩千多年前，戰國七雄各據一方，互不相讓，爲了保護疆
土，經常興起戰爭。當時秦國人才濟濟，國勢昌盛，西元前二二
一年，秦始皇結束了兩百多年群雄割據的局面，統一中國。

　　秦始皇建立了中央集權制度，擁有一百多萬的軍隊，爲了建
造自己的陵墓驪山陵，動員了幾十萬民伕，並蒐集了幾千名美
女，營造了阿房宮，爲奠定永久的基業，建築萬里長城。「在國
家的基業穩固之前，我絕不要死！不！我要永遠活下去！」爲了
祈求不老不死，把全國精於神仙之術的方士齊聚一堂。

　　秦始皇開始付出鉅大的花費，差遣人們到各處尋找長生不老
之藥。齊地的徐福提出東海有仙山，於是他率數千童男、童女乘
船出海。其實，方士的騙術並不高明，但秦始皇被對死亡的恐懼
所覆蓋而無法判別，由此可看出，雖然秦始皇在權術的鬥爭中是
勝者，但在任何人也逃脫不了的死亡面前，流露出弱者的畏懼。

　　怕死，可說是人的共通點，尤其擁有權勢者，對「生」格外

執著，因爲害怕所具有的威權財富土崩瓦解。事實上，不管是什麼樣的財富、名聲或地位，都不能給生命添加永恆的光彩，儘管這個道理大家都明白，古今中外，人們依舊執著這些帶不走的虛飾。

更可以說，財富愈多、地位愈高的人，害怕失去的恐懼愈深。所以，秦始皇雖然是萬人之上，不可一世，世上所有的慾望都能得滿足，但是慾望中及的死，卻成爲他最大的不滿足，這可以說是他最大的不幸。

在生命是否永存的問題上，「死」是關鍵課題。關於死後的生命，大體上有兩種想法：一是唯物論，即是人死後，肉體還原爲無機物，生命同時消滅；另一是唯心論，主張生命「不滅」。各宗教關於死後的生命觀，也可分爲兩種：佛教、印度教等闡述的「輪迴」說；以及以基督教爲中心的西方宗教所倡導的「靈魂不滅」說。

生命永存以及肉體解體後，生命將以怎樣形態存在等，都是難題。要理解宇宙本質，人們的智力極爲有限，得不出明確的解答。爲此，只好相信假說，例如，大乘佛法指出，人並不是受到超人類的萬能神所支配，而是自己必須對一切負責，樹立人的自主性。

關於死，日本知名的哲學家三木清，在他的《論人生札記》，這樣寫著：「有所執著而不願意死，實際是因爲有所執著反而死得瞑目，因爲一個深深執著某事物的人，死後有著自己的歸宿。所以，對死的準備，就是創造極度執著的事物。如果自己眞有執著的事物，那麼這個事物就代表著自己的永生。」三木的話閃爍著哲人的智慧之光。人是否能超越生死，使有限的「生」永遠存續，就要專注於某領域。

佛典有個「蠶與蜘蛛」的故事。蠶從口中吐出絲來，用絲束

縛住自己，最後作繭自縛；蜘蛛吐絲，在絲上自由地來回走動。這故事表達出人所具有的執著與願望，有時會成為束縛自己的枷鎖，有時也會成為「生」的動力，促使人們向上與成長。

亦即，從日常生活所追求的歡樂，到實現自我的深層慾望，驅策著人不斷前進，這種執著會昇華，使人不再滿足於膚淺的快樂，轉換成為追求深邃的「生」之活力，為變幻不定的人生開啓真實之路。

總之，生命的年輪並不只是靠年齡刻畫出來的。在這當中刻印了多少「生」的歡喜和無限躍動的充實感？是被慾望或執著驅使的茫然人生？還是超越生死、朝向真正的目的觀，完成了淋漓盡致發揮自我的一生？答案應該是，只有後者才能使永遠的生命顯示光輝吧！

## 超越「哲學空缺的時代」

儘管明瞭了「生」的意義，但是人的生命是脆弱的，必然會受到大環境的左右。人從「何處」來，又將往「何處」去？人「為何誕生於世？」能夠明快回答這些疑問的思想哲學何在？人們似乎為了充實精神的空虛而追尋某種寄託。

有人說，現在正值欠缺哲學的時代，於是人類開始凝視遠方，尋求新的哲學，探求一種能充實人類精神空虛的力量，一種能將疲憊的生命變為朝氣蓬勃、充滿希望的力量，能指引自己或社會「何去何從」、解釋「所求為何」的智慧。

視經濟發展為最重要的現代社會中，人們逐漸察覺「以『人』為本」，即「人的成長」更為重要。知識爆炸的資訊社會裡，人們逐漸體認「智慧遽增」乃當務之急。科學不能帶來幸福，社會主

義、資本主義也無法拯救現況。召開再多的會議，呼籲提昇道德、講述心理學、談論哲學，人類的心靈還是感到有所欠缺。

以《小王子》一書聞名於世的聖·修伯里（Antoine de Saint Exupery）說：「我們應體會在何處走錯了路。人類比以前富裕，也享受著更多的財富與時間，卻缺乏了某些難以描繪的本質。人們逐漸失去做人的感覺，也失去了我們所掌握的神祕大權中某個部分。」

人們走錯了路，不知何去何從、所求為何？人「從何處來」、「欲往何方」、「所求為何」，尋出這些疑問的解答時，才能找到人類一切行為的原點。能明快回答這個問題的思想、哲學或宗教在哪裡呢？這是關鍵所在。

所幸社會即使因戰爭化為焦土，但只要人的心中存有哲學，未來就有光明。換句話說，雖然社會富裕，但若心如焦土，未來也將黯淡。曾親身體驗納粹集中營而聞名的法蘭克（Frankl V. E.）博士，他形容現代人的心像是「被轟炸的心田」。法蘭克是以著作《夜與霧》（原名「一位心理學者於納粹集中營的體驗」）而聞名。法蘭克博士說：「現代不僅濫用熱情，而且是所有理想主義都飽受摧殘的時代。年輕人理應擁有最熱烈的熱情尋求崇高的理想主義，但在今天卻看不到應有的熱誠。可以說，這一代青年已喪失了生存意義。」

法蘭克博士還說：「集中營是個完全破壞人性尊嚴與生存意義的環境。雖說如此，但也有人不為所動，堅持做人的權利。」法蘭克博士或許想藉此暗示，即使身處和平的時代，某個角度來看，人類正置身肉眼看不見的集中營內。因此，有人把支配現代的風氣，簡單說成一種無能為力感覺。每個人都認為非改變現狀不可，但政治、經濟、環境等問題，皆非一人能力所及，這些問題全都被掌握與操縱著。縱使個人想有所作為，但面對龐大的組

織，到底能做多少事呢？

　　這種無力感促使事態更加惡化，造成惡性循環。俄羅斯的亞科布雷夫氏 （Aleksandr N. Yakovlev），被世人稱為「改革的設計師」，展望俄羅斯的未來時，說：「今天，連最冷靜的合理科學主義也在提示我們，若不承認每一個人的價值，人類將會滅絕。」「這幾年當中，人的真正價值將再次復權。人的價值至今透過『社會實踐』，一再遭到誤解、謊言、中傷等壓迫，但解放這種恐懼的時刻終於來臨。若考慮現在和未來，必定會有如下結論：今天人類面臨的最大危機，是屬於精神的範疇。」

　　他們認為民族主義的根柢中，有人們想追尋的「我從何處來」「欲往何方」的歸屬意識。因為思想、哲學處於空白狀態，故想從民族方面追求自我歸屬意識。思想上的真空對人們來說，實在難以忍受，然而過度強調民族的歸屬，導致了偏執，戰火連綿。

　　戰爭是殘酷的，不僅虛耗了國庫之才，還以大量的人命作為代價，做無益的國境經營爭奪。老百姓的悲苦就如詩聖杜甫的名詩《兵車行》所描述的：

「牽衣頓足攔道哭，哭聲直上干雲霄。道旁過者問行人，行人但云點行頻。或從十五北防河，便至四十西營田。去時里正與裹頭，歸來頭白還戍邊。邊庭流血成海水，武皇開邊意未已。君不聞漢家山東二百州，千村萬落生荊杞。……」詩人藉出征士兵之口，控訴侵略戰爭的無情。

　　二十世紀末，美國與中東發生了波斯灣戰爭，據報載，一名十七歲的少年說：「我曾有過種種夢想，但戰爭剝奪了一切。」還說：「不知要到什麼時候，才能去愛人，若還擁有愛人能力的話，我想嘗試去愛人。因為不管發生任何事，都要活得像個『人』，我希望一直當個『人』……」不管發生任何事，都要活得

像個「人」！少年的心聲令人痛心。

　　不過，戰爭既然是人為的所製造出來的，那麼人的「一念」也可以扭轉局勢，這麼說來，人並不是無力、可悲的存在，更可以說，不管身在何處都是從「一個人的甦生」開始出發。

　　簡言之，人才是創造歷史的主角。德國尼采曾說：「我們應把歷史用於『生』和行為上，而不是用於苟且偷安地悖離『生』和行為，更絲毫不可把歷史用於掩飾自私自利的『生』與儒弱卑鄙的行為上。」尼采所說的「生」，應該可以用「人」來代替，他所批評的，是把創造史觀的「人」貶為配角，把史觀獨立，主客顛倒的事實。

　　《史記》有一節內文：「昔西伯拘羑里，演周易；孔子砸陳蔡，作春秋；屈原放逐，著離騷。左丘失明，厥有國語；孫子臏腳，而論兵法；不韋遷蜀，世傳呂覽；韓非囚秦，說難孤憤。詩三百篇，大抵聖賢發憤之所為作也。」大意是，周文王成為殷紂王的階下囚後，寫出了名著《周易》，孔子作《春秋》、屈原寫《離騷》、左丘著《國語》、孫子談兵法、呂不韋傳《呂氏春秋》、韓非子撰《說難》、《孤憤》、優美的「詩」三百篇，這些偉大的著作，都是古代聖賢在最困難或受壓迫時奮起而完成的，是他們在處身艱困的環境中創作的卓越史書。所以，歷史正是向人的幸與不幸、喜與悲、善與惡，亦即人的命運，提出懇切質問的作品。這也是司馬遷著述中國巨著《史記》的主要動機之一。

　　總之，歷史所記載的，不是人以外的事物，而是以人為主角，描述人的內在的一面，更精確地探究，可以發現，歷史就是一部記述在各時代扮演舉足輕重者的個人史，從歷史中，我們從一個背負時代命運、勇往直前、不畏不懼、堂堂獨立的個人形象中，尋出了時代的脈絡。

　　歷史的潮流洶湧澎湃，一刻也不稍止地向前推去。李白在

《春夜宴桃園序》中寫著：

　「天地者萬物之逆旅，光陰者百代之過客。」

　　人並不是渺小的存在，可以說，我們每一個人都是歷史的主角，為此應確立威武不屈、富貴不淫的人之形象，並與他人之間，緊密相連，跨越國際，以站在同是「人」的立場，相互尊重、團結起來，形成一股聲勢浩大的浪潮，扭轉逆勢。

## 宇宙生命

　　由上述中，理解了人的尊貴，對於孕育生命的宇宙，不覺生起了尊崇之心。如果用杯子裡的水來比喻大宇宙，風吹過會掀起波紋，波紋就是我們的生命。這是大宇宙生命的一種效應，只要無風，就會復原。若用大海來比喻大宇宙，反覆起伏的波浪就是我們的生命。波浪和大海不是個別存在，波浪是大海的作用之一。

　　英國文學家阿蘭・瓦茨（Alan Watts）曾說：「宇宙和人們的關係等於海洋和波浪的關係。所謂死，人們視為虛空、無的狀態，但那不過是像波濤無限的人生海洋中，波浪與波浪之間的波谷一般。」還說：「從宇宙中分割出來的你是不存在的。」有人將生命比喻為河水，一直川流不息地流動、變化著，最後注入大海，融合一體。可是，生命應該是位於更深層的地方。

　　日本哲人戶田城聖也如此說道：「生命能令人感到不斷變化，如同滔滔巨流。」「它既非液體，亦非靜物，如同虛空。」「這就是生命的本質。」

從古往今來哲學家們的論述，我們可以得出一個結論：生命既是無限的大宇宙，同時也是小宇宙，自有始以來一直生動地變化流轉，是一個永遠常住的巨大生命。佛法把這種儼然存在的宇宙生命稱爲「佛」或「妙法」，而每一個人都是這尊貴實存的個體。

　　法華經裡講述「諸法實相」。所謂「諸法」是指所有個別生命事項，而「實相」即眞實的樣相，意指宇宙生命。戶田城聖即以「佛即生命」來表現這個不可思議的眞理。

　　人們一旦瞭解這個道理，就絕對不會萌生殺意。因爲想破壞任何事物，就等於毀滅自己。

　　全球聞名的作家兼教育家海倫凱勒（Helen Keller）女士說過：「從每天所呼吸的空氣當中，我能感受到一股凝聚力，把地上和天空所有的事物聯結起來的偉大紐帶。」可以說，她雖失去了視覺、聽覺，但仍然能夠清楚地「看到」大宇宙與小宇宙的交流。

　　簡單來說，生命必須以這種深奧的層次去感受，才能「看得見」。現代科學可說是一種「慧眼」，但科學傾向於把生命當作由種種零件所組成的機器，將生命和人劃分爲肉體和精神、主體與客體等分離對立的存在，甚至想將生命的作用還原爲物質，加以掌握。

　　但是以機械論、二元論、還原論來觀看生命，雖能解明生命的某一面，卻無法看出其躍動的整體相貌。現代科學把人和生命物件化，使生命與生命、生命與環境成爲對立的存在，甚至成了縱容破壞環境、人類支配自然的溫床。經過深刻反省，特別是在一九八〇年後，新科學、生態學等紛紛問世。例如，卡普拉（Fritjof Capra）的「道家自然學」，不僅論說了如何克服二元論、還原主義，並指出現代最先端物理學與東方思想智慧的共通處。

他們所指的不就是「萬物的相互依存性」？因此，佛法所說的「緣起」思想逐漸受到世人的關注。

試圖統一生命現象的歌德（Johanna Wolfgang von Geothe），其自然觀普遍受到人們的肯定。他說：「從有智慧的人們腦中驅逐機械論、原子論等想法，而力學、化學將會取代它們，出現在所有現象中。這時候，自然生命的尊嚴會更清楚地呈現在我們眼前。」

## 生命是崇高的存在

威權、貪婪、侵略、戰爭，兩千年的人性的黑暗面，在迎向新世紀的大門前停下了步伐。過去西方民主主義社會瀰漫著的「物質至上」思想，否定精神價值的傾向，「自大而看不起人類以外的世界」、「脫離常軌的消費欲望」和「缺乏對永遠性的信仰」等偏執，在徹底失敗的結果中，即將崩潰。

人們從痛苦的經驗中，深刻體悟，二十一世紀的關鍵詞不但是「生命」，也將是「生命力」。以影響眾人的政治觀點來說，民主主義是人類唯一的希望，能與我們生命深處產生共鳴，是能讓政治產生有益影響的主義。因此，民主主義應更廣為人類接受。而民主主義的真諦在於人要超越國界、民族、立場等狹隘觀，恢復對非物質秩序的尊敬。所謂「非物質秩序」即是指「生命的秩序」。世界民主主義秩序的權威，是在恢復宇宙權威之後才能建立的。也就是說，必須恢復對生命的尊敬和宇宙的權威。

我們期待二十一世紀成為「生命的世紀」，而要達成此目標，就要從理解生命開始。美國詩人惠特曼（Walt Whitman）於《自我之歌》詩中，為生命的奧妙與尊貴做出了極佳的詮釋，如此吟

詠著：

誰認為誕生是幸運的呢？

我會趕緊告訴他或她：誕生如同死亡一樣幸運，

這點我非常清楚。

我隨死者經歷過死亡，也隨嬰兒誕生沐浴過誕生的歷程，

我並不侷限於我的帽子與靴子之間；

我仔細察過事物的繁複關係，沒有兩樣相同的東西，

也沒有事事都完美的；

只是大凡一切都美好：

地球美好，星辰美好，附屬在它們上面的一切都美好。

我不是大地，也不是大地的附屬物；

我是人類，我是人們的伴侶，

所有的人都跟我一樣，

永遠不朽，永無限量。

## 參考書目

Arnold J. Toynbee & Daisaku Ikeda（1999），《展望21世紀─湯因比與池田大作對談集》。Oxford University Press 授權，台灣：正因。

池田大作、松下幸之助（1999），《人生問答》。國際創價學會及PHP授權，台灣：正因。

池田大作（1997），《法華經的智慧 （1）》。國際創價學會授權台灣：正因。

池田大作、金庸，《探求一個燦爛的世紀》*Compassionate Light in Asia*。香港：明河出版社、臺灣：遠流。

池田大作（1992），《我的人學》。北京：北京大學出版社。

池田大作（1993），《世界市民的展望》。中國：三聯書店。

惠特曼著、楊耐冬譯（1990），《草葉集》。台北：志文。

三木清，《論人生筆記》。台北：新潮文庫。

# 第4章

## 人權與人性尊嚴

### —談生命教育與生命意義

作者：胡中宜

# 前言

最近報章媒體出現許多大學生、中學生因爲感情或課業壓力自殺之個案，讓人怵目驚心，此社會現象的形成部分導因於現代青少年的壓力適應能力不足，而其中最值得深思的是現代教育與眞實生活脫節的問題。

然而無論現代學生被塡鴨塞進多少書本與知識，經過十幾年的義務教育後，他們對一般事物與人生哲理的瞭解，將和眞實生活經驗完全脫節，對自我的瞭解依然是窮途匱乏。

另一方面，如果打從一開始就以「從生命中學習」的角度去規劃教育內涵，很快地我們就會發現，應該是現實引導我們建構生命理論，而非讓理論來形塑我們的認知。一旦理論以引人入勝的知性論證包裝呈現，便是最生活化與最基本的常識。而生命的意義也能從生活與學習中體認與展現。

教育的目的，在於幫助孩子作好準備，踏實地迎向未來人生。因此，教育應該鼓勵孩子從生活中學習，同時以懷疑的態度檢規那些不曾被質疑過而代代相傳、一成不變的知識內容。教育必須緊扣著生活經驗，而不只是紙上談兵。最重要的是，學生應該得到教導，學會觀察行動的眞實後果，而不是聽到別人說結果應該是如何，就盲目地相信了。

對於切身經驗的強調，不僅適用於科學研究，在所有關於人類的事物上更加適用。我們正是基於對經驗的重規，發展了一套嶄新且具革命性的教育系統，這就是「生命教育」（life education）。

然而生命教育的內在意涵爲何？生命教育討論的主軸爲何？國內外生命教育實施側重的層面不一，臺灣生命教育的起源的歷

史背景正反映當代社會青少年暴力與自我傷害自裁的異常解組的社會圖像。然而要讓孩子遠離傷害、暴力、毒品或自裁，就須給他們一個積極正面的生命起點，解決此社會現象無法單靠運用防堵、嚴刑峻罰、監禁與打擊犯罪或通報系統的建立，而根本在防患於未然，根本之道則在於正面人生觀的建立以及家庭生活與社會的互助連帶。準此，真正生命教育應從家庭、學校、社會各方面著手，幫助青少年從小開始探索與認識生命的意義、尊重與珍惜生命的價值，熱愛並發展個人的獨特生命，並將自己的生命與自然、社會環境共生共融。

　　生命教育的內涵為何？首先必先討論生命是什麼？生命的意義為何？應此，衍生出兩大問題：人生的哲學與生命倫理。

　　人生哲學最核心的議題是所謂的終極關懷（ultimate concern）。也就是說，有關生命意義的安頓，人生理想的建立與作為「人」的權力與義務等問題，羅加倫在《新人生觀》一書中便清楚論述人生哲學的重要性，並隱約暗指從不思考過這些課題的人，實枉為萬物之靈。（陳英豪，2000）

　　生命教育的第二個課題則是生命倫理，什麼是倫理學（ethics）或道德哲學（moral philosophy），如果人生與宗教哲學的關鍵問題是：人為什麼要活著？活著的意義是什麼？倫理學所關心的就是「善是什麼」與「如何擇善」、「人應該如何活著」、「生命的尊嚴為何」以及身為一個「人」的基本權力與義務為何？這些問題簡單的道出倫理學在實踐上的重要性，另一方面，也蘊含著許多的危險與衝突。但無論如何這些不都是我們日常生活中不得不面對與思考的議題。

　　要先釐清生命的意義，就務必先論證「人的本質」，人權本質本身就是價值議題，牽涉倫理學中的價值判斷。何謂「善」？何謂「善人」？何謂「善事」？人如何活出尊嚴？尊嚴是什麼？生

命的品質是什麼？如何達到生命的品質？乃本文欲思索與釐清的問題。

## 人權的重要性與意義：社會賦予的角色任務

　　人權的意義，若從社會層面來詮釋的話，意即社會結構、社會規範賦於「社會人」應扮演的義務責任，從角色理論（role theory）來看，每一個人無論大人小孩、男人女人、學生上班族，一個人在社會當中都被賦予一個「社會位置」，而這個社會位置所應扮演的「角色任務」、「角色行為」、「角色扮演」、「角色職責」、「角色定位」、「角色功能」、「角色適應」，即是這「人」的權利與義務。

　　而在人生的過程中，享受社會賦予的權利、善盡職位義務，快樂的生活，不就是一種人權嗎？如享受生命權免於恐懼，享受工作權得以勞動，享受參政權得以行使生活保障權，得以投入社會保險獲得生活保障與生命尊嚴。

　　人權的基本意義簡單的說就是「做人的價值」、「做人的權利」、「做人的義務」、「做人的地位」、「做人的意義」、「做人的尊嚴」、「做人的價值」。

　　人權的基本實踐理據——自二次大戰以後，由於醫療科技的發展，人權主義興起，人權的保障與促進，普遍引起世人重視，傳統對人類權益的思維產生變化，尊重生存的價值權益，便促使社會及政府，提供多元化保障，國際組織對此項工作亦相當關切，一個為國際所公認的人權標準日漸形成；相較於西方思維，我國人權觀念隱含於傳統的民本思想中，重視人民是國家的根本，而西方的人權理論經由歷史進化與政治學說，例如，古典的

自然權利論、天賦人權論、社會權利論及馬克思主義的人權觀等之焠鍊而予以具體化。

　　人權（ human rights ）是與近代民主立憲政體相應而生的一種觀念與制度，成為政治民主化的測量計（荊知仁，1977）及社會安全與否之重要關鍵。人權之範圍究竟為何？由於各國歷史背景與社會環境互異，因而見解頗不一致，各派學者論說繁雜紛紜，人權往往與自由、平等或民權等名詞互用，而論及人權保障則又常與民主、法治等概念密不可分（陳莉莉，1998）。「人權」有許多共通的定義，例如，人類共同的權利（the common rights of mankind ），基本人權（fundamental human rights ）、人的權利（rights of persons）、個人權利（individual rights）、國民權利（civil rights）等，其意涵有相同的意義，即人有應享的權利，其中對「人」的概念指天生之自然人，對「權利」（rights）的概念，原有「理當有者」（straight），「人權」可直言之凡屬人類具有人格，即享有基本權利，不因時、因膚色、性別、出身或環境而異。依此精神可知，人權是人之尊嚴的基石，基本目的在促使充分發揮其潛能與才幹，達到最大安全與滿足，與社會工作立基之精神相融，總而言之，人權以人為本位、維護人應享有之權利、強調人權之享有是平等的，不應有任何差異，以安全與滿足為最終目標；人權就法律觀點而言，於公法上之人權依其適用對象可分為基本人權、國民權及公民權等類別。其中國民權及公民權均有其特殊之定義及限制：林紀東（1988）認為「基本人權」為凡屬圓顱方趾之自然人（無論是本國或外國人）均能享有，其適用對象包括：憲法明訂生存權、自由權、平等權等，皆屬人身所必須之基本自由權利。分析其內涵，基本人權有三大特性：

　　一、基本人權具有國際性、普遍性而非僅是區域性，視為人
　　　　類和平之基礎。

二、是所有人權之首要，基本人權獲得保障，其他人權才能
　　落實。

三、經由憲法明定，且對基本人權之保障需有立法、執法與
　　審法，以「法」為保障之基石。

　　就理論上而言，人權的人是包括所有的人，但就實際執行面
而言，兒童、婦女、難民等弱勢族群仍處於無權利或人權被忽視
的狀態，因此，有必要分別組成不同的各國主體，由共同的公約
或宣言來保障他們的人權。兒童或青少年的身心處於尚未成熟的
狀態，其權利易受侵害，更應對其權益有所保護。如何將兒童青
少年視為具有獨立人格的個體，尊重其人格的尊嚴，並進一步保
障其權利，成為關心兒童青少年人權國際組織所努力的議題。一
九八九年十一月二十日聯合國通過「兒童權利公約」（李園會，
2000），此公約落實一九二四年國際聯盟所通過的兒童權利宣言
（日內瓦宣言）及聯合國一九五九年通過之兒童權利宣言的精神，
並於一九九〇年九月二日正式生效，成為一項國際法，並訂每年
十一月二十日為「國際兒童人權日」。

　　兒童權利憲章從一九四六年起草，至一九五九年完成實施，
共歷經十三年的時間。「兒童權利宣言」將「日內瓦宣言」時期
視兒童為保護對象的兒童觀，進一步提昇到把兒童定位為人權的
主體，意即期望將獲得國際認同的世界人權宣言條款，積極地反
映在「兒童權利宣言」上。聯合國在世界人權宣言中強調，所有
的人類不應該由於種族、膚色、性別、語言、宗教、政治或其他
理念、國籍、出身、財富、家世及其他與地位等相類似的事由受
到差別的待遇，使每個人均能共同享受本宣言所列舉的各項權利
和自由。更由於兒童的身心未臻成熟階段，因此無論在出生之前
或出生之後，均應受到包括法律的各種適當的特別保證。

兒童作爲基本權主體，本來是理所當然的事，因爲他們也是憲法所稱的人，自然可以認爲是基本權利的享有者。但由於傳統家庭本位、父權思想下，子女（兒童）爲專屬父母所有，其有將兒童視爲父母的財產（動產），使得兒童是不是基本權力主體成爲問題。

　　兒童作爲基本權主體，他們和其他基本權主體，例如，父母、其他兒童間，可能會發生基本權衝突的問題（陳怡凱，1995）。所謂的基本權衝突是指數個基本權主體所享有的基本權利彼此相互對立。家長爲了「教」孩子不要觸摸熱水壺，故意拿燙液淋灑幼兒，造成嚴重燒燙傷。家長以燙液淋灑兒童，或可視爲其保護教養的權利（戴東雄，1994；陳志華，1995），然兒童亦有拒絕以維護自己人格尊嚴的權利（釋字第372號解釋）。當兒童遭其家長以燙液淋灑，是父母因行使保護教養權利致侵害兒童的權利，兩者的基本權利發生衝突。由於國家對基本權利自有保護義務，除了應積極保護人民的生命、健康、自由、財產等基本權利一立法機關有制定法律規範保護人民的任務、行政部門有執行保護性法律的義務、法院本權利外，另一思維即國家有無違反保護義務，若此，更應好好處理基本權衝突的問題，若立法機關未考慮基本權衝突所立的法、行政部門不履行保護性法律的義務、法院未正確考慮基本權衝突所做的判決，均可能侵害了基本權利，而違反了保護義務。崙此，法院爲判決時，應致力調整基本權的衝突，找出應優先被實現的基本權利，例如，加害人需賠償被害人一筆金錢、或權利被停止，或是加害人被關入監獄中。此際，國家履行了她肩負的基本權利之保護義務，解決了基本權利的衝突。

　　就法理來說，國家對人民的基本權利負有保證義務，若摒除自法理的探討，從國際法下手，兒童權利公約明確的揭示國家有

保護教養兒童的義務，爲迄今爲止對兒童人權最完整的聲明。兒童權利公約經由來自全球代表不同社會、經濟制度、文化、民族、宗教生活的各國代表、非政府組織和聯合國機構，在長期談判中，共同制訂的一套能普遍適用之共同價值與原則，揭示的保護義務作爲國家保證兒童人權之依據，踐行兒童權利公約，以維護兒童基本人權，被視爲二十一世紀的首要世界施政目標。

　　就兒童權利公約之精神，窺探兒童權利之本質：所有人都是生來具有自由和平等的尊嚴與權利。一九八九通過的兒童權利公約特別宣示：各締約國應充分培養兒童可在社會上獨立生活，特別是在和平、尊嚴、寬容、自由、平等和團結的精神下，培養他們成長（陳孟瑩，1996）。兒童應享有特別照料和協助，這種特別照顧可擴及到兒童出生以前和出生以後均需要的照顧及保護。意指兒童的基本人權爲兒童生命及生存權利之保障、言論、思想、信仰和宗教的自由、享有法律保證之權利等，國家各級政府應以最大努力確保兒童生活與發展。一九二四年的日內瓦兒童權利宣言、世界人權宣言以及與兒童福利有關的專門機構和國際機構的規約中，也承認此種保護的必要，同時明述人類有給兒童最佳利益之義務，除此之外，兒童權利公約更規定「兒童」應爲權利之本體，承認兒童有以下的權利：

> 生存權、姓名權、國籍權、人身自由權、平等權、人格權、健康權、受教育權、隱私權、消費權、財產權、環境權、繼承權、受撫養權、父母保護權、家庭成長權、優先受助權、遊戲權、減輕刑責權、童工工作權、禁止差別待遇、身分權、表意權、思想信仰權、集會結社權、文化參與權等。

　　但無論是從權利的根源與結構中討論人的基本權利與生命之關聯，不論其基礎來自自然權、天賦人權、君權或社會權力，人

的權利展現就是生命本身的實踐歷程。社會結構極力透過政治或福利制度的手段維持人類基本的生存權利與安定，人類也透過政治制度積極操作此一規範。但在此一命題之中牽涉許多議題如人權與自由問題，例如，當人堅持「只要我喜歡有什麼不可以」是否有無不妥，人有無結束自己生命之權利？這樣的討論勢必無法逃避牽涉倫理學的價值判斷，人的權利與生命意義有無衝突或是併行不悖？基本的看法是：許多專業一直強調「案主自決」，但案主自決的前提應是在案主得到充分資訊作判斷，或是具有理性思考之能力，擁有自己決定的權利之狀況下，案主自決對問題的解決方能有效益（註：這裡暫不討論誰來賦予決定有無「理性能力」之論證）。相對於人權與自由的激盪亦為如此，合理規範下的人權不與自由發生衝突，但當人權過度使用或濫用自由，且違反生命之本質與社會之安全時，人權的部分限制將會是規範中所必須維持的。否則過度的議論人權，將使社會規範面臨挑戰。以下就幾個部分來討論生命之尊嚴與意義與人權之關係，並企圖釐清生命價值之意義與解決現今反生命現象（青少年暴力、吸毒、自傷行為…）的問題。

## 生命的意義與生命倫理

生命真摯價值的意涵不外乎如何活出尊嚴與意義，人是社會動物，社會是動進的，人生基於生存的需要，自然也是動進的。可是在演進的過程中，原本就蘊藏著無限的可能，必要經歷多少次的試煉和挑戰，多少次的省思與開拓，且要透過「事」的觀察與判斷，來建立「理」的體系，如此實踐人生，方能圓融練達，契合社會，無憾此生。

古代中國人的壽命，能夠活到七十歲，就已經甚為稀少了。現代的中國人卻說，人生七十才開始，顯然，在中國人的意念裡面，對現代人生的意義，已有較為積極的認定。人生能夠積極，樂趣自會增多，生命就有價值，充滿希望。不過人生究竟有多少樂趣，那是因人而異的，本來就無一致標準。一個性情怪異，疑忌成性的人，常會把所面對或享有的快樂，看成無邊的苦難，把友善猜疑為別具用心，那麼他的人生，便將一絲樂趣也沒有了。由此可見人生的苦樂，不是決定於客觀的存在，而是自我如何去面對這些客觀的存在，認知這些客觀的存在，調適這些客觀的存在。

無論是天賦人權或法律對人權的維護或是社會價值對人權的保障，根本的在討論生命權利議題之前，人必須思考其對社會或自己角色之義務與責任為何？積極扮演好人在社會中的任務，以及人在人生旅程中的位置與角色劇本，如何將這一角色扮演得有聲有色、尊嚴自信，生命不應只是活著數十年的皮囊而已。

生命的尊嚴。心理學中的「自我價值」、「自我概念」、「自尊」就是你怎麼看你自己，你就變成你自己，換句話說就是愛自己，自己就會愛自己。我一直相信唯有愛自己，生命就有光彩。

Linus Mundy在一九九五年出版的《勇敢向前行》一書中有許多論證：「最純粹的勇氣是堅持愛——愛上蒼、鄰人與自己」。人生過程中不如意之事十常八九，勇氣賜予你力量並捍衛自己相信的真，同時依照自己的信念而活，堅持你的價值，讓你面對挑戰時依舊信守不渝。

有時，勇氣也意味表現真我，而且不設防，當你敢於暴露真我時你在別人眼中才具生命力，才是完整的，唯有尊重自己、看重自己、愛惜自己，勇氣才會讓你將危機轉為契機，將問題轉為無限可能。只要能鼓起小小勇氣就夠了，當生命面臨最誨暗的時

候，最微弱的勇氣也能閃耀出熠熠光芒。勇氣就像拉丁文的「心」，位於你存在的核心，不斷的拓展你心，就能不但拓展你的人生。

再短短數十年的人生旅程中堅持自己的價值，珍惜自己作為人的權利，扮演好作為人的角色，活出自我，面臨人生困境時，鼓起一點勇氣，人生將會有轉折，不同選擇，有不同的體驗，有不同的收穫，不同的歷練累積，生命將更有意義也將更有尊嚴。也正所謂：人改變了想法，行動就改變；行動改變了，習慣就改變；習慣改變了，性格就改變；性格改變了，命運就改變；命運改變了，人生也就改變了。準此，人生的轉變與塑造，非與命運或上天有關，而真正的影響因素來自於個人的認知改變而已。所以，「人定勝天」也就是此話的涵義所在。

## 如何創造一個有品質的人生

夜闌人靜的仲夏之夜，倚著床邊認真的思考自己活到現在為止生命的意義為何？愈思索悸動愈深，愈思考愈惶恐驚慌。也許是因為未曾想過也許是觸及許多衝突與價值所致。

心中一直存續的一個問題：什麼是成功的人生？什麼是有品質的人生？

但是奇怪弔詭的是律師、醫師或企業家…是成功的人，但是一位能將豬舍管理畜養的相當棒的農人，難道不也是成功的人，能夠認真生活，擁有生活趣味，不也是成功的人嗎？所以成功的定義端視您如何詮釋與定義，而無所謂高低之分，但卻可因人而異。

在現在流行的大學或中學多元入學方案中，評比成績中有一

項「特殊才藝」項目，因此在許多的父母中，訓練或強迫孩子去學習一些所謂的資本主義化的特殊才藝，例如，鋼琴、美術、舞蹈…等，企圖在未來人生旅途中有天能依此而獲得較高之人生評價。但從另一角度思考，一個鄉下小孩，從未補習，從未參加課後輔導，全無一項所謂「特殊才藝」，但其熟知如何餵食一百頭豬隻，如何灑掃豬圈，如何畜養又健康又賺錢的豬隻，這難道不是特殊才藝，難道不是成功嗎？

有位在大學當教授的師長在一次聚會中有感而發地說了些話。他說從小的志向就是讀好書、做好研究，當個出色有名的教授。當這些在他四十歲全部達到之後，有天竟然發現自己不會做人，身體不健康，生活沒情趣，生命沒活力，做事沒動力，工作如「狗」，出門上課，休息睡覺。

傳統的教育背景加上父母過高認知，導致父母望子成龍、望女成鳳的殷切期盼下，孩子常常成為父母手下的紙黏土，想變成科學家，就變成科學家，想變成醫生就變成醫生，想變成全才就想辦法變成全才，全無詢問孩子的看法，剝奪孩子生命中最基本為人的權利——自我決定，以為成功是一種可急於塑造的遊戲，希望孩子在最短的時間內功成名就。但是卻往往欲速不達。反而忽略了生活經驗、閱歷，才能轉換成活生生的知識學問，而累積沉澱的生活經驗才會持久才會真實。未來是遙不可及的，若是遺忘了「此時此地」的經驗，未來也將是一片虛無飄渺的東西。

學生常常會問：考上這學校好嗎？轉學好嗎？如果我努力一點就可以考上較好的學校？我常常提醒他們別忘了，這結果會是你人生或學習的終點嗎？若不是，何不好好生活，好好學習，珍惜你當學生的權利，好好讀書，好好體驗校園中的人事物，有許多等著你慢慢去發掘與咀嚼地。我也一直相信這是我信守的價值，因為學生常在幾年後跑來告訴我說：老師我考上某研究所，

此時此地，他當初的疑問不就迎刃而解了嗎？一再地疑惑抱怨，不會改變事實的存續，唯有體驗現在，才眞正是人生。短促人生實在沒有太多時間花費在悔恨當初，雖然我相信，人在面臨挫折或失敗情境時，適切的內控歸因（internal control），也就是說凡事成功失敗操之在己，個人命運由自己掌握（Rotter, 1953），凡事反求諸己，有助於問題的解決。

不論是否畢業於名校，不論成績是否優秀，不論是否擁有多少成就，最後都得面對眞實生活。而你將會慢慢發現，生活裡最重要的眞的不是學歷或成績，雖此在求職初期的第一印象有些許的幫助，但未來的努力才是必須的，正所謂一種米養百樣人，如何營造生活品質，生命也就擁有品質，生命便是生活的累積。在辦公室裡你可能就會發現領同樣薪水的人們，有的活得比狗都不如，有的則是氣定神閒，優遊自在的生活，這就是個人的「生命態度」。

幾年前流傳街坊耳熟能詳的一首臺灣歌曲歌詞說到：「全天嫌車不夠扒，嫌厝不夠大，嫌某生尷削歹看…」這意境道盡臺灣現今社會永遠嫌不夠、迷失在人生慾海中的人的苦境。賺再多的錢，生活仍然沒有品質，甚至年輕孩子一夜擲金，嗜買名牌的商品。生活的快樂，不在短暫的虛榮，而汲汲營營於此既可惜又可憐。

多了些反省，生命的意義才有望澄澈，爲人的權利才能眞正彰顯，人生的價值才可能色彩繽紛，生命的尊嚴亦能展現。如果人生是一種營求，你索求的是什麼？是名望、是權勢、是財富，還是健康、快樂、自由、時間的自我掌控…。這些「生命元素」若是打亂重排，你將會如何排整序位，什麼是您人生中最重要的元素。這樣的生命順位排序，將透露著你對生命所抱持的態度。我現在可能最想要的就是健康吧！時間、自由、名利才是其次，

你會是怎麼排的呢？

　　試圖讓人明白，生命只是活著的一種真實歷程。既然活著，就不妨活得好，如何養成讓身、心、靈兼備的健康生命態度，這不是學校更應該告訴學生的嗎？

## 人性尊嚴—人怎麼看自己與自我概念

　　人的一生即是自我概念形成的反射鏡子。在藍采風《社會學》一書中，曾指出人際互動中有四個定義必須先瞭解，才能進行理想的溝通與互動，包括：自我、他人、情境或事件及物質。

　　自我定義或自我概念（我是誰？我扮演什麼角色？我的責任與義務是什麼？）是一種特殊假設與信念的結合。這是對自我的缺點、能力、外貌、情感、地位、潛能、價值及歸屬等的認識。自我概念係透過社會化過程逐漸形成，並由經驗的累積過程中再度確信肯定，與個人的生活連貫，供給個人面對每日生活中的適當反應架構，是主觀與客觀的融合，不必與外界之真實性相符合。

　　個人每日扮演的角色也是自我概念最佳的參考架構，你可自認為是吸引人的、有創意的、有能力的、可愛的、進取的等。但是，人類不能離群索居，因此，個人在與別人互動時又重新塑造自我概念或再加強原有的概念。在壓力調適中，包括對自我概念的分析。我們可以很簡單的寫出：我是誰？我曾經扮演什麼角色？目前扮演什麼角色？將來將扮演什麼角色？我有那些好的特質和不良的特質？

　　因此，社會是自我概念形成的一面鏡子。由社會的回饋我們對自我概念進行反省。如果你太堅信自我概念，或對別人的評價

無法接受，壓力便在無形中造成。自我概念不是一日造成，也非一日即可改變。正向的自我概念即是自尊，負向的則是為自卑。生命教育應將重點置於如何訓練發展自尊，以及如何發現自己的潛能。（藍采風、廖榮利，1994）

## 人性尊嚴與自殺防治

哪裡有生命，那裡就有希望

— Terence

　　一般而言許多青少年會自殺係因發覺自己沒希望或挫折感導致，在世上已無價值。若從心理學角度出發，許多青少年都因認知思考的偏頗特質導致，並擁有負面的扭曲的思想（謝永齡，2000）。例如，薄弱的解決能力、無助和無望感、外控歸因、僵固認知、不正確的壓力因應方法、低落的自尊感、危險的完美主義…等因素。

　　而主要的壓力應付策略有：逃避或責備，理性解決問題，依賴信仰，及情緒控制。在這些應付策略中，逃避或責備最能導致個體的心理困擾。當遇到困難時，持著這種態度的青少年很可能有以下反應：埋怨命運、避免思考問題、退縮、責備他人或自己、聽音樂以轉移注意力。

　　研究亦發現青少年男女遇到不同的困難時，會有不同的應變策略。當面對學業問題時，男性多採用理性解決問題策略，而女性則較普遍採用依賴信仰與祈禱…和情緒控制來表達自己的感受和告知可信賴的人。這研究顯示教師有必要去減少青少年採用逃

避或責備等負面的策略，教師可以教導青少年解決心理困擾的正確方法。

另外，低落的自尊感也往往是導致青少年自傷與自裁的重要因素。自尊感是個人對自己能力的評價（Badura, 1990），而自尊偏低的青少年經常覺得自卑、無價值、完全失敗和拖累他人。自尊感偏低是引起抑鬱（depression）的主要原因，假如沒有適當的輔導或治療，很可能會導致自毀的行為。

青少年身邊信賴的親人怎樣看他們，將影響到他們怎樣衡量自己。自尊感可以被視為一種保護自己的防禦系統，使自己抵禦他人的傷害。自尊感強的青少年對自己的能力和生活都感到滿意、有自信、較獨立和主動。事實上，提昇自尊是可以有效地預防抑鬱，甚至防止自殺行為的出現。

在臺灣的社會裡，當子女做錯事時，父母常會說「唔知見笑」，目的是教導子女，使他們受到旁人鄙硯，覺得羞恥，從而改變自己的行為。其實，這種「羞恥法」是一種負面懲罰的管教方式，會危及子女否定自我的價值，因而引發不安的情緒。這種羞恥法可以制約子女的行為，但明顯地不是自律，而是受到他人的影響。在香港研究顯示青少年的自尊感愈低，愈容易出現學習、情緒、朋儕和家庭問題（香港基督教服務處，2001）。相反地，自尊感愈高的不單是面臨上述問題的機會會減少，就算有問題亦會主動尋求協助。

為人的價值常常是許多健康人不知如何珍惜的，而「生命的韌性」與「生命的尊嚴」又往往從一些瀕臨死亡的人身上展現。就如《潛水鐘與蝴蝶》一書，作者鮑比原為知名雜誌總編輯，再短短二十週內體重減輕六十六磅，右眼失去功能而被縫死，右耳失去聽力，但是，左耳卻變成蝴蝶耳朵那般敏銳，人在絕望中的脆弱與卑微，例如，護士替他清洗，令他挫折又快樂，依靠胃管

時的他，「要是能把不斷流進我嘴巴的口水順利嚥下去，我就是全世界最幸福的人了」。從這個故事，我們會發現：簡單就是幸福，在人類最脆弱無助的時候，維持生命持續的力量，竟然是那強韌的意志力與對生命的熱愛，因此，認真的對待生命與經營生命，將是回饋上天造物最好的方式。

依據佛家的理據，隨喜念佛、報恩孝親就是基本人的責任與義務，換句話說就是人的基本權利。法鼓山所提倡的「提昇人的品質、建設人間淨土」即是透過信心、至誠心、深心、迴向、發願心的手段，達到生命的尊嚴與品質，以宣告信眾感恩且認真過生活。

## 結語：人生的理想與價值

生存是人類當然的權利，理想是人類生命的意義：不管它的理想是什麼，也不管它的理想有沒有獲得實際的成果，人生只要有理想，生活才會有樂趣，生命才有意義，生存才有價值。

理想是幸福生活的源頭，我們的人生是不是有理想，這要看我們自己對理想是不是有信心，若是我們對理想缺乏信心，理想便成了夢想，空中樓閣，永遠成不了大事。不過信心是可以培養的，而且培養信心的方式很多，讀書、賞花、思考、運動、寫作、革除惡習等等，都對培養信心有直接的作用。

當你開始認知「我是自己命運的掌舵手」時，那你就已具有理想人生，我們的人生理想是什麼？本文最後提出創造、服務、勞動三者做為人生理想的標竿。創造是生命的發展，生活的擴大；服務是生命的光輝，生活的內容；勞動是生命的維持，生活的實踐，均為人生真實的建構。前者是我們的生命觀，後者是我

們的生活觀。人生在世，必應兼容並修，缺一不可。準此三者，更可以力行來體踐之。總體來說，創造、服務、勞動的人生，便是一種行的人生，是我們最高的人生理想。這也就不忝為「人」之基本權利，努力維持己應扮演的責任，生命必是充實，必現光輝。

## 參考書目

John Bowker（1994），《死亡的意義》。台北：正中。

Linus Mundy（2000），《勇敢向前行》。台北：張老師。

謝永齡（2000），《青少年自殺》。香港：香港中文。

洪櫻芬（2000），《論人的價值》。台北：洪葉。

法鼓山（1998），《提昇人的品質建設人間淨》。台北：法鼓山。

藍彩風（2000），《壓力與調適》。台北：幼獅。

邱瑞鑾譯（2000），《潛水鐘與蝴蝶》。台北：大塊。

# 第5章

宗教關懷與生命
尊嚴─兼及自殺防
治的議題討論

作者：王順民

# 前言：社會問題與宗教教化

以往每當社會問題頻頻發生或社會風氣有所敗壞的時候，有關道德重整與倫理教育的呼籲總是一再地被提及，這當中尤其像是基督新教、天主教等等正統的世界性宗教亦會試圖在這方面有所著力。連帶地，保守的政府往往也會在這種的時機底下，特別地去強調實施道德與生命教育的必要性。（Tamney, 1992; 1994轉引自瞿海源，1995，頁2；Elias, 1989）

事實上，如同西方世界的發展經驗是以建基在宗教等自願團體，來推動像是社會連帶（social solidarity）、社區整合（community integration）以及道德凝聚（moral cohesion）等等的社會工程（Van Til, 1988；Milofsky, 1987），當代臺灣地區各個宗教團體亦正企圖透過各種社會教化、心靈改革的工作藉以回應資本主義社會所產生的社會、文化危機與人格危機。至於，這一類的道德福利工作（moral welfare work）則包括有推動各種濟貧、清貧、社區環保、偏差行為防制、心靈成長、淨化人心以及綠化生活（表5.1）。

總之，這樣一種透過「宗教倫理」提供個體行動之道德肯定的建構方式，嘗試著為臺灣變遷社會所發生的各種亂象與心靈困頓解題，並且已經如實地呈顯在個別性的私人領域像是自我成長、家庭生活與人際關係，以及集體性的公共領域像是社區環保、垃圾分類、資源收回、骨髓捐贈、禮儀環保等等公共事務上。

表5.1 宗教義理的現代詮釋

| 慈濟功德會 | 佛光山 | 法鼓山 | 佛光山 | 佛陀照明天下功德會 | 宇宙光傳播中心 | 法鼓山 |
|---|---|---|---|---|---|---|
| **十戒** | **新七戒** | **禮儀環保** | **清貧生活** | **孝道治國** | **真愛運動** | **四安運動** |
| 不殺生 | 誡煙毒 | 心儀 | 知足 | 父母恩 | 不試婚 | 安心 |
| 不偷盜 | 誡色情 | 口儀 | 不貪 | 師長恩 | 不同居 | 安身 |
| 不邪淫 | 誡暴力 | 身儀 | 簡樸 | 社會恩 | 不婚前性行為 | 安家 |
| 不妄語 | 誡賭博 | 不生惡念 | 國家恩 | 不婚外情 | 安業 | |
| 不飲酒 | 誡偷盜 | 不出惡口 | | | | |
| 不吸煙毒 | 誡酗酒 | 不做壞事 | | | | |
| 嚼檳榔 | 誡惡口 | | | | | |
| 不賭博 | | | | | | |
| 不投機股票 | | | | | | |
| 調和聲色 | | | | | | |
| 孝順父母 | | | | | | |
| 遵守交通規則 | | | | | | |
| 不參與政治活動 | | | | | | |

資料來源:《普門月刊》、《慈濟月刊》、《法鼓雜誌》。

# 相關概念的說明

　　扣緊宗教關懷與生命尊嚴的議題論述,這使得在相關概念內涵的陳述上,我們有必要做某些的澄清,像是宗教、宗教關懷、道德教育、倫理教育、生命教育、以及生死教育等等各自的操作性定義以及相與對應的論述意涵。

# 一、「宗教」其及相關論題

## (一) 中西文化觀點下的宗教意涵

從字根上來說，中國宗教的「宗」者指的是宗祖、宗廟；「教」者則爲教訓、教化而有上施下效之意。因此，它是以宗廟所祭拜的祖先爲規範來教化後世，所以，人與祖先（神）的關係是一條連續光譜，人神之間的關係是可以轉變的。（曾仰如，1995，頁72）至於，西方的Religion，「Re」是「再」；「Ligion」是link結合，準此，Re-Link 是人與神的再結合。但是，由於人是自上帝處斷裂出來的，因此，西方宗教是藉著儀式、教牧或者中保，以使個人得與神再一次地溝通、交會與聯繫。就此而言，人與神是二個截然不同的存在，本質上是無法轉變同時也是不可能超越的。不過，即便是出自於不同文化詮釋觀點的宗教意義，但是，宗教作爲一種人類的鄉愁以及人們心靈最後的依歸卻是一項不爭的事實，連帶地，各項宗教福利作爲（welfare practices）所帶動產生的預期性後果之一，便是提供了一種同一性的心理樞紐，據以滿足了人們服從與敬畏的需求，而這對於共同意志（general will）之公共哲學的建構，是有其正面且積極的效應。無疑地，相較於其它的組織制度，宗教是有一種優越於其它的條件，這是因爲在必要的時候宗教它能夠把一個個單獨的個體充分地結在一起，同時可以使這些人對於個人的利益做出必要的犧牲（像是奉獻或布施）甚或防止對於個人生命尊嚴的踐踏（像是自殺或墮胎）。

## (二) 宗教功能的界範

宗教有其基本的生存功能以及凝聚人心的整合功能和解釋包括生死等終極關懷的認知功能，就此而言，宗教當能展現出規範

穩定性（normative stability）、調適（adaptation）、追求目標（goal attainment）以及整合（integration）等等的諸多功能，換言之，宗教功能的顯現往往已經是超脫個體層次而成爲一項整體的社會事實（total social fact）。（王孝雲、王學富譯，1992，頁112-114）也就是說，一方面具實的宗教現象或宗教行止可以被當成一項整體來加以考察，藉以瞭解它們的本質、運作以及生活性的層面；但是，另一方面則是感性地處理宗教福利本身所獨特身處的情境系絡。如此一來，才可以掌握到宗教福利作爲的「普遍性」（universalities）：亦即對於整體社會的構作意義；同時，也能夠掌握到宗教福利作爲所內蘊的「眞實性」（realism）：特別是對於信眾個別的眞切意義以及關係和網絡支持體系的建構。

## （三）宗教信仰的轉化能量

宗教信仰本身亦兼具有和合轉化的力量，像是基督新教倫理不僅是一種工作態度的重建，更是一種全面性的生活與倫理實踐。因此，扣緊慈善工作，西方的清教徒正是將這種新教倫理擴及到像是醫院、學校（含女子、高等教育）、YMCA、醫學院等等全面性的倫理實踐。（Lai, 1992, p. 28）

## （四）宗教本質的廓清

就某個層面來看，宗教的本質隱約包涵著對於各種「交換關係」的探討，並且人們試著從中找出可以改善或討價的空間，藉以增加交換關係所能帶來的各種福祉。然而，不論是把宗教的本質解釋成是「選擇」、「交換」或「比較」，這當中同時意涵著對於個體的尊重，並且將這種交換擺放在個體與社會的互動過程當中。

## 二、「宗教關懷」及其相關論題

扣緊宗教關懷的議題旨趣，我們以宗教團體在現實世界裡所致力推動的各項福利服務（faith-related welfare services），來作爲論述的切入觀點，不過，必須要加以說明的是：這裡的論述意義不在於羅列出各個宗教團體不同福利作爲的差異、對照，而是直指這些兼帶宗教意涵的福利服務可能產生的構造和影響意義。

傳統上，考量到本土宗教本身的活動特性與傳統的職能時，對於由宗教團體所推行的宗教事務或者福利服務，大致上，可以區分成下列幾種的型態（王順民，2001，頁187-188）：

### （一）宣化事業

是指爲宣布教義、發揚教旨以達到社會教化目的所經營的事業，計有：

1.出版社（著書宣化）。
2.圖書館。
3.演講集會。

### （二）宗教性事業

係指有關宗教性質的相關活動，計有：

1.中元普渡、作醮、神明生日慶典。
2.傳戒受戒。
3.動物放生。

### （三）學藝事業

爲培育人才、宣揚教理與研究真道所舉辦的事業，計有：

1.學校。

2.傳習所。

3.撰譯所。

### （四）濟眾事業

為求濟助老人、孤兒、殘疾與急難者等所舉辦的事業，計有：

1.冬令救濟、急難救助、施粥、奉茶、施棺。

2.養老院。

3.育嬰院。

4.收養院。

### （五）衛生事業

為救濟病患防止惡疫蔓延，特舉辦下列事業：

1.醫院。

2.免費義診，配贈藥物。

### （六）土木事業

為興盛公共事業，援助公益，特舉辦下列事業：

1.道路、堤防的建設。

2.橋樑的設置。

### （七）社區事業

係指為配合社區發展，而專門興辦的事業，計有：

1.長壽俱樂部。

2.托兒所、幼稚園。

3.社區活動中心、圖書館、公共設施。

4.興辦社區活動。

5.獎助學金。

6.發展觀光事業。

## （八）公益事業

係指為配合變遷社會需要而提供的各項福利服務，計有：

1.環境保護。

2.反毒、拒煙。

3.器官捐贈、骨髓移植。

4.淨化選舉。

5.反對婚前性行為、反墮胎、反安樂死、反對死刑與防治自
　殺。

6.心靈淨化。

顯然，以上各種宗教性質的服務事項，廣義地來說，已經涵蓋了社會救濟、衛生保健、福利服務、社會教育、社區發展與休閒文化，兼具「社會安全」（social security）發展的雛形，但是，回應急速變遷社會所可能出現的各項需求，這使得在直指人心迷惑、社會困頓以及文明價值淪落的同時，強調精神層次教化功能的宗教福利作為就顯得更形重要。連帶地，宗教福利作為的討論也不在於它所服務的對象或範疇，而是在於它對那些無助者、貧困者（helpless）以及一般大眾的他者所提供的一種希望與新的生命力（hope and meaningful life），或者，套用西方宗教的話語來說，就是一種赦免、重生與拯救；依照慈濟功德會證嚴法師的話語就是一種「濟貧、教富與救心」。

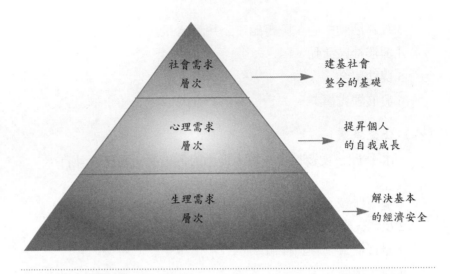

圖1 「宗教福利層次」示意圖

社會需求層次　　→　建基社會整合的基礎

心理需求層次　　→　提昇個人的自我成長

生理需求層次　　→　解決基本的經濟安全

## 三、道德教育

　　就語源來說，道德一詞包含了品格與習俗，這其中東方世界傾向於品格之說，像是《周易》「繫辭上傳」的「一陰一陽之謂道」以及《禮記》中的「德者，得也」；至於，西方道德（moral）之語源則是由拉丁語的習慣（mores）所導出的，乃偏向於習俗的解釋。（李琪明，1991，頁7-8）總之，作為一切善行原則總稱的道德，這使得道德的內容本身兼具有符合規範（prescriptivity or normativeness）、可欲性（desirability）以及普遍有效性（universalizability）的特質。（藍順德，1985，頁59）

　　不過，即便如此，對於道德內涵的認知還是莫衷一是，有的是直指道德的定義（像是涵蓋個人道德、社會道德以及由習俗所構成的文化）；有的是以道德的特徵來凸顯其意義（像是列舉出道德行為與不道德行為的特徵）；但也有的是著重在道德的認知發展，藉此培養公民所需要的責任倫理。（張秀雄主編，1996，

頁183；藍順德，1985，頁63）準此，推行道德教育（moral education）的要旨是爲了培養一個較爲穩定的自我觀念，以及遵循某些立身處世的價值規範，並且道德教育的良窳與否的確也是攸關到社會風氣的好壞，只不過，在這裡同時一方面也指陳出道德教育不應也無法脫離出各國所獨特的文化政經發展脈絡（the politics of moral education），最明顯的便是任何一個國家都會在道德教育裡加入一些與他國不同的道德規範；另一方面則是思索究竟要透過什麼樣的機制設計（像是人文學科抑或社會科學；家庭、學校抑或宗教團體；體制內抑或一般性的社會教育；父母、師長、同儕團體抑或大眾傳媒）來推動道德教育。

## 四、倫理教育

倫理二字根據東漢許愼說文解字的說法：「倫字從人，侖聲，輩也；理字從玉，里聲，治玉也」。換言之，倫理泛指著各種人際關係共守的行爲規範，也就是在人類共同生活當中，人與人之間各種關係的道德規律。（張秀雄主編，1998，頁146）就此而言，倫常關係的道理自然必須要合乎道德，才能使人趨於向善，而道德也必須要以倫理觀念爲出發點，才具有實踐的可能性。（藍順德，1985，頁59）總之，倫理學（ethics）它是一種關於道德及其起源和發展、關於人的行爲準則與人們相互間和人對於群體、社會、國家等義務的學說，同時它也探討人們行爲的是非和善惡等問題，所以倫理學又稱爲道德哲學（moral philosophy）。不過，倫理教育的目的卻並不純然是在研究倫理，也就是說，雖然它是以倫理學或道德哲學爲基礎，但其主要的目的則是在於塑造人們的倫理性格和培養道德習慣。對此，倫理教育本身兼具有基礎性、深層性、普遍性與實踐性的意涵，而較不易於用考試或分數來加以評量。（陳舜芬、王立峰，1996）

本質上，倫理教育主要還是一種以「人中心本位」的設計，它是透過人際之間以及人與環境之間的相應關係，來探索現代社會合宜的溝通交往模式，準此，倫理教育與倫理教學的目的是在於教導人們在生命當中做出客觀且正確的選擇，以期使人們在任何環境當中，都能按照事物的客觀規律或原則去思考，並作出合理的決定。（曉明女中，1998）就此而言，獨立思考能力的養成以及身體力行的具實履踐便是檢視倫理教育成功與否的關鍵所在。

## 五、生命教育

　　生命教育（life education）的意義旨在於促進學生在靈性、道德、文化、心理及身體各部分的全面發展，因此，生命教育具體的內涵包括有「人與自己」、「人與別人」、「人與環境」以及「人與自然和宇宙」等等，終極而言，生命教育的本質也正視一種全人教育。（中原大學，2000）至於，這種兼具有發展性與預防性功能的生命教育，以臺灣為例，目前則是已經有天主教的曉明女中、基督教系統的得榮基金會以及官方國立編譯館三套不同的健康教育教材，藉此提供正式管道教學系統不同取向的生命教育課程設計。

表5.2 曉明女中、得榮基金會與國立編譯館之生命教育課程比較

| 單元名稱 | 曉明之欣賞生命 | 得榮之欣賞生命 | 編譯館之健康的身體與健康的心理 |
|---|---|---|---|
| 子單元名稱 | 無 | 1.生命的奧妙<br>2.生命的歷程<br>3.生命的價值 | 1.生命的繁衍<br>2.青春期的健康生活<br>3.成長和壓力 |
| 教學時數總計 | 三堂課 | 七堂課 | 四堂課 |
| 教學目標 | 1.認識生命，進而欣賞生命的豐富與可貴<br>2.瞭解如何珍惜生命與尊重生命<br>3.知道用愛心經營生命及思考生命方向 | 1.認識生命奧妙<br>2.瞭解如何維護生命，愛惜自己<br>3.認識成長過程中，生命的節奏和規律<br>4.知道如何處理生活的問題和壓力<br>5.認識生命的意義及存在的價值 | 1.認識兩性生殖器官的構造和功能<br>2.明瞭懷孕及分娩的過程<br>3.知道優生保健的重要性<br>4.瞭解青春期的意義和身心特徵<br>5.實踐青春期的健康生活<br>6.明瞭生活中的壓力來源及其對人的生心理的影響<br>7.知道壓力的調適對個人健康的發展皆有影響 |
| 教學活動 | 1.講述法<br>2.問答法<br>3.小組討論法<br>4.視聽媒體教學法<br>5.體驗活動 | 1.講述法<br>2.問答法<br>3.小組討論法<br>4.視聽媒體教學法<br>5.體驗活動<br>6.角色扮演法<br>7.遊戲法 | 1.講述法<br>2.其它並無特定之教學活動 |

資料來源：中原大學，2000。

# 六、生死教育

　　生死學（life-death studies）原意爲「死亡研究」，一般人多言
「未知生，焉知死」、「活到老，學到老」，然而，生與死乃一體之
兩面，因此，生死學強調的是反向意義像是「未知死，焉知生」、
「學到老，活到老」，藉此揭示「死亡」與「研究」的重要。

　　至於，生死教育的內涵包括有生的課題（包括：生命科技的
潛能與危機、墮胎爭議面面觀）；老的課題（包括：有老人安養
的省思、高齡化社會的困境）；病的課題（包括：醫病關係的新
思維、醫療之社會文化觀）；死的課題（包括：安樂死的社會倫
理論爭、戰爭與和平之理想與現實）；以及生死的超克和死後生
命的課題（包括：死亡儀式之泛文化考察、死後生命之宗教與人
文省思）。（南華大學生死學研究所簡介）

　　總之，生命的存在既是一種生理徵候，同時也是一項社會文
化性的結構性產物；連帶地，對於生命尊嚴的維護或是生命賡續
的踐踏，也是一項兼具道德教育（像是列舉出與生命尊嚴相關的
道德行爲與不道德行爲的特徵）、倫理教育（一種以「人中心本位」
的教育設計，透過人際之間以及人與環境之間的相應關係，藉以
探索現代社會合宜的生命成長模式）、生命教育（促進個體在靈
性、道德、文化、心理以及身體等等各部分的全面性發展）、以及
生死教育（對於生老病死人生基礎教育的培養）的全人關懷。

　　底下，我們將以自殺及其防治作爲論述的切入點，藉此進一
步深究宗教關懷與生命尊嚴兩者內在之間可能的嫁接與貫通，終
極來看，我們希冀從宗教的思維角度以爲生命的尊嚴和賡續提供
一條可能的出路選擇（alternative choice）。

# 宗教關懷與生命尊嚴的嫁接—以自殺的防治為例

## 一、與自殺相關的觀念澄清

> 「自殺是唯一嚴重的哲學問題。」
>
> ─卡謬

*Webster's New World Dictionary*（1994）中，自殺（suicide）一辭源自於拉丁字的sui（自己的）及cidide（殺掉），含意為殺掉自己的意思，也就是一種自我傷害與自動結束生命的行為。當一個人面臨到多層面的不適或抑鬱時，自殺常常被認為是最好的解決方法；不過，也由於對國家、社會或某一群體的認同使命，這使得集體殉道式的自殺亦時有所聞，像是二次大戰期間日本神風特攻隊所採取自殺式的攻擊方式，準此，不論是自殺身亡者（actual suicide）抑或自殺未遂者（attempted suicide），自殺指的是一種有意識的實行自我毀滅的個人行為或集體行動。（內政部社區發展雜誌社，2000，頁155）

至於，自殺的成因除了個人的因素（精神疾病、心理異常、工作不遂、自我概念薄弱等）以外（孫宇斌譯，2000，頁8-22），亦會受到社會型態的影響，連帶地，自殺的行為也會對他人、團體和社會產生感染性的移情作用，像是幾年前日本《完全自殺手冊》出版所造成的社會性恐慌。準此，對於自殺舉動的防範除了藥物治療、社工處遇、諮商協談、以及社會支持以外，亦針對結構性的危險因子像是景氣蕭條、失業貧窮、聯考季節，提供某些社會整合的預防措施。

再者，幾則關於自殺的假象必須要加以釐清的，透過這些事情真相的瞭解，才能避免在面對有自殺企圖的人時，因錯誤的觀念而無法有效的預防。至於，這些自殺的假象分別如下（孫宇斌譯，2000，頁36-40）：

## (一) 嘴巴上說要自殺的人才會真的自殺

事實是：估計約有百分之八十自殺死亡的人士，生前曾談到他們的自殺想法，所以，我們必須嚴肅地看待那些威脅說他們想自殺的人。

## (二) 不提還好，提起自殺反倒提醒人們採行自殺方式

事實是：對本來就想自殺的人而言，向別人說出他們的想法是預防自殺有力的幫助。而向那些還沒想到要自殺，但明顯表現出焦慮或沮喪的人表明自殺並非明智之舉，也是很好的預防措施。

## (三) 自殺是無預警的

事實是：自殺是一連串過程後的結果，甚至可以追溯到好幾年前。自殺者通常先計畫好他的自殺方式，並且會露出些蛛絲馬跡。

## (四) 所有的自殺者都有精神上的疾病

事實是：雖然所有的自殺者可能都不快樂、焦慮及煩躁，但不能就此斷定所有自殺身亡的人都有精神上的疾病。

## (五) 自殺傾向是遺傳的

事實是：這一點爭論甚多，不過，這個傳聞似乎不全然是假象，也有真實的成份。

（六）一旦有過自殺傾向，就會不斷地想自殺，沒有人能幫得
　　　上忙

　　事實是：自殺危機一般都是非常短暫的，只要有人中途介入
並經過治療，他可能永遠不會再有自殺的想法，不過，也有百分
之十的企圖自殺者最後還是自我終結生命。

（七）想自殺的人都一心一意求死

　　事實是：大部分想自殺的人心中都很矛盾，他們想死。可是
他們也想活。

（八）未留下遺書者不算自殺

　　事實是：只有約三分之一自殺身亡者會留下遺書。

（九）沮喪過後，自殺危機也就解除了

　　事實是：自殺最危險的時期是發生在極度沮喪過後的頭三個
月。

（十）窮人和富人較可能自殺

　　事實是：自殺無社經地位的差別，也沒有某些特定社經族群
的自殺率特別高於其它族群。

（十一）酗酒的人通常不會自殺

　　事實是：自殺和酗酒關係密切，估計有五分之一的酗酒人士
最後死於自殺。也有許多非酗酒者會在死前喝下大量的酒，

（十二）想自殺的人不會尋求醫生的幫助

　　事實是：幾個研究顯示百分之七十五自殺身亡的人，在自殺
前三個月曾找過醫生幫助。

## （十三）專業人士不會自殺

事實是：醫生、牙醫、藥劑師及律師自殺率偏高。

## （十四）發現一個人可能自殺時，最好不要再和他討論死的問題

事實是：不應避而不談，應坦誠關懷地設法勸說有自殺意念、自殺企圖者尋求專業性的協助，最重要的是周圍的人應該讓他感覺到大家關心他，願意和他共同解決問題，這或許可以使他有一線的生機。

最後，自我傷害與自殺可能的訊號包括有以下幾方面：（資料來源http://w1.dj.net.tw/~tymh/113.htm）

## （一）在外表方面

體重減輕、表情平淡、疲勞、眉頭深鎖，垂頭喪氣、憂鬱、悲傷、退縮、不想動、儀表不整、注意力不集中、有顯得激動和坐立不安。

## （二）在思想方面

感到無助、無望、空虛、無能及強烈的孤獨感；有喪失、羞恥、失望感覺；無價值感、自尊心低落、思考能力減低、自責感深、仇恨感、憤怒，有時無法控制自己的衝動行為。

## （三）在言語方面

話慢、不願與人溝通、表現出想死的念頭，可能直接用話語表示，也可能在作文、詞曲中表現出來；身體不適之主訴增加。

## （四）在行為方面

突然明顯的行為改變；憂鬱症狀毫無理由的消失；立遺囑交代後事；寫告別信給至親好友；清理自己所有的東西；將自己心

愛之物分贈他人；閱讀有關死亡的資料；對所有周遭事物失去興趣；社會隔離像是少與家人鄰居朋友往來；突然增加酒精的濫用或藥物的濫用。

## （五）在環境方面

重要人際關係線索的結束；家庭發生重大變動；顯示出對環境的不良因應，並因而失去信心。

## （六）併發性的線索

從社交團體中退縮下來；顯現出憂鬱的徵兆；顯現出不滿的情緒；睡眠、飲食規則變得紊亂，失眠、顯得疲憊、身體常有不適、生病。

# 二、宗教關懷與生命尊嚴的嫁接─以自殺的防治為例

「你要保守你心，勝過保守一切，因為一生的果效是由心發出。」

─聖經

基本上，不管是從個體精神醫療狀況的顯現還是自殺死亡率登錄為十大死因之列的集體意涵，這多少彰顯出來：自殺（自殺未遂）已成為當代文明社會一項重要的問題現象。（孫宇斌譯，2000）然而，除了生物醫學、社會心理、精神醫療、諮商輔導、流行病學以及法律和社工各自專業學科之於自殺學（sucidology）不同的關懷旨趣，出自於宗教對於尊重生命的基本教條，這使得宗教關懷與自殺防治兩者之間有其某種程度的選擇性親近關係（elective affinity）。

宗教信仰的本質就是對於生命的看顧與尊重，然而，這種對於全人生命的看重除了靈性生命的永恆追求以外，還包括肉體生命的真實保守。至於，不同宗教派別各自殊異的神聖誡命，像是佛教所強調五戒十善的德目（戒殺生）可以為眾多的慈悲行為取得某種程度的正當性，至於，業報輪迴的倫理思想除了直指自殺本身是有罪愆的（見四分律調部之二及律攝卷二），更為個體生命的安危取得一個基進轉化的重要契機，這是因為佛教主張因果定律，若不證悟諸法實相，不以修持的工夫來解脫生死，那麼，自殺是沒有用的，這是因為即使是自殺成功也要接受另一期的生死輪迴，準此，佛教鼓勵積極人生的建設，利用這一生人身難得的存在來做努力的修善，藉以改造現實的乃至於未來的命運。（王順民，1999，頁32-36；釋聖嚴，1991，頁60-61）

　　除此之外，在上帝的話語《聖經》中亦曾提及到七起自殺的案件，它們分別是亞比迷米勒（士師記九章50-55節）、參孫（士師記十六章23-31節）、掃羅（撒母耳記上三十一章1-6節）、為掃羅拿兵器的人（撒母耳記上三十一章1-4節）、亞希多弗（撒母耳記下十七章23節）、心利（列王記上十六章18-20節）以及猶大（馬太福音二十七章5節；使徒行傳一章8節），不過，《聖經》裡對於這七起自殺案件並沒有加以評論，也就是說，《聖經》反對自殺的基礎並非是來自於這七起的自殺事件，而是因為凸顯人是按照上帝的形象和樣式所創作的，因此，生命的意義雖然是無法用生命的長短來加以判定，但是，個體的生命卻是神所賜給的寶貴厚禮，人的生命自然是極為可貴要加以珍惜並且是無可取代的，就此而言，除了在消極方面盡力去防堵對於個人生命的殘害，因為這有違背上帝造人的生命本質；積極方面則是要讓生命得著豐富與力量，藉此榮耀上帝造人的恩典。（孫宇斌譯，2000，頁II-III）

至於，就宗教關懷與生命尊嚴彼此嫁接的關懷旨趣來看，扣緊防治自殺的議題論述，我們認為可以透過四種不同的機制設計管道（孫宇斌譯，2000，頁133-145），來做某種程度的防範功能，而這當中「宗教」又可扮演積極轉化作用。

## (一) 聖靈

　　聖靈（spirit）一辭原指上帝的靈，祂常住在每一位信徒的心中，祂是保惠師、引導者與鑒察我們良心，也是用以安慰我們的。至於，擴大聖靈的宗教性意涵，那麼，除了基督宗教所宣稱上帝的聖靈與我們同工以外，聖靈的能力也可以成為防止自殺時極大的助力。除此之外，禱告、冥想、打坐與寂靜等等與造物者內在互動的不同形式，人們也可以從中獲得盼望、再出發的能量。

## (二) 運動

　　運動（exercise）一辭指的是生活作息以及飲食習慣的改變，擴大來看則是包括對於日常世界裡一成不變生活模態的轉變。晚近，當代臺灣地區各種新興宗教團體所大力推動的志願服務，像是慈濟功德會的居家關懷、法鼓山的心靈淨化、以及行天宮的效勞生服務等等，我們約略可以察覺到這樣一股來自於民間底層社會俗民百姓藉由各項的宗教性奉獻以及實際的服事之中，藉此重新檢視個體生存的定位以及重新尋找對於自個生命最有意義的事物。（王順民，2001；1999；行天宮文教基金會，1998；1997）總之，這裡的真義雖然不至於要與自殺的防範有著因果性的直接對應關係，但是，透過關懷別人的行動，在付出關懷的同時也預防了走向自殺之路的可能。

## (三) 知識

　　知識（knowledge）的內涵包括有一般的知識、自我瞭解的知

識、以及預防自殺的知識，這其中前者是作為思考的基礎；其次，自我瞭解的知識則是用以強化增進自我的知能；最後，則是用來瞭解自殺的本質以及預防之道。準此，「宗教」之於知識的界面在於提煉智慧的光芒，藉此深刻地認識到自己的極限，連帶地，對於自我戕害行為（self-damaging behaviors）的宗教誡命，亦有助於提昇生命的內涵。以佛教為例，將諸如：「諸惡莫作、眾善奉行」、「自利利他」以及「因果業報」等等的佛教教義，透過重新的包裝方式和詮釋觀點，藉此提供作為個體行動時的一種道德肯定，從而激發出心靈實踐與生命圓融的一股原動力，像是：（王順民，2001，頁458-460）

1.將善解、感恩、包容與知足比喻為「四神湯」，這使得佛法中的去我執與心包不虛等等的意義轉換成為通俗性的道德律。

2.以「人要縮小自己，愈小愈好，小到可以跑到別人瞳孔中去」，藉以強調壓低自己、否定自己以及從貧戶的角度來思考自己的一種心靈自我教育。

3.用「人的身體只有使用權，而無所有權」來比喻事的無常，藉以鼓勵信眾們善用難得的人身。

4.以「知福、惜福、再造福」來鼓勵信眾把握當下。

5.以「甘願做、歡喜受」來說明最好的消災方式就是歡喜承受一切的挫折與挑戰。

6.以「富中之貧、貧中之富」來鼓勵富人從布施當中去除貪癡，將心靈上的貧乏轉化為富足。

7.以「普天之下沒有我不愛的人，沒有我不相信的人，沒有我不能原諒的人」，來化解人事之間的憎恨與仇懟。

8.以「鼓掌的雙手來淨化社會」，用以激勵信眾從事環境保護

的工作。

9.以「父母即是堂上的活佛，到廟裡千拜萬拜，抵不過向父母說一聲愛」，來點明孝道的眞諦。

10用「『職業』是付出多少，就要收回多少，是爲生活而工作；『事業』是有大能力而經營之，卻易生功利之心；然『志業』是啓發人人本具的愛心良知，使人無所求的付出。」

## （四）支持

面臨自殺危機的第四種支持（support）要素則是來自於支持者的幫助，在這裡除了家人親朋的援助以外，宗教信仰所扮演的支持體系亦同時兼具精神、情緒和實質上的多重幫助。也就是說，一方面因爲相信造物者而來的信仰力量藉以獲得自信、自尊以及心靈上的成長；再者，來自於同一宗教團體彼此互動的同儕力量（弟兄姐妹、師兄師姐、同修、同道、同門），亦可開展出一種正面的、樂觀的以及齊心齊力的「成就－取向文化」（a single-minded achievement -oriented cultures），藉此有益於防範自殺的積極性目的。（慈濟文化志業中心，2001）

總之，對於自殺防治的基本線索乃在於如何防範自殺於未然以及如何強化並且提昇對於尊重生命的生死和全人教育，對此，「宗教」當可提供某種防火牆的阻隔作用以及作爲積極性的轉化力量，也就是說，一方面從「宗教」的思維觀點來看，所有自我毀滅的行爲會受到永遠的詛咒，這使得自殺成爲萬惡不赦的大罪，藉此達到消極防範的功能；另一方面，則是透過「宗教」的教義詮釋藉以賦與善行義舉行爲的正當性，從而尋求個體生活與生命轉化的可能。

最後，要留意的是：出自於對於宗教的錯誤認知，也會造成自我的刑罰，換言之，這種因爲宗教迷惑所形成自我毀滅或集體

自殺（mass suicide）的現象，點明出來在採借宗教關懷之於生命尊嚴的嫁接過程，仍然有其一定程度的限制性。

## 結論：在生命轉彎的地方必有驚喜的事物在等著你！？

　　生命的本身有其韌性，有時堅不可摧，各樣天災人禍來臨時，仍然掙扎著想要活下去；有時卻不堪一擊，在孤單無助的脆弱時刻，急需要有人伸出援手，然而，從自殺意念的興起、自殺傾向到自殺行動的採取，兩者之間還是存在著某種程度的時間落差，對此，本文認為「宗教」在這時間落差裡當可起「一念轉」的轉化作用，至於，這種「一念轉」的轉化作用一則可以透過日常生活世界裡的宗教性善行像是濟助貧戶、居家關懷以及社區環保工作從以關照出自我的卑微和豐盛，從而珍惜當下所擁有的一切；另一方面，來自於宗教戒律的監督力量，亦可防範自殺的念頭於未然，同時，在自殺念頭興起的同時，亦可採借信仰的力量和兼具宗緣關係的社會性支持系統，藉此走出陰霾、重新出發；最後，在進行以自殺作為一場生命的豪賭裡，「宗教」亦在求生與尋死之間，做某些巧合的銜接。

　　總之，「宗教」提供的是一份安定的力量，藉由安身立命世界圖像（world image）的構築以成就個體生命的圓滿，誠然，在生命轉彎的時候（困境、挫折與不遂）必有它驚喜的事物在等你，而「宗教」扮演的正是引航者的角色，這其中自然也包括對於可能偏離航道者所給予的指點迷津？！

# 參考書目

## 中文部分

中原大學（2000），「全人理念與生命教育」，宗教學術研討會，中原大學。

王孝雲、王學富譯（1992），《宗教社會學》。台北：水牛。

王順民（1999），《宗教福利》。台北：亞太。

王順民（2001），《當代臺灣地區宗教類非營利組織的轉型與發展》。台北：洪葉。

行天宮文教基金會（1997），《效勞一生》。台北：行天宮文教基金會。

行天宮文教基金會（1998），《萬般由心》。台北：行天宮文教基金會。

李琪明（1991），國中公民與道德教科書之道德內涵分析。師範大學教育研究所碩士論文。

社區發展雜誌社（2000），《社會工作辭典》。台北：內政部社區發展雜誌社。

孫宇斌譯（2000），《啊！自殺？！》。台北：財團法人基督教宇宙光全人關懷機構。

陳舜芬、王立峰（1996），「國中公民與道德教育的檢討與展望：焦點討論精華」，《國立編譯館通訊》9（4），27-35。

張秀雄主編（1996），《各國公民教育》。台北：師大書苑。

張秀雄主編（1998），《公民教育的理論與實施》。台北：師大書苑。

曾仰如（1995），《宗教哲學》。台北：臺灣商務。

慈濟文化志業中心（2001），《無悔：慈濟三十五周年紀念（慈
　　善)》。台北：慈濟文化志業中心。

曉明女中（1998），《生命教育：參考資料》。台中：曉明女子高
　　級中學。

瞿海源（1995），宗教教育之國際比較及政策研究。教育部委託研
　　究。

藍順德（1985），我國國民中學公民教育內涵分析。師範大學教育
　　研究所碩士論文。

釋聖嚴（1991），《正信的佛教》。台北：東初。

## 英文部分

Elias, John L. (1989) *Moral Education: Secular and Religious*.
　　Robert E. Krieger Publishing Company.

Lai, Whalen (1992) Chinese Buddhist and Christian Charities: A
　　Comparative History, *Buddhist-Christian Studies* 12, p. 1-33.

Milofsky, Carl (1987) Neighborhood-Based Organizations: A
　　Market Analog, in Walter W. Powell (ed) *The Nonprofit
　　Sector: A Research Handbook*. New Haven: Yale University
　　Press.

Tamney, Joseph B. (1992) Conservative government and support for
　　the religious institution in Singapore: an uneasy alliance.
　　*Sociological Analysis* 53 (2), p. 210-217.

Tamney, Joseph B. (1994) Conservative government and support for
　　the religious institution in English Schools. *British Journal of
　　Sociology* 45 (2), p. 195-210。

Van Til, Jon (1988) *Mapping the Third Sector: Voluntarism in a
　　Changing Social Economy*. The Foundation Center.

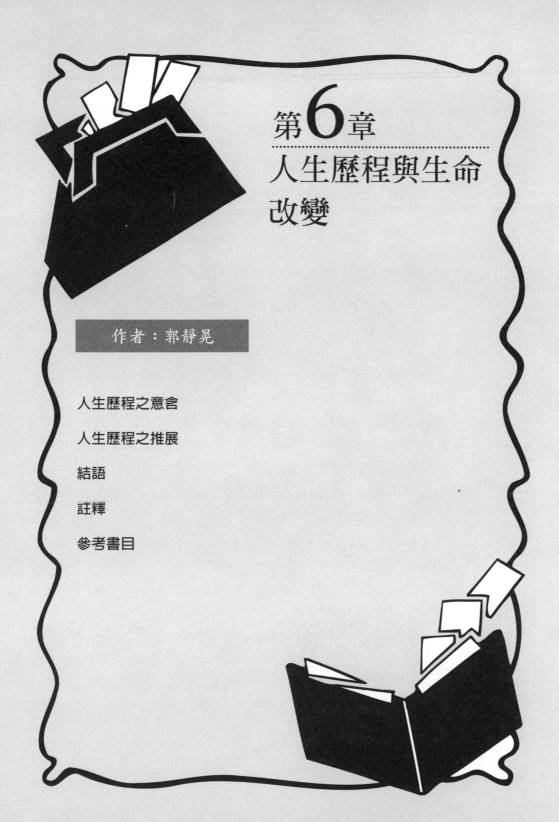

# 第6章
# 人生歷程與生命改變

作者：郭靜晃

生活是複雜的，而我的世界註定是要隨之改變。

—Loren Eiseley[1]

生命無永恆之物，除了改變之外。

—Heraclitus[2]

## 人生歷程之意含

　　每個人帶著一套獨特的遺傳結構來到這個世界，並隨之在特定的社會文化與歷史背景展露（upholding）個人之特質，而形成個體的敘事（narrative）及生活型態。就如同Loren Eiseley所主張的，人類行為是於歷史的某特定時間內與他人傳說之互動，逐漸模塑成形的，他受其個體之生理、心理及所受環境之社會結構和文化力之相互作用而形成其人生歷程（life course），從社會學的觀點來看，人生歷程是穿越時間而進展（Clausen, 1986），也就是說，隨著時間的推移而產生行為的改變。因此，個體除了生物性的成長改變，並必須隨社會變遷而改變，以迎合更穩定的社會結構、規範和角色。生命只有兩種選擇，改變或保持原狀。誠如2,500年前的希臘哲人Heraclitus所言，世界無永恆之物，除了改變。而涂爾幹（Durkheim）即以社會變遷與整合來分析社會的自殺率。他說：「一個人愈能與其社會結構相整合，他愈不可能選擇自殺。」

　　從心理社會的觀點（psychosocial perspective）來看，人生歷程指的是工作以及家庭生活階段順序之排列的概念。這個概念可用於個體生活史的內容，因為個人生活史體現於社會和歷史的時間概念之中（Atchley, 1975; Elder, 1975）。每個人的生活過程都可

看作是一種人生適應模式，是每個人對於在特定時間階段所體驗到的文化期望，所衍生的人生發展任務、資源及所遭受的障礙之一種適應。

　　Atchley（1975）提出一種在職業和家庭生活歷程中，與年齡聯繫在一起所產生變化的觀點（參考圖6.1）。圖6.1，我們將可看到生命歷程中工作與家庭生活之間的可能結合形式。例如，某一女性青年結婚前曾在工作職場中待過，在結婚生子之後，因要撫

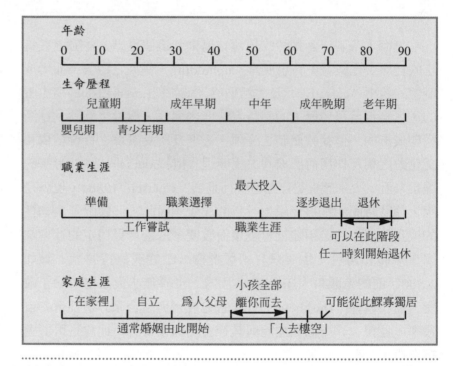

圖6.1 年齡、生命歷程、職業生涯和家庭生涯之間的關係

資料來源：Adapted from R. C. Atchley. "The Life Course, Age Grading, an Age-Linked Demands for Decision Making," in N. Datan & L. H. Ginsberg (eds), Lifespan Development Psychology: Normative Life Crises, p. 264. Copyright 1975 by Academic Press, Inc. Reprinted by permission.

養子女而退出就業市場，待孩子長大又重返勞動市場，她必須重新受訓。對她而言，職業生涯可能會產生很大變化，例如，從全職工作退居到兼差，或從在大企業工作轉到小企業，甚至到個人工作室。對於那些結婚、生育子女、再結婚、再生育子女的人而言，家庭生活在其個人之觀點及體驗是有所不同的。

生命過程模式受歷史時代的影響。生活於西元一九〇〇至一九七五年的人，其生命過程可能就不同於生活於一九二五至二〇〇〇年的人。人們可能在不同人生階段，面對著不同的機遇、期望和挑戰而經歷那同樣的歷史年代。職業機遇、教育條件和同族群人數的差異，是可能影響生活經歷模式的三個族群因素（Elde, 1981）。最近，日本學者將西元一九五五年之前出生者歸之為舊人類，在一九五五年之後出生者稱之為新人類。而這些新人類在一九六五年之後出生者稱之為X世代（X generation），一九七五年之後出生者為Y世代，及一九八五年之後出生者謂之為Z世代。這些世代歷經了社會變遷、教育模式及不同境遇也衍生了不同價值觀，甚至了形成特定的次文化（subcalture）。

儘管生命歷程與事件的時間順序密切相關，但有一種觀點認為，處於不同年齡階段的人對事件有不同的看法。人們並不是簡單地在各個事件之中埋頭忙碌，他們會進行選擇。有的人在選擇時比別人更為小心、更為明智；他們接受某些職責，拒絕其他職責。而有些人則比其他人承擔更多的責任。

人們對角色的興趣或重要性有著不同的看法。他們認為，有些角色是重要的，有些角色則是次要的。他們從某種過去經驗中吸取教訓，增加他們在某些角色中的效果。例如，在成年早期，有關母親和父親的回憶可能關係到一個人結婚或生育子女方面的決定。在中年期，隨著人們在社會組織中接觸到職業生涯管理或領導的任務，人們對手足或學校同儕經歷的懷念會更加明顯

（Livson, 1981）。

　　然而，不管什麼時候，每一個人的早期經驗都將影響其當前的選擇，個人特點也將由此而形成。在研究生命歷程時，我們不僅對經驗的時間順序感興趣，而且還很關注在成人努力於適應中不斷變化，且有時此變化是相互衝突的角色要求時所出現的心理成長。

　　在生命歷程中，適應模式的整體面貌應包括：年齡增長的生理過程及其他生物歷程的概觀，這其中又包括：生育子女、更年期停經、荷爾蒙分泌的減少、慢性疾病，以及死亡（Katchadourian, 1976）。適應模式的總體概觀還應包括各種因素，例如，發展任務、心理社會危機及種種經歷，包括：職業、婚姻、養育子女等生活的各個方面（Feldman & Feldman, 1975）。它應包括規範性的、針對各個年齡的期望、發展期望和角色期望方面的背景。它應包括一個廣泛的涉及經濟危機、戰爭、飢荒、政治變革和社會運動等的社會歷史背景。對於一個特定的年齡群體來說，這些方面都會改變某些行為的涵義（Erikson, 1975; Miernyk, 1975）。事實上，大多數有關生命歷程的研究並沒有做到如此全面。這些研究往往只是單獨涉及對心理社會事件的適應，或只是注重與年齡相關聯之期望的背景（Brim, 1976）。

　　人的畢生發展（life-span development）的起點是從個體受孕開始，一直到終老死亡為止。發展改變（change）的過程是有順序的、前後連貫的、漸進的，及緩慢的，其內容包含有生理和心理的改變，此種改變受遺傳、環境、學習和成熟相關。而人類行為是由內在與外在因素之總和塑造而成，藉著社會規範所給予個人的方向與指引，因此有些人類行為是可預期的且規律的。例如，在吾人社會中，依時間前後排序的年齡，時常會隨著地位和角色轉換而產生改變，文化上也相對地規範在「適當的」時間中

展開上學、約會、開車、允許喝酒、結婚、工作或退休。當在這些特殊生活事件中存在相當的變異性時，個人將「社會時鐘」（social clock）內化並時常依照生命歷程的進行來測量他們的發展進程，例如，某些父母會（因他們二歲的小孩尚未開始說話，或是一近三十歲的已成年子女並未表現出職業發展方向，或一近三十五歲結婚女性尚未生育子女等行為）開始擔心他們子女是否有問題。問題是與「在某段時間之內」有關，會因此受內在情緒強度所掌握，此種社會規範的影響是與特定生活事件所發生的時間有關。

社會規範界定社會規則，而社會規則界定個體之社會角色。若社會角色遭受破壞，那他可能會產生社會排斥。例如，過去的傳統社會規範「女性無才便是德」，女性被期待在他們青少年晚期或二十歲初結婚，再來相夫教子並維持家務。至於選擇婚姻及家庭之外的事業，常被視為「女強人」，並被社會帶著懷疑的眼光，而且有時還會視為「老處女」，或「嫁不出去的老女人」。

人生畢生發展常令人著迷，有著個別之謎樣色彩，相對地，也是少人問津的領域。想去理解它，我們就必須弄清楚在發展各個階段上，人們是怎樣將他們的觀念與經歷統合，以期讓他們的生命具有意義，而這個生命歷程就如每個人皆有其生活敘事（narrative），各有各的特色。

由人類發展的涵義來看，它包括有四個重要觀念：

一、從受孕到老年，生命的每一時期各個層面都在成長。

二、在發展的連續變化時程裡，個體的生活表現出連續性和變化性；要瞭解人類發展必須要瞭解何種因素導致連續性和變化性的過程。

三、發展的範疇包含身心各方面的功能，例如，身體、社

會、情緒和認知能力的發展，以及它們相互的關係。我們要瞭解人類，必須要瞭解整個人的各層面發展，因為個人是以整體方式來生存。

四、人的任何一種行為必須在其相對的環境和人際關係的脈絡中予以分析，因為人的行為是與其所處的脈絡情境有關，也就是說人的行為是從其社會脈絡情境中呈現（human behavior nested in the social environment），故一種特定的行為模式或改變的含意，必須根據它所發生的物理及社會環境中加以解釋。

　　人生歷程將生命視為一系列的轉變、事件和過程，發生在人生歷程中任何一階段，皆與其年齡、所處的社會結構和歷史變革有關。然而，Rindfuss、Swicegood及Rosenfeld等人（1987）卻指出：人生事件並非總是依照預期中的順序發生，破壞和失序在穿越生命歷程中均隨時可能會發生。例如，不在計畫中、不想要的懷孕、突然發生的疾病、天災（921地震或風災）、經濟不景氣被裁員等都會造成生命事件中的那段時間段落中的失序和破壞，甚至衍生了壓力，此種壓力的感受性通常是依個人與家庭所擁有的資源及其對事件的詮釋而定（Moen & Howery, 1988）。

　　持平而論，個人的人生歷程是本身的資源、文化與次文化的期待，社會資源和社會暨個人歷史事件的綜合體，深受年齡階段、歷史階段和非規範事件所影響（參考圖6.2），茲分述如下：

## 一、年齡階段的影響

　　人類行為受年齡階段之影響（age-graded influences）是那些有關於依照時間進程的年齡（例如，出生、青春期），以及特定的年齡期待（例如，學業、結婚生子、退休）。在發展心理學的佛洛

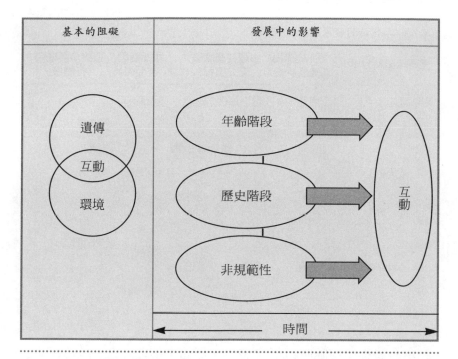

圖6.2 人生歷程中之影響因素

資料來源：陳怡潔譯（1998），《人類行為與社會環境》。台北：揚智，p. 173。

伊德的心理分析論、艾力克遜的心理社會論、皮亞傑的認知發展論及柯爾堡的道德發展論皆指明人類行為根植於生命歷程中各年齡階段的行為改變（參考表6.1）。

　　人類行為會因個體的成熟機能所表現出不同的行為結構，加上這些事件上許多文化期待的規範性和預期性的型態而產生預期社會化的行為（Hagestad & Neugarten, 1985）。預期的社會化過程規範個人在文化中所假定的扮演角色行為。例如，在某些文化，要求青少年獨立自主，並會安排家務或其他雜務給子女，並視此種獨立及幫忙家務是為日後職業生涯之價值及工作取向做準備。

　　年齡階段之影響是由文化性與歷史性所定義，例如，在二十

表6.1 各理論的發展階段對照表

| 生理年齡及分期 | 性心理階段（佛洛伊德） | 心理社會階段（艾力克遜） | 認知階段（皮亞傑） | 道德發展階段（柯爾堡） |
|---|---|---|---|---|
| 0歲 乳兒期 | 口腔期 | 信任←→不信任 | 感覺動作期 | |
| 1歲 嬰兒期 | | | | 避免懲罰 |
| 2歲 | 肛門期 | 活潑自動←→羞愧懷疑 | | 服從權威 |
| 3歲 嬰幼兒期 | | | 前運思期 | |
| 4歲 | 性器期 | 積極主動←→退縮內疚 | | |
| 5歲 | 幼兒期 | | | |
| 6歲 | | | | 現實的個人取向 |
| 7歲 學齡兒童期 | 潛伏期 | 勤奮進取←→自貶自卑 | | |
| 8歲 | | | 具體運思期 | |
| 9歲 | | | | |
| 10歲 | | | | |
| 11歲 | | | | 和諧人際的取向 |
| 12歲 | | | 形式運思期 | |
| 13歲 青少年前期 | 兩性期 | 自我認同←→角色混淆 | | |
| 14歲 | | | | |
| 15歲 | | | | |
| 16歲 | | | | |
| 17歲 | | | | 社會體制與制度取向 |
| 青少年後期（18歲～22歲）※ | | | ※ | |
| 成年早期（22歲～34歲）※ | | 親密←→孤獨疏離 | ※ | 基本人權和社會契約 |
| 成年中期（34歲～60歲）※ | | 創生←→頹廢遲滯 | ※ | 取向 |
| 成年晚期（60歲～70歲）※ | | | ※ | |
| 老年期（70歲～死亡）※ | | 自我統合←→悲觀絕望 | ※ | 普遍正義原則 |

世紀初期，童工在貧窮與中等階級的家庭中是必要的人力資源；但至二十世紀初通過童工法和補習教育，兒童被期望接受教育並爲日後提昇經濟生活做準備。

## 二、歷史階段的影響

歷史階段的影響（history-graded influences）意指由歷史事件帶來的各項社會變遷，例如，人口統計學上的更動、能力技巧的改變和就業率；與出生年代和分享歷史背景經驗的人稱爲「族群」（cohort）。如前面所述的舊人類及新人類的X、Y、Z世代。族群的概念在解釋人生歷程中不同時間點上所受之歷史階段影響，它會受歷史階段或同儕來相互影響而形成一種特殊的行爲模式。例如，最近臺灣的經濟不景氣即是一歷史事件，此事對失業的青壯年及其家庭的生活造成衝擊。幾十萬人無法找到工作且承受著經濟不景氣及通貨膨脹的痛苦。結果，造成他們在工作、節約和經濟消費行爲的信念改變。工作不再是事求人、唾手可得的，因此經濟上的節約變得相當重要。對那些原本就是貧窮的人而言，他們會經歷到「比原本更困苦」的沮喪；而對那些富有的人而言，這只是一段困苦的時間，並非原本就必須要承受的災難，或許暫時咬緊牙關，忍耐一陣就會否極泰來。

## 三、非規範性的影響

非規範性的影響（non-normative influences）係指在行爲上的各種事件是無法預測及始料未及的事件，例如，天災（火災、地震、風災、水災）或失業，突然喪偶或暴發疾病。這些事件與歷史上的推移關聯甚少，而且時常比預期中的生命事件具有更大的壓力及影響。

# 人生歷程之推展

　　艾力克遜（Erikson）之心理社會學理論提供了一種畢生發展觀，其認為發展是個體與其社會環境之間相互作用的產物，進而形成個體之行為。在概括人類發展時，必須對個體的和社會的需要及目標均要加以考量。在心理社會階段的順序，涉及自一階段危機的解法的核心過程，以及重要關係範圍上，吾人可發現個人之發展有其預測性（參考表6.2）。本節將焦點放在下列歷程之各階段：懷孕和誕生、嬰兒及嬰幼兒期（出生至4歲）、兒童中期與晚期（大約4歲至12歲）、青少年期（大約13歲至18歲）、成年期包括〔青年早期（約18歲至34歲）、青年中期（約35歲至54歲）、青年晚期（約55歲至74歲）〕，以及老年期（75歲以上）。透過這些人生歷程之各個階段的發展任務，並討論有關的資源及遭受的障礙（危機），並評斷可能之影響，再提出有關輔導（處遇）的建議（參考表6.3）。表6.4即呈現影響生命歷程任務之因素架構。

## 一、懷孕與誕生

### （一）發展任務（developmental tarks）

　　懷孕與生命誕生此一「人生階段」（life period）的焦點是在決定和預備新生命的誕生。擁有孩子的決定是個人直接參與的重大決定，這需要一道人際關係網絡來給予日後在懷孕或小孩出生以後的情緒和經濟支持。

　　生物性的發展任務將焦點放在孕婦的健康和懷孕的安全，以及出生時所需的生產活動和生理情緒狀況。心理發展任務是有關於參與懷孕和撫育子女之同伴及訊息的支持。社會結構性發展任務是有關於建立或發現安全的背景環境，而且懷孕是出於自願

表6.2 心理社會發展各階段的組織結構

| 生活階段 | 發展的任務 | 心理社會危機 | 核心過程 | 主要的適應自我的品質 | 核心病症 | 應用專題 |
|---|---|---|---|---|---|---|
| 出生前<br>（懷孕至出生） | | | | | | 墮胎 |
| 嬰兒期<br>（出生至2歲） | 社會依戀<br>感覺、知覺、運動機能的成熟<br>感覺運動智慧與原始的因果關係<br>對物體性質的理解，建立範疇情<br>緒發展 | 基本信任對基本不信任 | 與照顧者的相互關係 | 希望 | 退縮 | 父母的角色 |
| 嬰幼兒期<br>（2至4歲） | 動作的精細化<br>幻想與遊戲<br>語言發展<br>自我控制 | 自主對羞怯與懷疑 | 模仿 | 意志 | 強烈衝動 | 紀律 |
| 幼兒期<br>（4至6歲） | 性角色認同<br>早期道德發展<br>群體遊戲<br>自尊 | 積極進取對內疚 | 認同 | 目的 | 抑制 | 電視的影響 |
| 學齡兒童期<br>（6至12歲） | 友誼<br>具體運思<br>技能學習<br>自我評價<br>團隊遊戲 | 勤勉對自卑 | 教育 | 能力 | 懶惰 | 性教育 |
| 青少年前期<br>（12至18歲） | 身體成熟<br>形式運思<br>情緒發展<br>同伴群體中的成員<br>性關係 | 群體認同對疏離 | 同伴壓力 | 忠誠（I） | 孤立 | 青年人酗酒 |
| 青少年後期<br>（18至22歲） | 相對父母的自主<br>性角色認同<br>內化的道德<br>職業選擇 | 個體認同對認同混淆 | 角色嘗試 | 忠誠（II） | 排斥 | 生涯抉擇 |

續表6.2

| 生活階段 | 發展的任務 | 心理社會危機 | 核心過程 | 主要的適應自我的品質 | 核心病症 | 應用專題 |
|---|---|---|---|---|---|---|
| 成年早期<br>（22至34歲） | 結婚<br>生育及養育子女<br>工作<br>生活方式 | 親密對孤立 | 與同伴的相互關係 | 愛 | 排他性 | 離婚 |
| 成年中期<br>（34至60歲） | 夫妻關係的培育<br>管理家庭<br>養育子女<br>職業上的經營管理 | 創造生產對停滯 | 個人——環境適應與創造性 | 關懷 | 拒絕性 | 成人與他們的老年父母 |
| 成年晚期<br>（60至70歲） | 智慧活力的促進<br>對新角色的精力轉換<br>接受個人生活<br>建立一種死亡觀 | 整合對絕望 | 內省 | 智慧 | 輕蔑 | 退休 |
| 老年期<br>（70歲至死亡） | 對老年身體變化的處置<br>心理歷史觀的發展<br>跨越未知的地帶 | 永生對死亡 | 社會支持 | 信心 | 羞愧 | 滿足脆弱的老年人的需要 |

資料來源：郭靜晃、吳幸玲（1994），《發展心理學》，頁71-72。台北：揚智。

表6.4 分析人生歷程的架構

| 影響生命歷程任務之因素 | | |
|---|---|---|
| 資源和障礙 | 影響 | 變動 |
| 生物的 | 年齡階段 | 性別 |
| 心理的 | 歷史階段 | 種族 |
| 社會結構的 | 非規範性 | 生理能力 |
| 文化的 | 生活事件 | 性別定位 |

表6.3 各年齡層身心發展特徵概要表

| | 幼兒期（出生到6歲） | 兒童期（6-10-12） | 青少年期 女：12-17.18 男：13-18.19 | 青年期（17-21） | 成年早期（30-50） | 成年中期（30-50） | 成年晚期至老年 50後 |
|---|---|---|---|---|---|---|---|
| 1.生理的變化 | 第一年內快速成長 | 繼續生長 第二性徵正要發展 | 第二個生理成長快速期 第二性徵發展成熟中 | 完成身高的成長 男性氣概強壯 女性氣概有吸引力 | 體重和肌肉增加 | 生理活動慢慢減少 | 衰老 衰退 |
| 2.性的變化 | 生理雖在變化但性方面沒有什麼差異 | 生殖器官在此期快結束時開始成長 | 生殖器正在成熟中 男孩有夢遺 女孩有月經 | 性成熟 生育功能成熟 | 最想結婚生子的時期 | 女性在45歲後停經 身心不能平衡 | 不孕 陽痿 |
| 3.正常的本能、慾望和動機 | 男女沒有什麼差異，除非受教養的特別影響 | 對自己的身體感到好奇 對異性只有一點點興趣 幫團的概念正在發展 | 自我意識增強 害羞、尷尬 對異性好奇有興趣 對工作、遊戲有新的興趣 | 有較強的生理衝動 喜歡創造性的工作 有正義感 約會 希望與異性單獨相處 | 追求異性結婚 為人父母 | 晚婚 為人父母 | 滿足 快樂 退休 |
| 4.知識、態度、習慣、品行上應給予的教導 | 基本的生活訓練 可以和其他小孩一起玩 瞭解身體和生育的基本事實 | 能和其他小孩子合作 透過生物可給予更多的相關知識 本期末應使其認識月經、夢遺 | 能與人相處 有正常的休閒活動、興趣和朋友 理想主義 品格訓練 更多的性教育 | 紳士、淑女風度的教導 追求異性的知識 藉正當的工作、休閒活動將性衝動加以昇華 利用其他興趣替代對性的需求 | 婚姻教育、親職教育及遺傳知識的教導，如果婚姻被耽擱應學習更多替代或昇華性需求的方法 | 教予照顧小孩子的知識 照顧家庭 創造良好的家庭環境 瞭解此期結束時生理的變化 | 興趣放在自己的小孩、孫子上 嗜好 |
| 5.不良和病態的現象 | 不良的家庭環境 不良的心理影響、過度寵愛 沒有玩伴或有不良的學習對象 | 同前一期 不良的社會環境 | 做白日夢 神祕、不合群 對異性有偏差的態度 粗魯、猥褻、淫蕩 愛撫 雜交 | 同前一期 怠惰—犯罪 對性有變態的好奇 雙重標準 酗酒 同性戀 雜交 賣淫、性病 私生子 | 同前一期 解除婚約 婚姻延緩 失業 婚姻不幸 無法與人共處 離婚 同性戀 被遺棄 | 不孕—沒有小孩 不幸福的家庭 離婚 失業 被遺棄 | 無法接受年老的事實 無法適應生活的變化 孤獨 |

的。文化性的發展任務是提供支持父母與子女的信念與價值，例如，某些傳統文化因為懷孕及分娩是極隱私的事，非本族婦女是不能觀看分娩的。懷孕婦女身兼此四種發展任務領域中提供相關育兒訊息及為人父母角色的情緒支持，以幫助受孕子女得到良好的成長與發展。

## （二）資源（resources）

在此時期，生物性資源是增進母親和子女健康的可能性的物資，包括：母親的懷孕年齡、過去的懷孕史、健康狀況和是否有物質濫用或藥物成癮。而父親的年齡和遺傳基因及對母親的情緒支持也是對孩子出生健康的關鍵因子。心理上的資源是協助個人決定是否擁有孩子及他們在意念上及情緒上是否支持此決定，這包括了親子關係、受孕、懷胎和出生方面的知識。社會結構上的資源，例如，有關產假、生育津貼、子女的稅款減免、懷孕的健康醫療保險等皆可提供即將為人父母的具體協助。此外，有關育兒、親子及遺傳諮詢也為個人提供社會支持。文化資源是那些為懷孕與出生所持的特殊態度，包括：生兒育女的抉擇、孕期中的社會經歷，在分娩嬰兒時可能得到的特殊幫助型式（例如，父親是否陪產，或拉梅茲訓練），以及對分娩之後的母親和嬰兒的護理與態度，都可以被視為對生育的文化資源。

## （三）障礙（obstacles）

障礙在此時期係指那些增加懷孕與出生之生理和心理上風險的因素，且將人所處的生命階段中所應得的社會結構與文化方面等支持分割。在生理的障礙可能是伴侶的性病、母親罹患德國麻疹、藥物上癮，或父母的遺傳基因缺陷；心理障礙可能是受孕、懷胎、出生的知識不足、父母雙方或有一方不願接受孩子要出生的事實，或父母無法擔任為人父母的角色；社會結構障礙可能包

括：貪窮、無法支付醫療費用的財務資源不足、不能為母親提供足夠營養，或威脅母親在懷孕期仍需過勞的生理狀況等。

## （四）處遇之隱含（implications for intervention）

懷有一個孩子是個人及家庭重大的人生事件，對許多人來說，他（們）需要資訊和情緒支持。這些訊息需要專業人士能夠參與並提供適當的資源來幫助即將為人父母支持與訊息，例如，衛教、性教育、家庭教育、兒童福利之相關訊息與支持。

# 二、嬰兒與嬰幼兒期

## （一）發展任務

在此時期，嬰兒及嬰幼兒是一完全依賴或半依賴成年的照顧者。適宜的食物、住處和情緒依戀是必須的，以幫助他們達成生理、心理、情緒和社會人格的成熟。兒童隨著發展成熟，使其生理上獲得支配自己身體、四肢的功能、發展知覺能力和溝通機制。此外，成人是否提供一安全與充滿愛的環境，使兒童能與成人照顧者發展依戀（attachment）及擴充對人的信任感（sense of trust），以幫助兒童日後獨立並與父母產生分離避免依賴。

## （二）資源

嬰兒及嬰幼兒之生物性資源是遺傳的賜與；反射動作、神經系統機制、骨骼結構和健康使得他們能夠逐漸地吸收，進而組織和管理其所處的環境。父母及其他社會化代理人皆可透過良性的互動來增加幼兒的知覺、社會情緒的接納能力和感受。社會結構性資源包括：提供父母育兒之親子訊息及提供促進孩子生存與成長的環境。此外，兒童照顧型態（父母親自照顧或送托育機構）也提供孩子各種社會化經驗，更是促進兒童各種成長與發展。在文化方面，是否倡導兒童人權及以兒童為中心的信念與價值，也

提供社會文化對兒童保護的正當性。

## (三) 障礙

嬰兒天生脆弱，遺傳與職業的障礙能輕易地對其生命產生威脅。在生物上，嬰兒的天生機能和器官可能會有問題的，尤其早產兒的風險更高。而有顎裂、斜視及肢體畸形，雖然可藉手術矯治，但也可能會影響嬰兒與父母之間的聯繫；至於特殊需求兒童，例如，失聰、失明，也會因難照料而影響其發展任務。對兒童來說，心理障礙，可能是虐待或疏忽，也會對其日後人格造成極大的影響。

社會結構障礙對兒童來說，包括：營養、生理照顧與教養上的不足，會導致貧窮、失功能家庭、社區組織功能互解的成人所具親子技巧差；而文化性障礙，例如，對孩子性別具刻板印象，也可能產生對孩子教養觀念與價值觀的差異，此外單親或同性戀的家庭也必須與社會上主流文化價值的信念相抗爭。

## (四) 處遇之隱含

嬰幼兒需要許多的照顧，他們在成長過程需要許多資源（包括：知識、金錢、能力、愛、食物、住處與時間），來發展他們的感覺、運動技能、社會關係及概念能力。專業人士需要評估資源之取得與否（包括：遺傳之病理診斷、早期療育、經濟補助、特殊教育及兒童托育服務），來增加父母和其他照顧者之成人照顧角色及幫助嬰幼兒能有效適應環境。

# 三、兒童中期與晚期

## (一) 發展任務

兒童中期與晚期大約從四歲至十二歲的階段，此時生物性發展仍然持續，但是會受愈來愈多的社會互動（例如，父母、手

足、老師及同儕）來塑造其行為與人格，並經不斷塑造與修正。

學業的開始是本階段的重要任務。兒童隨著情緒控制的需求而展開認知發展，逐漸離開父母與家人朝向同儕團體，並受同儕文化所規範；孩子需要平衡獨立思考和行動的需求，並藉著遵循指示、規則和條例的能力，漸漸達成習俗的道德規範。

## （二）資源

面對兒童期的各項發展任務，舉凡生理健康、人格力量、認知能力、情緒處理及適應力均要考量兒童的社會化基礎，而兒童的社會化之心理資源即透過家庭、學校、同儕和傳播媒體所模塑而成的。社會結構資源乃是透過家庭結構、社區結構、學校系統和同儕系統進而形成個體之社會化網絡而使兒童面對新的人或環境的互動來刺激及挑戰個體的成長。文化價值觀也能形成資源，不同文化對兒童的人權及需求的尊重及對孩子的期待也皆投入兒童的各式生活行動。

## （三）障礙

生物性障礙，例如，遺傳基因、營養不良的兒童可能缺乏與同伴嬉戲，或缺乏集中精神上課。受限的生理動機因素使其脫離人群而孤立，例如，特殊兒童（腦性麻痺或身心障礙）常被照顧者視為不利之兒童（disadvantaged child），如果再疏忽早期鑑定或早期接受治療，還會使兒童延誤治療的有效時機。心理性的障礙乃是照顧者不能依兒童之能力、特性加以適齡的期待，過度的期待或嚴苛的要求都可能令兒童產生恐懼、焦慮、退縮的個性。

兒童也可能遭受各式各樣的社會性結構，例如，貧窮帶來慢性疾病、飢餓、焦慮以及低自尊。種族主義、歧視和偏見也導致對生理上的衝擊；此外，意外事故、天然災害和同儕團體均會使一個孩子變成代罪羔羊，而形成一種顯著的社會障礙。

文化的障礙，例如，引導性別刻板印象的文化信念便是在此時期加以增強的，且可能發展成為文化障礙。男孩參加各項運動競賽，而女孩則加入啦啦隊。男孩被教導不能哭泣的，而將自己視為女孩的保護者，這些訊息傾向切斷男孩自身的情緒，使他們在成熟時更難與別人充分地相處。其他的文化信念，例如，忽視兒童的權益、遊戲、保護及養育上的需求也皆可能形成障礙。

## （四）處遇之隱含

兒童與環境之互動能促進亦能損害孩童的成長，例如，一個太沒有結構、刺激和孤立的環境無法提供其成長所必須的挑戰；而一個太具結構性或要求太多的環境亦會損害其個體之自我發展。專業人士需要評估孩童所處社會化環境如何影響其生長與發展。焦點是放在協助兒童利用所需要的資源──家庭活動、維持生活、學校系統及同儕互動等。

其次，專業助人者也要幫助兒童之父母及家庭處理自身之危機，不然這些危機衍生的兒童虐待及疏忽。當這些問題出現，各式各樣的可能社會福利服務，包括：兒童福利服務之居家照顧、兒童托育之支持性照顧也是可能採用之處遇。此外，實務工作者也會努力排除偏見與歧視之社會結構，以增加兒童的生理及心理能力。

# 四、青少年期

## （一）發展任務

青少年時期主要的發展任務是以生理性發展和進一步整合社會制度。在此時期，生理的性器官成熟、身體的成長以及認知的成熟為主要的發展特徵。生理的發展本質上受荷爾蒙的改變、刺激的成長和性激素，因此，青少年的發展任務大部分在適應身體

形象、生理能力和性需求的變化。

　　生理性的改變也促進社會期望，例如，學校方面要求學術更為嚴厲、規劃日後的學術或職業生涯規劃。在此時期，受同儕團體之影響直線上升，長期的友誼和同儕互動模式也可能在此時期建立。

　　生理性的發展、學術性的要求和同儕壓力自然互動，使得青少年質疑一個變化中的自我。「我」將何去何從？我將與誰認同？如何形成自我概念與自我形象？這些皆與其個體之智力、生理技巧、外觀和社會技巧息息相關。

　　青少年朝向成年人的發展進展中，更進一步會受文化之性別和種族之文化作用所影響，以及自身的能力和表現所左右。例如，傳統的男性角色，如醫生、律師、政治人物和太空人；而女性被學校、家庭和同儕壓力導向至典型「粉紅女性」的事業（Dion, 1984），種族也影響其教育時間長度和就業機會（U.S. Bureau of the Census, 1989）。

## （二）資源

　　青少年的生理資源是驚人的，過多的精力、體力，而且知覺的認知能力也持續強化中。所以營養素是青少年期的重要資源。心理上，青少年學會如何將自身的新能力與社會關係進行整合，而形成整個生命過程中持續的支持系統。社會結構資源，例如，家庭、同儕團體是提昇青少年勝任感和情緒支持的主要來源。文化方面，價值觀成為協助青少年凝結其自我認同和自我形象的重要來源，並幫助他們將個人之價值觀和終身的生涯規劃按優先順序之前後排序而形成日後成人的生活風格（life style）。

## （三）障礙

　　生理性的發展可能造成社交上的困難，例如，身材具有不受

歡迎的外觀或行為特質。而此種生理上的改變必然會影響青少年個體之心理，例如，嘲笑與孤立會對其心理幸福感有極大的影響，尤其來自同儕團體的嘲弄。

社會結構障礙乃是限制獲取資源和有抑制的社會期待。例如，來自窮苦家庭之青少年可能缺乏適當的營養，或需要醫療照顧，而使得家庭對子女在社會及學業上有不切實際的期待。此外，同儕團體之群體認同也可能造成極破壞性的障礙。文化上的價值觀透過社會化的傳播也加重社會結構上的障礙。例如，一個有智慧的女性會因鼓勵留在家中的文化價值觀所傷害，而一虛弱、瘦小的男性會因強調高大身材及強大力量的男性尊嚴價值而造成負面的自我概念，而這些皆可能使青少年故意延遲自身的個人認定，甚至延宕到成人期。

## (四) 處遇之隱含

改變蘊涵著不確定性（uncertainty）會逐漸侵蝕個人的勝任感。而透過改變中所留下的資訊訊息、情緒資源和協助，以支持青少年個人在變動中能維持平衡，甚至可重新建構新的認知基模（schema）。為達到此目標，專業實務工作必須投入青少年及家庭以外的許多系統，並整合相關其幸福感的社會福利資源來助其人達成目標，例如，職業和教育諮商、酒癮和藥癮輔導、休閒娛樂服務和家族治療等方案。此外，專業社會工作者必須致力減少社會歧視和抑制青少年潛能發展的社會結構和文化方面的價值觀。偏見、偏差及刻板印象會導致經濟機會上的不平等，這些必須透過專業的實務和社會政策來加以排除。

# 五、成人期

## （一）發展任務

　　成人期在艾力克遜的心理社會發展階段包含了青年期和中年期，其發展特徵是創生（創造生產），這些階段中，成人大多是目標導向，並將個人之抱負與社會需求相整合。個人在此生命階段朝向社會性目標，例如，結婚、生子、組成家庭、發展職業生涯等。此外，成人期是人們尋求人際間之親密關係的時期，而這樣的關係也提供了重要的社會、生理和心理支持。

## （二）資源

　　在成人期階段中，人們通常擁有最大的生理資源。儘管生理上的發展持續，但也逐漸朝向不斷退化的狀況，成人期經常是由良好發展的生理、心理、知覺、認知和人格資源而表現其特色。

　　社會結構性資源透過家庭和類似家庭的機構，成人凝聚其最親密的人際關係。經濟制度是人達成其任務取向目標之重要領域；政治制度也廣泛地提供各種重大決策的機會並參與管理家人之事；教育、宗教和社會福利制度也支持個人發展和任務取向之目標達成。

## （三）障礙

　　疾病和意外（非規範性之影響）是成人中期和晚期的特徵，這也帶給投入生命歷程中的人相當大的壓力，例如，與工作有關的意外和疾病主要在成人期。此外，家庭暴力事件也出現在此時期；而生理性機能退化也影響個體的生理、心理機能障礙。

　　成人期的主要潛在障礙是人格適應力逐漸退化。即使是無關緊要的生理改變，例如，掉髮、長白髮，或皮膚變皺都會造成個體的焦慮和防衛感。由於生理上的改變而威脅長期建立的支持性

關係（例如，配偶、伴侶、親戚、密友和同事等），也會逐漸損害個人的人格資源，而導致孤離與孤立。

結構性資源自然地扮演個人達成各種生活目標能力所具備之重要角色。貧窮、解散家庭、失業、意外或受傷及失去所愛的人均能阻擋目標的達成。非規範性和破壞性事件發生也會衝擊個體之認定感、自我價值和幸福感。文化價值觀也使個體的需求努力受到抑制，例如，女性寧願「嫁雞隨雞、嫁狗隨狗」，忍受生理和情緒的虐待而也不要忍受離婚上的恥辱。

### (四) 處遇之隱含

成人期是個興奮、挑戰、改變和具壓力的時期。實務工作者應該準備提供各種協助以支持成人因應他們在成年期生活中的各項壓力，例如，工作、人際關係和親子需求。在提供協助時，專業人士需瞭解成人是個特殊的工作對象，成人可以強烈重視其獨立性與自主性，若文化價值也傳遞這種價值，他們會抗拒來自別人所給予的協助，甚至是專業人員。此外，實務工作者也必須瞭解性別的差異，也要提供各種因人之差異而需要的不同的支持，以使更多的特定性別差異的資源能夠出現。

## 六、老年期

### (一) 發展任務

老年期是包含兩個階段，一是社會角色上的巨大轉變，約在六十五歲左右；另一是生理上及健康上需投注更多的關注，約在八十五歲左右。健康科技的進步、較佳的營養和一般老年人生活及經濟的改善，使得老年人對老年期的生命期待也更大。

明顯地，這個人生階段是劇烈轉變與適應的階段之一，尤其在生理上及社會上，而這個領域的密切互動，也決定老年成為一

個自我滿足的或是自暴自棄的因素。在這時期，老年需要脫離之前的社會角色和責任，並要持續與他人互動的時期。

## (二) 資源

儘管老年期大部分的功能是在退化中，但大部分老人繼續擁有良好的健康，且保持良好的認知功能。生理的能量是可以被不同方式來使用，例如，有些老人覺得他們老態龍鍾、行事避免青年所喜歡的狂熱步伐，而且行事較謹慎；而相對地，有些人認為他們時日不多，再回顧過去的成就的自我認可與滿足，也使他們行為變得更積極且也講求效率。老年是一段繼續社會政治活動的時間，對這生命階段是一段「黃金時代」的靜止時期，對他們而言，也確實令他們感到不愉快。

福利社會（或國家）會考量老人是特殊的群體，而提供各式各樣的經濟補助方案協助老人在老年期強化社會結構資源以維持其收入，並提供具體性支持服務，例如，住處和交通津貼、居家照顧和醫療照顧服務。

文化價值觀也形成影響老年期生活型態的重要決定性因素。例如，在一個強調自治與生產力的社會中，老年人可能不要依賴家人，這也導致老年獨居家庭或由老人們再重組家庭。

## (三) 障礙

老年人本身對於疾病、意外及生理退化等健康因素會逐步地限制個人之生理機能和社會參與，也可能會壓制老年人所能獲得的經濟資源。漸漸地，老年人變成更依賴他人，進而威脅其個人之幸福感（well-being）。

在此時期，老年人要面對長大的孩子——離家，而形成「空巢」（empty nest）症候群；當必須從工作崗位下崗，社會角色的頓失也讓老年人覺得無用且無方向感；高額的醫療照顧費用也會

造成焦慮及窮困。

再加上社會過分強調年輕及生產力價值觀，在這樣的文化環境下，人們會覺得老年人應被逐出社會，但因獲得政治、經濟權力及相關的老人團體凝聚力，使得社會資源仍然掌握在老人身上，而重新分配也使得老年人的需求獲得更多的滿足。

年齡主義一直是社會阻礙老年發展的重要障礙，此外有關老人的刻板印象，例如，苛刻、天生保守、不願改變、不顧改變、依賴等是一般對老人存在的誤解，這些刻板印象也在助人的專業人員中發現（Bloom, 1990），若是這些觀念被內化，那這些刻板印象就變成自我實現之預期的基礎，而使老年人藉此表現出與社會所期待一致的行為。

## (四) 處遇之隱含

老年人有其特定持續成長的人口群，其有它特定的資源和障礙。專業社會工作者應協助老年避免生理及情緒的依賴，幫助他們能自給自足。老人需要多層面的服務，例如，居家照顧、交通需求滿足、醫療健康照顧等。

# 七、死亡

在吾人的社會，大都是揚生棄死的，對死亡也大都有其忌諱而避免去談它，甚至去面對它。

## (一) 發展任務

身為一個專業助人者必須要瞭解及欣賞死亡及垂死是人生發展中許多階段的一個，它和其他各個階段同樣重要。想想看，個人或社會在面對死亡之生命任務是什麼？每個人得到又失去什麼？而一個人為何懼怕死亡——他們究竟在害怕什麼且要瞭解他們的恐懼，這些將有助於解釋死亡這階段所要達成的生命任務。

## （二）資源

生物——心理——社會結構——文化形式決定何種資源是人在面對死亡相關之生命任務時所擁有的。這些可能是生物因素（例如，藥物）、心理因素（例如，情緒上之安全感）、社會結構上的因素（例如，資源給他人之合法程序），以及文化因素（例如，輪迴或儀式的觀念）。這些因素的準備以協助人們面對死亡。

## （三）障礙

資源的相對面會使人更難面對死亡，而形成障礙。想想看，疼痛及與其認知的思考障礙，及與人之關係障礙皆使得人面臨死亡更具痛苦。

## （四）處遇之隱含

一個助人專業人員對死亡的態度及敏感度使得他不會忽略那些垂死的人可能需要的幫助，而且也能幫助他面臨死亡的高度情緒性之狀況下，提供有效服務的資源。

## 結語

人生歷程中包含一連串無情、殘酷的改變。這些改變促使生命的孕育、成長、衰退以及死亡。而生命本無恆，唯有改變一途，這些改變中受機體的生物因素、機體成熟，及外在環境之互動而造成機體之心理及社會發展的變化，而且文化之價值觀也結合社會機制影響機體之人生各個階段而形成個體之人生歷程。

生物、心理、社會結構及文化機制等因素影響穿越人生歷程，而形成各種不同的資源和障礙。人除了年齡成長階段之影響，也受歷史階段和非規範性因素之多重影響，以決定人類行

為。因此，運用人生歷程來瞭解人類行為之改變，至少要瞭解下列兩點：一、人類行為是涉入人與環境互動的歷程；二、人類有各種與生俱來的需求，而且也要主動積極投入環境，來影響其機體成長。

## 註釋

註1：Eiseley, L. (1975). *All the Strange Hours: The Excavation of a life*, New York: Charles Scribner's Sons.

註2：Heraclitus，2,500年前的希臘哲人，其至理名言 "There is nothing permanent except change."

## 參考書目

### 中文部分

陳怡潔譯（1998），《人類行為與社會環境》。台北：揚智。
郭靜晃、吳幸玲譯（1994），《發展心理學：心理社會之理論與實務》。台北：揚智。

### 英文部分

Atchley, R. C. (1975). The life Course, Age Grading and Age-linked Demands for Decision making. In N. Datan & L. H. Ginsberg (eds.), *Life-span Developmental Psychology: Normative Life*

*Course*. New York: Academic Press.

Brim, O. G., Jr. (1976). Theories and the Male Mid-life Crisis. *Counseling Adults*, 6, pp. 2-9.

Bloom, M. (1990). *Introduction to the Drama of Social Work*, Itasca IL: F. E. Peacock Publishers.

Clausen, J. (1986). The Life Course: A Sociological Perspective. *Englewood Cliffs*, NJ: Prentice Hall.

Dion, M. J. (1984). *We the American Woman*, Washington DC: Government Printing Office.

Elder, G. H. (1975). Age Differentiation and Life Course, *Annual Review of Sociology*, 1, pp. 165-190.

Elder, G. H. (1981). Social History and Life Experience. In D. H. Eichorn, J. A. Clausen, N. Haan, M. P. Honzik, P. H. Mussen (eds.), *Present and Past in Middle Life*. New York: Academic Press, pp. 3-31.

Erikson, E. H. (1975). *Life History and the Historical Moment*, New York: Norton.

Feldman, H. & Feldman, M. (1975). The Family Life Cycle: Some Suggestions for Recycling. *Journal of Marriage and the Family*, 37, pp. 277-284.

Hagestad, G. & Neugarten, B. (1985). Aging and the Life Course.In R. Binstock & E. Shanas (eds.), *Handbook of Aging and the Social Science*. New York: Van Norstrand Reinhold. pp. 35-61

Katchadourian, H. A. (1976). Medical Perspectives on a Adulthood, Deadalus (spring).

Livson, F. B. (1981). Paths to Psychological Health in the Middle Years: Sex Differences. In D. H. Eichorn, J. A. Clausen, N.

Haan, M. P. & Honzik, P. H. Mussen (eds.), *Present and Past in Middle Life*. New York: Academic Press. pp. 195-221.

Miernyk, W. H. (1975). The Changing Life Cycle of Work. In N. Datan & L.H. Ginsberg (eds.), *Life-span Developmental* Psychology: Normative Life Crisis. New York: Academic Press.

Moen, P. & Howery, C. (1988). The Significance of Time in the Study of Families under Stress. In D. Klein and J. Aldous (eds.),*Social Stress and Family Development*. New York: Guilford Press. pp. 131-156.

U.S. Bureau of the Census (1989). *Population Profile of the United States*, Washington DC: Government Printing Office. pp. 36-39.

Rindfuss, F., Swicegood, C. & Rosenfeld, R. (1987). Disorders in the Life Course: How Common and Does it Matter? *American Sociological Review*, 52, pp. 785-801.

Clarke-Stewart, A. & Koch, J. B. (1983). *Children: Development through Adolescence*. New York: John Wiley & Sons.

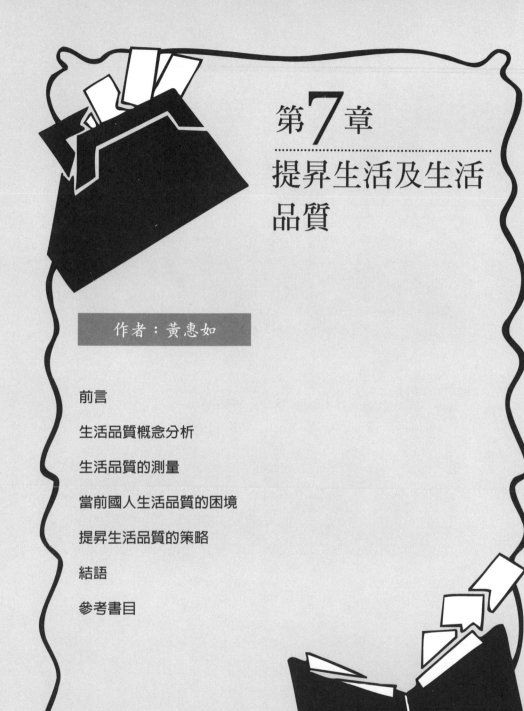

# 第7章

提昇生活及生活品質

作者：黃惠如

理論都是灰色的，只有生活之樹才是長青

　　　　　　　　　　　　　　　　　　　──歌德

## 前言

　　新世紀以來，人類社會的內部矛盾和危機不斷加劇，泡沫經濟之後，蕭條和失業的陰影再度籠罩人心，緊張的世界局勢也不時威脅著人的存在。一些現代人普遍察覺的現況，諸如：人際關係的冷漠、社會生活的壓力、人生意義和價值感的喪失，都考驗著人類存在的意義和生活的品質。

　　近年，中華民國在臺灣所締造的經濟奇蹟早為世界各國所矚目，並促使我國躋身已開發國家之列，但國人生活品質的提昇卻仍趕不上經濟發展的腳步。綜觀我國國民的生活模式，小從個人身體功能的適性與精神生活的內涵，大至居住環境的規劃、文化休閒的倡導以及社會價值的重建等面向，並沒有隨著國民的高所得而有相對的提昇，反而是個人在壓力崩解之後身心症候日漸群起，社會在功利競爭之下道德倫理日益淪喪，這皆可由國人身心健康指數的波動與社會犯罪率的攀高下窺見一斑。時序已邁入千禧之年，由於科技與醫學的進步，使得人類壽命得以增長，國人對生活品質的重視將更勝於生命的延長，未來我們所要追求的乃是與富庶社會相呼應的高品質生活，對生活中的各種條理與秩序進行有意識的參與和有意義的創造，這也將是政府戮力的施政方針。

　　有關「生活品質」的研究乃屬於一種社會性指標的研究，主

要在將經濟、環境與文化等主、客觀社會指標聯繫在一起，藉以衡量國民的各種生活福祉（沈清松，1999）。然而，從經濟指標到社會指標到文化指標，也隨著政經環境的改變而經過一段演進的歷程，生活品質的內涵已由量的成長逐漸轉向質的提昇。本章將先對生活品質概念的歷史演變與定義做一描繪，再進一步探討生活品質概念的範圍與相關要件，並對當前國民生活品質的困境做一檢討，最後將對生活品質發展之方向與策略提出建言。

## 生活品質概念分析

「生活品質」之概念隨著時代與政經環境的變遷而有所演變，有關生活品質概念的定義很難整體且完整的被描述出來，因此，也衍生出各個學者對於生活品質的概念與定義有不同的看法。以下將先從生活品質概念的歷史演進做概略性的描述，最後再引據相關文獻與學者的解釋對此概念做一整體的描繪。

### 一、生活品質概念之歷史演進

對於生活品質的概念，最早可以追溯到西方希臘哲學家亞里斯多德（Aristotle），他以幸福感（happiness）來描述這個概念，所謂的「幸福感」是靈性層面高尚的活動，是上帝給予的恩典，一個擁有幸福感的人一切順利、人生美好（Zhan, 1992；引自王玉真，1998）。

一九三〇年代時，有三種大型的社會科學指標，亦即「經濟指標」、「社會指標」與「文化指標」開始起步發展，這些指標皆為評估生活品質方法（沈青松，1999）。由於當時正值經濟大蕭

條，西方文化評估生活品質的重心主要便落在物質方面（例如，食物溫飽居住場所、壽命長短、教育程度、工作時數合理性），一些經濟性量化指標，如國民生產毛額（GNP）等皆為評估生活品質的要項（Stormberg, 1988）。

一九六○年代以後，生活品質的重心開始轉移到社會方面。以美國為例，艾森豪（Eisenhower）國家目標委員會及詹森（Johson）總統時期的「大社會」（Great Socuety）計畫中，便指出：「大社會所關心的不是有多少，而是有多好，不是關心我們貨物的量，而是我們生活的品質」（Gross, 1966），當時生活評估的範圍主要是依據人們能否追求個人的幸福，將焦點放在他們所獲得的物質享受、人際親密或成就感方面。這個觀念所產生的影響便是生活品質的評估逐漸由物質的量化邁向質的指標，從強調成長逐漸轉向強調福祉。爾後，傑柏納（Gerbner）也針對大眾傳播內容加以研究，並依據價值、意見、態度與知識等有意義的類型發展出一些文化的指標，指出整體的文化環境及其變遷。一直到六○年代末期，社會學家、經濟學家、心理學家、護理學家與醫學家等均紛紛投入生活品質的研究，主要目的則在建立一套客觀正確的生活品質指標，以協助個人獲得最佳的生活品質（Ferrans & Powers, 1985；Zhan, 1992）。

一九七七年，醫學索引開始出現探討癌症病患生活品質概念的文章，世界衛生組織（WHO）並於一九七八年將生活品質引入心理社會健康照顧概念之中，八○年以後，癌症病人的臨床評估便已加入生活品質的考量（Frank-Strombor, 1984；引自王玉眞，1998）。一九九○年以後，世界衛生組織（WHO）開始發展「健康相關生活品質」（Health Related Quality of Life, HRQL）之理念與測量方法，以健康相關指標為醫療成本效性評估之基礎至今仍是國際上的熱門話題。

從以上的歷史演進不難看出生活品質的概念一直隨著時代在轉變當中，在不同背景下，人們對生活品質的要求也會有不同的結果，因此其概念與定義便很難被具體且完整的描述出來。由於各個學者對於生活品質定義之看法各有不同，以下將從字詞面意義與各種不同層面敘述之。

## 二、生活品質的概念與定義

「生活」一詞意謂著生存、境況與生計，泛指一切為維持生計必備的事物、生存的過程以及存活的方式（韋氏國際辭典，1986）；而生活模式理論則認為人類為了生存會改變其生理與社會的環境，然後透過互相的適應，再被環境所改變，如果一切進行良好，人類便得以發展與成長，反之，當環境被破壞（例如，疾病、貧窮）或污染（例如，噪音），則便會對個人產生不良負面的影響（社工辭典，2000）。「品質」一詞則意味著等級、標準與衡量，泛指一切好的或高級的性質，乃一種標準或精準的程度（韋氏國際辭典，1986），換言之，品質即是對某一事件所訂定符合期望的規格與標準（雷玉華、丘周萍，2000）。綜合上述字詞面上的解釋，所謂「生活品質」即是人類適應生存環境過程中的一種期望與標準。

晚近，由於人類自覺普遍提昇，因此有關生活品質探討的研究有日益增多的趨勢，但是文獻中對於生活品質概念的定義卻是相當廣泛與多樣，如Ferran 與 Power （1985）便指出：生活品質乃個人對幸福的主觀感受，與生活層面中自覺重要部分所獲得的滿意程度有關；Zhan（1992）也認為自覺生活滿意及重要程度是生活品質的重要指標，其性質包括：生活滿意度、健康、快樂、自尊、適應、人生價值及功能狀況；Allison（1997）則提出生活品質是一種動態的過程，會因個人的適應、因應、自我控制、自

我概念與樂觀人格等特質而有所不同；Bunker（1998）也定義生活品質是一個人用其價值觀與中心信念所產生和其生活經驗有關的期望生活。綜合上述不同年代學者的看法，生活品質乃指個人在適應其所生存環境的過程中，因個人的價值信念所賦予生活中自覺正向或負向感受的一種特性，這些感受包括：幸福（well-being）、快樂（happiness）、滿意（satisfaction）及適應（adaptation）等。

目前國內、外對生活品質的相關研究約略可分為三大類：醫學臨床角度、社會經濟學角度以及心理學角度，其概念定義茲分述如下。

## （一）醫學臨床角度

從健康指標來探討罹患身心疾病的患者其在接受治療後所能獲得的效益，亦即「健康相關生活品質」（HRQL）。醫學家Patrick & Erickson（1993）定義生活品質為對存活期間所給予生命的價值，會受功能狀態、知覺、損害、治療或政策所影響；我國林榮弟（1994）將之定義為：對生活需要的滿意度、健康相關感受經驗、精神社會與身體的健康狀態。

## （二）社會經濟學角度

從經濟性與社會性指標來評估國民對生活環境的滿意程度。如Stormberg（1988）利用國民生產毛額的高低來定義生活品質；我國曾錦堂（1984）則參考美國環境保護署之界定標準，從居住、經濟、社會、健康、自然與政治六大環境，將之定義為：滿足一個社會或個人一連串生活需要，評估其生活內容、環境與方式是否充實、健康與愉快的形態，涵蓋物質與精神兩個層面。

## （三）心理學角度

主要從心因性因素，例如，自我價值、主客觀感受來評價生

活品質。如Ferran & Power（1985）從幸福感的主觀感受，與自覺生活滿意度來定義生活品質；我國陸洛（1994）則從心理社會角度，發展一套完整的心理舒適度（SWB）評鑑量表，以高正向情感、低心理痛楚及高生活滿意度來評量生活品質。

## 三、生活品質的範圍與屬性

由於生活所涵蓋的層面相當廣泛，從內在環境（例如，情緒、健康）到外部環境（例如，工作、居所）無一不在生活的範圍之內。Padilla等人（1982）便指出生活品質乃一多重層面的概念，包括生命中所有的領域，爲一動態的架構，會因價值觀、健康狀態而有所變動（引自王玉眞，1998），因此在不同的背景下，人們對生活品質的概念、定義與對生活品質的要求，也會有不同的結果；同時，因爲生活品質亦是一種主觀感受，會和某些特殊狀況具有前後關聯，例如，時間、地點、事件的改變，所以在不同的考量與目的之下，生活品質概念所包含的層面亦會呈現不同的性質，故在運用時必須針對個人主觀的感受——例如，價值信念、生活經驗、家庭、社會、職業與性慾方面的滿意程度，以及客觀因素——包括：生理健康、參與活動的能力，和社會經濟（例如，工作穩定度）等方面的影響來加以評估。

Flanagan（1982）曾針對3,000個健康成年人（30-70歲）藉由「決定重要事件的方法」（critical incident technique）讓受訪者表達他們所認爲的生活品質中最重要的層面，研究結果歸納出五個層面：

（一）健康。
（二）擁有與養育孩子。
（三）物質層面的滿足。

（四）工作。

（五）與配偶間有親密的關係及自我瞭解。

其他重要層面尚包括：參與社會活動、主動積極的創造力以及學習。

Ferrans與Powers（1985）則有系統地整理一九六五至一九八四年有關生活品質之文獻，將生活品質歸納成十三個範疇，包括：

（一）對生活品質或生活滿意度的主觀看法。

（二）社會經濟狀況：包括職業、教育程度、收入。

（三）生理健康：包括活動能力及生理症狀。

（四）喜好。

（五）壓力。

（六）人際關係：包括社會支持。

（七）家庭：包括子女。

（八）婚姻狀況：包括性生活。

（九）生活目標的達成。

（十）對住家環境的滿意度。

（十一）對國家施政的滿意度。

（十二）對自己的滿意度：包括自尊。

（十三）抑鬱、心理防衛機轉和心理調適等心理層面。

二十世紀末，一向執世界衛生牛耳之世界衛生組織亦致力於生活品質測量工具的發展，目的在基於人道立場建立一個超越疾病率與死亡率的健康測量指標，以評估醫療的成本效性。經過一系列嚴謹的研究過程發展出「世界衛生組織生活品質問卷（WHOQOL），內容涵括六大範圍：（林榮第，1997）

（一）生理：舒適、能量、睡眠與性活動。

（二）心理：積極感、學習、記憶與注意力。

（三）獨立程度：日常生活、藥物依賴、工作與溝通。

（四）社會關係：人際關係與社會支持。

（五）環境：居家、財務、休閒與物理環境。

（六）靈性：心靈與宗教信仰。

　　我國最早有關生活品質指標的研究出現在民國六十七年間，爾後始陸續有相關研究出現。民國八〇年以後，有關生活品質之研究有驟增的趨勢，陸玓玲（1998）彙整近五年臺灣地區有關生活品質之研究，分別就研究之年代、作者學術背景、研究對象、研究方法及對生活品質之定義作一簡單的整理及描述，並將其大略劃分為四類：

（一）健康生活品質：以慢性病患為主要研究對象，旨在評估其健康相關生活。

（二）都市生活品質：多為政府單位委託學校對地方進行調查，會將地區的各種社會指標加以衡量，健康只是層面之一。

（三）生活環境品質：概念與都市生活品質近似，特別強調環境影響因素，例如，生態、公共建設等。

（四）工作生活品質：主要為工作環境的評估，包括：軟硬體設備與工作效率等。

　　從上述生活品質所涵蓋的範圍可以發現在探討生活品質概念時有些一再被提及的屬性，這些屬性是在測量並運用生活品質概念時的重要參考指標。因此本文綜合相關文獻探討，茲將生活品質的屬性彙整如下（雷玉華、丘周萍，2000）：

（一）生活品質乃指個人可以運用自己的心智能力來表達其對生活幸福與愉悅的主觀感受，因此一個沒有知覺、昏迷不醒的人是沒有辦法談論生活品質的。

（二）生活品質是一個人對其整體生活的滿意程度，包括：家庭、社區與社會群體的人際關係，經濟收入的穩定，以及工作價值與社會參與的滿足感等層面。

（三）生活品質是指一個人對其生理與心理健康狀態的接受程度。

（四）生活品質可由外在客觀條件加以評估，包括：生活模式是否適宜？生活狀況是否受到威脅？換言之，也就是評估一個人的生活是否不虞匱乏，以及有無生活在不安恐懼當中。

## 生活品質的測量

晚近，由於政治、經濟與環境高度的發展，「生活品質」遂成為許多學科所共同關注的主題，有關生活品質的研究正如雨後春筍般興起且備受重視，各學科專家均試圖將其由抽象的概念落實為可「比較」與「度量」的尺度（陸玓玲，1998）。由於生活品質的概念並非絕對性的「有」或「無」，而是一種持續性的過程，需要實證性條件提供清楚的、可觀察的指標來作為測量工具的基礎，因此研究者在進行生活品質概念測量時，應選擇一個客觀、正確及適當的工具，並確實檢視該工具的信、效度，以期能測出一個具代表性的生活指標。以下將針對生活品質的評估指標、測量重點與工具等實證性要件做進一步的描述，以驗證概念發生的一些現象。

## 一、生活品質概念的測量指標

Lawton指出：生活品質是個體對於過去、現在和預估未來對其周遭所處的人與環境體系，依據個人與社會常態的標準去做多向度的評估。評估包含正向與負向的因素，個體在評估其生活品質時，會有一種內在的標準，此標準乃因人而異，不全爲外力所干涉；另一方面，除了個人獨特的標準之外，社會常態也是個人用以評估生活品質的重要指標。由於生活品質常被定義爲多層面的概念，其內容與研究方式也不盡相同，學者專家們均嘗試以不同的指標來解釋生活品質，但是，截至目前爲止，尚未有一個測量指標可以完整地監測和生活品質有關的所有範圍，只能針對某個生活層面，例如，健康、文化、工作與環境等面向來作測量。尚此，隨著評估對象、目標的不同，生活品質指標是有其獨特性，且隨當時社會常態的特徵而有所差異的。

從相關研究顯示，一般生活品質的指標可分爲三大類：一爲經濟性指標，例如，所得與財富等，社會福利亦在評估範圍；二爲社會性指標，例如，環境、政治與健康等；三爲文化性指標，例如，社會價值觀的取向與個人對人文生活的主觀感受等。

## 二、生活品質概念的測量要件

由上面種種論述可以發現，生活品質的評估乃受到個體過去的生活經驗和對未來生活的預期所影響，而且隨不同測量對象與層面亦有所差異，因此生活品質指標在測量的過程當中應當要考慮到是否包含以下五個要件（胡綾眞，1999）：

（一）適合個案群體特性和評值目標所設計的量表：如一個測量疾病狀態（疼痛、憂鬱等）的生活品質量表，依據不

同疾病群體特徵或個別的疾病歷程便可分為整體性（generic）與疾病性（disease-related）兩種，以自我評量方式分別呈現。

（二）選擇工具的廣泛性（comprehensiveness）：使用多層面的評估工具可瞭解不同面向的生活品質。

（三）使用的便利性：為避免個案的疲累，測量所需時間需短且困難度適中。

（四）主、客觀並重的評估：主觀感受與客觀機能表達了不同的訊息，個人主觀評價會受到心理精神狀況影響，環境客觀條件的評估可加以平衡。

（五）回饋：研究者需反應所遭遇到的困難、限制與缺陷之處，以做為未來研究的參考。

## 三、生活品質的測量方法與工具

由於生活品質與人的生活經驗有著密切的關係，因此較為個別性與主觀性，為了正確測量出個案（可能是個人也可為群體）的生活品質，許多學者均針對不同對象發展適合的分析工具。目前有關生活品質的測量工具多如過江之鯽，但並非每一種工具都適用於個別狀況，在判斷研究結果及選擇測量工具時，需先瞭解測量對象的特性與測量目的，同時掌握各種測量工具的適用範圍，始能選用正確的工具並獲得精確的結果。

一般來說，測量方法可分為兩大類：一是心理測驗法（psychometric approach），乃經由能反映生活品質的問卷設計，再輔以量化計分與各種信效度檢驗後所產生可應用的測量工具，例如，世界衛生組織（1991）針對個案存活函數所發展出來的健康相關生活品質（WHO-QOL）評量表即是一例，其乃藉由評估身、心、靈、社會、環境與獨立等六大範疇，以計量調整品質後

存活時間（QAS）；二是決策理論法（decision theory approach），則是採用品質調整生命年數（quality-adjusted life year）並應用期望利用度理論，產生一種輔助決策的測量工具，又稱價值—利用度分析（cost-utility analysis）（梁繼權，1995；雷玉華、丘周萍，2000）。

由於各類生活品質測量工具眾多，現僅將一般較常見，且具有良好信效度檢定的測量工具依據年代發展列舉如下（引自梁繼權，1995）。

## （一）屬於心理測驗法的測量工具

1.Karnofsky Performance Status （KPS）：Karnofsky DA, & Burchenal TH.（1949）

2.The Index of Activities of Daily Living（ADL）：Katz. S.（1963）

3.The McMaster Health Index Questionnaire （MHIQ）：Chambers LM, et al.,（1970）

4.Sickness Impact Profile （SIP）：Bergner M, & Gilson B.（1976）

5.The Multilevel Assessment Instrument （MAI）：Lawton MP.（1982）

6.WHO Method for Assessment of Health-Related Quality of Life （WHO-QOL）：World Health Organization （1991）

## （二）屬於決策理論法的測量工具

1.The Fifteen-dimensional measure of Health-related Quality of Life （15D）：Sintonen H.（1981）

2.The Quality of Welling-being Scale （QUB）：Kaplan RM,

et al.,（1982）

3.The EuroQoL Questionnaire （EuroQoL）：Rosser R. M. & Sintonen H.（1990）

　　生活品質的測量除了發展於研究、臨床的使用外，其最終目的仍是朝向生活的改善。在當前社會資源有限的情況下，主權或當政者往往面臨資源分配的抉擇，而生活品質的評估結果正可作爲其決策的參考。

## 當前國人生活品質的困境

　　近年來由於我國經濟的高度成長，國民所得大幅增加，教育水準亦逐漸提昇，使得社會呈現一片繁榮富庶景象，但另一方面，由於社會急遽變遷，同時也衍生各種不同的社會問題。一份有關十年來台北市家庭生活品質變動之研究指出：自民國七十年以來，我國實質經濟成長率每年高達8.9%，尤其台北市民所得逐年大幅增加，消費擴張，物質生活已獲致相當程度的滿足，但是，相對地，財產分配不均、人口結構丕變、過度都市化與生態環境的破壞卻威脅著人們的生活品質（黃建中，2000），使得痛苦指數日益增高。政府在衡量國民生活福祉時，不應單純以所得或財富的高低爲指標，而要兼顧生活的品質。

　　根據內政部統計處（1999）「中華民國臺灣地區國民生活狀況調查報告」指出：國人認爲提昇生活品質，政府應加強辦理的各項社會福利工作項目中，以「加強醫療保健設施與服務」項目者所占比例30.6%爲最高，顯示出國人對健康相關生活品質的需求。另外，爲使國人在擁有高所得的同時，心靈層面的需求與總

體環境建設也能相對地提昇，國家發展研究文教基金會於一九九五年十月以「提昇臺灣地區生活品質的策略」爲題，舉辦了一系列的學術研討會，從環境保育、都市空間、休閒品質到文化內涵等層面均做了精微的觀察，並提出批判與檢討，以凝聚改進生活品質的全方位策略，期能收拋磚引玉之效，俾使國人生活品質獲致全面性的提昇，與世界文化同步（蔡政文，1996）。據此，以下將先從當前臺灣文化中窺見國民生活品質的困境與癥結所在，進而尋求改進之道。

## 一、健康照護的效性

美國在過去三十年來，醫療費用已由國民生產毛額的5％遽增至15％，且其中有99％的費用是花在個人臨床照護，僅極少部分是用作全體國民的疾病預防，而我國自一九九五年實施全民健保以來，雖然人民取得醫療資源的公平性已逐漸增加，但醫療資源之投資卻與美國有類似之趨勢，高科技醫療消耗了大部分的資源，而有效增加之全民健康量卻是極爲有限（王榮德等，2000）。近年來，由於醫療科技的進步，國人的死亡率與罹病率雖然獲得控制，壽命得以延長，但目前國內各公私立醫院爲了追求醫療利潤，其存活之道勢必購買更多昂貴的醫療器材，最後無可避免地將會提高醫療健保費用，將負擔轉嫁到健康消費者的身上。爲了抑止這種現象蔓延，衛生主管相關單位訂定了相關限制措施，例如，健保總額預算上限、相關診斷組合給付與合理門診量等，以限制供給面的浪費，此法雖能短期治標卻非長期治本之道，不僅國人的健康權益受到損害，也無助於醫療服務的品質與成本效性。

## 二、環境保育的困境

　　環境保護早已是全球性共同的議題，臺灣在快速成長的同時，也面臨著環境污染的問題。從早年拜耳案到先前的貢寮核四設廠，臺灣由於政策性因素使得經濟發展與環境保護無法共容，因而導致諸多的衝突與矛盾。首先，從法制與政策之角度來解析當前國內環保的困境，可以歸因於我國環境立法品質的粗糙，尤其我國在起草環境法時諸多參考美國立法例，但這些片面借鏡卻不見得符合我國國情，矛盾自然產生（湯宗德，1996），一個缺乏整合的觀念，環境立法品質自然無法提昇。

　　再者，就實務的角度而言，我國環保業務亦未能具體落實，尤其部分公害防治業務缺乏完整、周密的規劃，組織層級太多，環保署人力不足，預算經費分配不當等諸多問題，都使環保工作受到很大的限制（劉志堅，1996）。我國許多產業開發計畫與工程建設等政策，均缺乏環境資源管理的概念，由於無視於「環境涵容量」及「資源極限」的存在，對於水、空氣與土地等自然資源長期超限的使用，造成整體生態環境及生活環境品質的嚴重創傷：例如，我國日前的產業結構有高耗能產業比例偏高的現象，加上車輛成長過快，人口數量遽增，以致個人污染量變大，因而導致多項環境問題產生。另外，隨著生活水準提高所出現的新型消費產品也因為設計不當而造成二度污染的問題（劉志堅，1996）。值此種種，都是我國當前在環境保育方面所面臨的困境，在經濟與環保拉鋸之間極待破除的迷思。

## 三、都市空間的難題

　　都市空間是都會人生活的舞台，空間之合理規劃、促進城鄉與社區的平衡發展，均是提昇生活品質的重要一環。都市空間包

括公領域的公共區域和私領域的居住空間（Rossi, 1996），都市空間生活品質的評估除了住所的大小，尚包括市民擁有多少在公共空間度過其公共生活的權利（胡寶林，1999）。現階段臺灣都市的居住形態雖有其便利性與值得肯定之處，但是由於都市與商業的極端發展，都市空間卻仍有許多難題。黃世孟（1996）歸納國內都市居住品質不良的原因，包括：都市化地區高密集居住、基礎公共建設落後及不足、公共景觀及視覺環境品質低俗且缺乏特殊地方風格、公共人行空間品質未受重視與遊戲活動空間不夠，再加上缺乏綠化政策以致都市綠化面積嚴重不足、社區自律意識崩散造成市民主動參與意願不高、無殼蝸牛的社會運動牽連對政府各項政策的不信任感等等，均嚴重地影響居住生活品質。李永展（1996）亦明白指出目前困擾臺灣都市生活空間的各式污染問題包括：都市垃圾處理不當，造成社區居民「鄰避」心態；交通運輸混亂，汽機車停車一位難求；各種社會運動產生大量的噪音；投機者炒作房地產使房價過分昂貴，財富集中少數人手中，因而使貧富差距益形擴大等多項問題。由於都市的人口爆炸，生活環境惡化，都市空間在高樓林立和汽車掛帥的趨勢下，已淪為疏離的僵化空間，嵩此，為了提昇國人的居住生活品質，必先針對上述種種問題提出針砭之道，始能創造一個人性化都市。

## 四、休閒品質的框限

上述環保與居住部分均屬實質可見的問題，而休閒與文化則較傾向於精神層面，是生活品質涵養中更深層的考量。所謂「休閒」，是工作之餘的消遣，Lieberman從「質」的層面解釋休閒具有遊玩的自發性、樂趣與幽默感三種要素；此外，休閒更是一種擴大自我、適應現實所需的技能練習，能增強適應環境的能力（王秀雄，1996）。在現代繁忙工商社會裡，休閒幾乎成為現代人

的奢望，然而，也正因為平日繁重的工作壓力，反而使得休閒品質的提昇益形重要，因此，當我們在雕塑生活品質的外在環境時，更不能忽略生活精神內涵的提昇。

由於國人對都市文化生活的觀念較薄弱，工餘的生活普遍被稱為「休閒生活」。綜觀目前國人所從事的休閒活動頻率與型態，與理想生活仍有段差距。根據內政部統計處於民國八十一年的調查，我國國民的主要休閒活動為「看電視」佔60.8%，「閱讀書報」次之佔35.2%，「聊天訪客」為30.8%，以及其他如「聽收音機」、「郊遊」、「運動」等等，由休閒內容不難看出文化活動的低落。林馨聲（1996）認為：休閒活動空間與場地設施之數量多寡，是判斷休閒活動功能與效益的基本指標，而休閒設施功能之優劣，也與休閒品質息息相關。目前，我國的休閒設施與空間皆嫌不足，功能也相當有限，往往無法滿足休閒對象的需求，加上風氣使然，國人目前所選擇休閒生活的內容多半較為單調，多半屬於操作行為簡單、缺乏創造性、週期循環單調的活動方式，其對個人心智的成長或社會群體生活的發展也十分有限。由於國人休閒的觀念與風氣尚未蔚為風潮，加上軟硬體設施的不足，使得休閒品質低落，人們無法也無處從事健全身心的休閒活動，甚至可能衍生不良後果，製造社會問題，這些都是執政者在規劃休閒生活目標時所需關注的焦點。

## 五、文化內涵的桎梏

都市文化的終極價值便是都市生活的改革，市民的個人幸福也才有保障。近年來，生活文化頗受到國人的重視，不但政府對生活文化的提昇投注了更多的心力，一般國民也更注意生活的品味。所謂「富潤屋，德潤身」，國民文化修養的陶冶涵容，實為提昇生活品質的根本基石，雖然重視生活品質的風氣已逐漸在國民

的日常生活中體現，但是為了使生活有目標，我們更要懂得生活的意義（沈清松，1999）。經濟發展使臺灣即將步入成熟社會的階段，而其內涵應該是將物質文明與精神文明融而為一的社會。對此，鄭興弟（1996）便強調文化政策的重要性，他指出我國文化政策未能確切落實的原因乃因政府渡台後，鑒於中共以文化控制人民思想與行為的作法，因而採取「插手文化」的政策，此種政策雖然阻止了中共的滲透及台獨思想的傳播，但同時卻也遏阻了文化的自由發展。他也批判我國政府的文化政策措施，歸納出三項問題癥結所在：文化政策官方色彩濃厚未能走向民間、文化事務管轄分散對立與缺乏文化專才等。文化建設之工程並非一蹴可成，而是需要循序漸進、由微而宏地努力，因此，落實社區文化建設便成為提昇文化品質的重要基礎，這也是目前政府致力的方針（蔡政文，1996）。目前政府已經注意到文化失衡與文化貧血的亂象，而逐漸加重文化政策與社區文化的建設工作，像文建會自民八十三年所推動的「社區總體營造計畫」，和台北市在民國八十五年所規劃的「地區環境改造計畫」就帶動許多社區文化的運作，促成了社區營造意識的覺醒，並企圖透過都市實踐來重建國人的生活意義，創造文化生機。

## 提昇生活品質的策略

對全體國民而言，經濟飛黃騰達的發展乃全民共創的成果，因此提昇生活品質自應以全民為標的（蔡政文，1996）。在檢視過現階段臺灣國民生活品質所遭遇之困境後，針對上述問題，政府當局更應拿出魄力，大刀闊斧，剷除窒礙生活品質提昇的屏障，共創新世紀新願景。以下將提出相關生活品質策略。

## 一、保障健康品質的策略

計量「健康」或其損失以作爲成本效性評估之基礎，已是本世紀國際上的熱門話題，也是減少醫療浪費，促進最大健康量的根本做法（王榮德等，2000）。由於健康照護越來越重視全人照顧（holistic approach）而非疾病本身，因此健康的計量已不單是考慮存活期的長短，而是同時考量存活時的生活品質。爲了在有限的醫療資源中，達成國人健康的最大效用，減緩長期醫療費的負擔，提昇生活品質，二十年來國際間經過不斷地努力研究，「健康相關生活品質」（HRQL）之理念與測量方法乃應運而生，其基本單位爲「調整品質後存活年」（quality adjusted life year），簡稱QALY，以此健康效性計量法作爲醫療資源分配之基礎。因此當我國政府爲保障健康生活品質而加強辦理醫療保健設施與服務等福利策略時，自應善加運用上述HRQL理念，作爲臨床診斷、醫療衛生決策、健康風險評估與管理以及健康照護定價之參考。

## 二、維護環境品質的策略

新世紀來臨之前，全球環境即已面臨大地反撲的人類生存危機，地球環境被破壞殆盡，聯合國特別呼籲地球人要「全球學習」（Global Learning），認識當前地球能源和環境的危機，生態與永續（sustainability）遂成爲全球性議題（胡寶林，1999）。爲了提昇環境品質，我國行政院於千禧年提出「國家環境保護計畫」以爲我國環境保護的藍圖，其理念爲：（行政院研考會網站，2001）

（一）永續發展。
（二）互利共生。
（三）經濟效率。

（四）寧適和諧。

（五）全民參與。

（六）國際參與。

計畫內容從生態保育、水資源、空氣污染到資源回收等，無所不包，其目的無不在爲環保與經濟努力，期能建設一個永續發展的美麗新家園。整體而言，維護環境品質可從三方面著手：（湯宗德，1996）

（一）就法制面，應力求環境立法品質的提昇。

（二）就實務方面，應加強環保業務的有效執行。

（三）就資源管理方面，應重視環境資源有限的問題，對於已經超限或瀕臨極限利用的資源，應該採取有效的改善及補救措施，積極保護山坡地，加強綠化植物之工作。

另外，在工作環境方面，可利用5S改進工作的生活品質：所謂5S整理整頓活動便是塑造一個良好的工作環境，讓在裡面工作的員工都能感受到明朗愉快的氣氛，從而改變氣質，提高工作效率（陳永牲，2000）。

上述種種策略，皆須人們扮演積極的行動者，始能有效執行，例如，個人應儘量不製造污染；積極協助資源分類回收；節約用水用電；減少開車；響應社區民眾之環保生活運動等。環境保護並不是容易的工作，我國環保機關的努力仍應被大眾所肯定。雖然在以經濟成長爲主的政策下，環保常爲各種建設方案所犧牲，但事實上，政策面無心重視環境保護才是臺灣環保結構性的癥結所在（蔡政文，1996）。因此，政府、民間、和產業界的充分配合與全力參與，才是突破環保困境的不二法門。

## 三、優質居住品質的策略

近年來臺灣都市居住品質低落，與整體空間規劃適當與否有密切的關聯。黃世孟（1996）認為，品質發展的理念乃提昇居住環境品質的重要策略，而且應該落實到各行政部門的政策發展計畫中，我國目前由內政部營建署主管全國居住環境與公共建設，故由其負責整合各部會有關提昇環境品質的政策責無旁貸。再者，相對於政府的公共營建政策，市民自發性地由下而上推動社區環境的改善與維護，更為日後臺灣居住環境品質提昇的關鍵。

人性化都市已成為近二十年的公共空間議題，所謂生活品質便要從市民對自家居所及周遭公共環境品質的認同開始，從社區主義意識的培養、社區總體營造的落實，以及公共空間的經營，均是強化都市居住空間品質的重要策略，而其關鍵則在於產、官、學、民之間的磋商溝通與決策。

有鑑於此，政府為提昇國民都市生活的品質，增進國家競爭力，特於新世紀初規劃了「八一○○臺灣啟動」公共工程建設方案，以人本、優質、永續為題，改善投資環境、永續國土發展、增進生活品質為目標，期望優質建設與國民生活相融合。無論如何，都市及社區居住環境品質之提昇，絕對須由整體著眼，因為良好的都市生活品質可以帶動社區環境品質的健全發展，進而建構優良的市民生活品質。

## 四、強化休閒品質的策略

注重休閒與工作的均衡，將是爾後生活文化的主流。休閒品質的提昇須就「質」與「量」兩個層面來做考量，使國民從物質文化提昇到精神文化，從大眾文化提昇到精緻文化。為滿足不同階層、族群的休閒需求，強化當前國人的休閒品質的策略可以從

休閒空間、設施與活動三方面來做考量（林罄聳，1996）：

（一）制定優惠稅法鼓勵民間組織與企業機構參與休閒空間的增建，如此一來不僅得以分擔政府的財政壓力，亦可透過資源的開放，開創多元化的休閒活動空間，更能促使企業取之於社會用之於社會的理念得以落實。

（二）豐富休閒空間的設施，除了一般的硬體設備外，亦可鼓勵電子媒體休閒軟體的開發，另外，培養從事文化休閒事業的專業人員則更能使空間設施的效用發揮到極至。

（三）在休閒活動方面，鑒於國人休閒觀念多數停留在觀看電視等靜態的室內休閒方式，因此對於現行國民休閒活動內容的設計規劃，則應加強其深度和廣度，改變國人舊有「旁觀式」的休閒方式，增加「參與式」的活動內容，並加入知識性的內涵，使國人在參與休閒活動的過程中，能夠兼顧休閒娛樂和增進知識的雙重目標，再者，還可以在各個鄉鎮地方舉辦博覽會，不僅可以提昇休閒活動的內涵，促進本土產業的發展，還可以提昇臺灣的國際形象。

我國目前迫切需要的乃是大幅擴充休閒娛樂和文化設施，提供一個合適的場所，建立正確與正當的休閒文化，並建立民眾終生教育的觀念，使教育休閒化、休閒教育化。

## 五、提昇文化品質的策略

文化的發展必須要有遠大的文化理想作為指引，更需落實在國民的日常生活當中（沈清松，1999）。文化建設是一項浩大的工程，生活品質與它莫不息息相關。江韶瑩（1996）將文化工作比

喻做耕種，須依各地區時節氣候、土坡地方等特質來設計耕耘。因此，從不同社區做起，發展並落實社區文化藝術建設、增強社區認同感與社區意識便成爲提昇總體文化品質的重要基礎。

一般文化品質的參考指標包括：傳承性、創新性、生活化程度、國際化程度與人才的多樣與專精（沈清松，1999），就提昇生活文化內涵與品質的策略而言，江韶瑩認爲激發社區的生機與生命力是最直接的作法，其次可以發動居民參與社區文化的重建，發掘並整合社區文化產業之資源與特色，並建立回饋的管道與系統。若擴大到思考整體文化建設的落實，鄭興弟（1996）便主張文化政策必須朝民間化、社區化及多元化方向發展。

爲了滋潤個人生活，增益群體文化，文建會特別委託中國哲學學會編撰《現代國民生活文化手冊》，以發揮移風易俗，重建生活意義的目的。爲了將經濟發展與政治改革的成果落實到國民生活品質上，政府須重視文化價值的建立，並將物質性與精神性文明做有機的結合，以提昇生活環境品質。

## 結語

新世紀的來臨，「接軌世界」的世界觀（global viewpoints）正成爲國內重要的議題。由於經濟奇蹟締造了政治民主化的果實，我國在解嚴後的政治雖已日漸落實民主，但是在環保、人權與國民文化素質等方面的國際形象卻沒能與世界同步。綜觀國人在享有高所得、高物慾的同時，生活品質並沒有相對的提昇，反而給人財大氣粗的印象，加上我國政府與政治人物的倫理品質低落，阻礙了民主政治的良性發展，導致國人對政府普遍有信任偏低的現象，甚至對國家的認同危機，因此移民人潮、產業出走都

讓我們對這塊土地沒有生根的感情。值此，唯有提昇政府倫理形象，重建社會價值體系，國民才能有安定的日子，高品質的生活。

生活即是一種存在，當我們在尋找存在的真諦與生活之意義時，便是對生活品質的一種展望。繼我國政府與民間宗教團體所推行的「心靈改造」運動之後，教育部亦將2000年訂為生命教育年，大力提倡昇生死學與生命教育，歸根結底乃在於導正國人的價值觀念，重整健全的社會價值體系，期能從最深層的心靈層面著手，以為提昇生活品質的根本之道。

## 參考書目

### 中文部分

王榮德等（2000），二十一世紀健康照護效性評量：生活品質與生活品質調整後之存活分析，《台灣醫學》4（1），65-74。

內政部統計處（1999），中華民國臺灣地區國民生活狀況調查報告。

沈清松（1999），質的文化指標與生活文化，《文化的生活與生活的文化》，頁1-44。台北：立緒。

胡寶林（1999），人性化都市生活與公共空間，《文化的生活與生活的文化》，頁167-192。台北：立緒。

蔡政文、劉志堅、王秀雄、林磐聳、江邵瑩、鄭興第等著，（1996），《跨世紀生活品質策略》。國家發展研究文教基金會出版。

雷玉華、丘周萍（2000》，生活品質概念分析，《國防醫學》31（2），163-168。

陳永牲（2000），生活品質之探討，《品質管制月刊》，25-28。

梁繼權，1995，生活品質評估，《醫學繼續教育》5（3），283-286。

黃建中（2000），十年來台北市家庭所得、財富與生活品質變動之研究，《主計月報》77（2），21-23。

林榮第、姚開屏、游芝亭、王榮德（1997），健康相關生活品質之效用測量方法信度與效度的評估：以血液透析之末期腎病患者爲例，《中華衛生雜誌》16（5），404-416

洪麗眞（2000），癌症病童生活品質量表（QOLCC）之發展及信度和效度檢定，長庚大學護理研究所碩士論文。

王玉眞（1998），以質性方法探討影響癌症末期病患生活品質之因素及其因應策略，慈濟護理學研究所碩士論文。

胡綾眞（1999），居家照顧癌症轉移病患之主要照顧者的照顧負荷、憂鬱與生活品質之探討，長庚大學護理學研究所碩士論文。

陸玓玲（1998），臺灣地區生活品質研究概況，《中華衛誌》17（6），442-457。

蔡漢賢主編（2000），《社會工作辭典》。內政部社區發展雜誌社。

## 英文部分

Allison P. J, Locker D. Feine J. S., (1997). Quality of Life：A Dynamic Construct, *Social Science Med*, 45(2), p. 221-230.

Bunker S. S., (1998). A nursing theory-guided model of health ministry：human becoming in parish nursing, *Nursing Science*,

11 (1), p. 7-8.

Ferrans, C. E., & Power, M. J. (1985). Quality of Life Index: Development and Psychometric Properties, *Advance in Nursing Science*, 10, p. 153-160.

Flanagan, J. C. (1982), Management of Quality of Life：Current State of Art, Archives Physical Medicine Rehabilitation.

Gross, B. M., (1966), *A Historical Note on Social Indicators*, Cambridge：Mass：MIT Press.

Stormberg, M. F., (1988). Instruments for Clinical Nursing Research, *Appleton & Lange*, Norwalk, Connecticut.

Zhan, L. (1992). Quality of Life：Conceptual and Measurement issues, *Journal of Advanced Nursing*, 17 (3), p. 795-800.

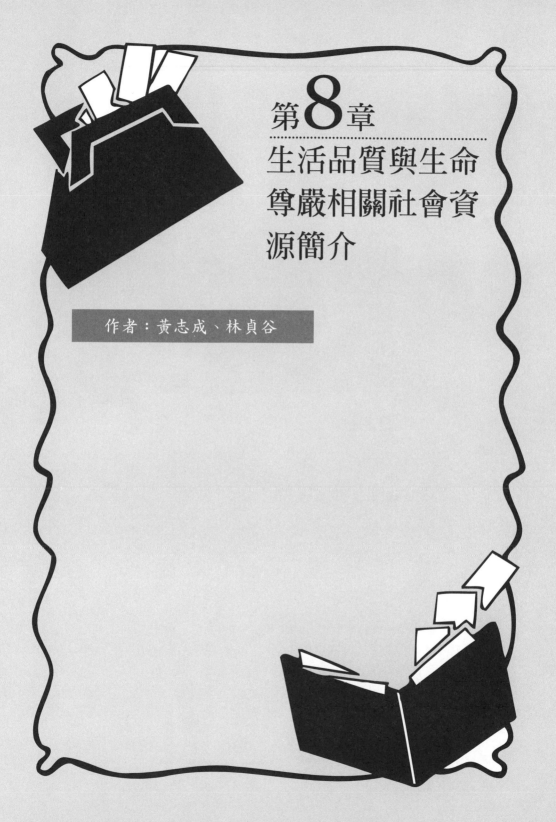

# 第8章

## 生活品質與生命尊嚴相關社會資源簡介

作者：黃志成、林貞谷

個人在居家生活、求學、工作或親友互動中，難免會遇到一些不如意之事，有些事情可以憑自己解決問題的經驗加以克服，當然也有些人採取冷漠、忽視或壓抑的方法，然而也有一些人選擇與朋友、家人商量，共謀解決之道。除了這些，各位不要忘了社會上還有一些資源可資運用，有些公立單位，也有一些私立單位，基於助人的服務熱誠，成立了許許多多的服務機構，本單元旨在收集相關的社會福利機構、心理輔導機構，提供給讀者參考。這些機構均聘雇相關專業人員，為需要接受服務的人提供最好的服務，凡是個人在人格、學業、感情、健康或工作上有困惑時，均可就近尋找相關機構請求輔導，消極的在降低或解除困擾，積極的在促進心理健康，如此必能提昇生活品質，增進生命尊嚴。以下就以縣市為單位，分別介紹。

## 台北市

| 機構 | 電話 | 服務項目 |
| --- | --- | --- |
| 台北市生命線 | 02-2505-9595 | 1.電話輔導<br>2.榮譽觀護人<br>3.舉辦社會教育活動<br>4.輔導教育<br>5.網路輔導 |
| 杏陵性諮商治療中心 | 02-2754-1300 | 推廣家庭生活與性教育 |
| 家庭生活與性教育中心 | 02-2362-7363 | 推廣家庭生活與性教育 |
| 台北市婦女救援社會福利事業基金會 | 02-2392-9595 | 1.雛妓安置<br>2.從娼婦女輔導<br>3.法律服務 |

| 機構 | 電話 | 服務項目 |
|------|------|----------|
| 台北市勵馨社會福利事業基金會 | 02-2375-9595<br>02-2371-9583 | 1.雛妓救援<br>2.未成年未婚懷孕少女服務<br>3.中途之家 |
| 天主教善牧修女會德蓮之家 | 02-2932-5710 | 1.不幸少女中途之家<br>2.婦女緊急庇護中心<br>3.中輟生服務<br>4.從娼婦女輔導 |
| 台灣基督長老會彩虹婦女事工中心 | 02-2234-1302 | 兩性問題協商 |
| 台北市婦女會 | 02-2395-1052 | 1.加強婦女福利<br>2.保障婦女權益 |
| 台北市天主教福利會 | 02-2311-0223<br>02-2311-7642 | 兩性問題協商 |
| 台北市現代婦女基金會 | 02-2391-7128<br>02-2506-3059 | 1.婚姻暴力<br>2.性侵害<br>3.性騷擾<br>4.被強暴婦女輔導服務<br>5.法律服務 |
| 台北市少年輔導委員會 | 02-2511-0886<br>02-2511-0877 | 1.心理諮詢<br>2.親子溝通輔導<br>3.升學就業諮詢<br>4.青少年法律諮詢 |
| 華明心理輔導中心 | 02-2382-1885 | 諮商輔導 |
| 友緣社會福利中心 | 02-2769-3310<br>02-2769-3319 | 1.親職教育<br>2.兒童行為輔導 |
| 宇宙光輔導中心 | 02-2362-7278 | 1.面談諮商服務<br>2.成長團體<br>3.輔導員訓練 |

| 機構 | 電話 | 服務項目 |
|---|---|---|
| 人本教育基金會 | 02-2367-0151 | 1.學校適應問題<br>2.課業及教育問題 |
| 女人104幫助您（傾訴專線） | 02-2550-0708 | 兩性問題協商 |
| 台北市張老師服務專線 | 02- 2717-2990 | 1.青少年輔導<br>2.團體輔導<br>3.心理衛生教育推廣 |
| 台北市性侵害防治中心 | 0800-024-995 | 協助輔導性侵害個案 |
| 兒童青少年保護專線 | 0800-422-110 | 兒童青少年保護 |
| 台北市佛教觀音線協會 | 02-2511-2248 | 提供家庭、婚姻、人際關係及宗教信仰方面之諮商服務 |
| 基督教台北市勵友中心 | 02-2594-2493 | 1.中輟生輔導<br>2.榮譽觀護人 |
| 馬偕協談中心及平安線 | 02-2531-0505<br>02-2531-8595 | 家庭、感情及心理困擾之諮商 |
| 財團法人台北市賽珍珠基金會 | 02-2369-8003 | 1.心理及教育輔導<br>2.醫療保健服務<br>3.生活補助<br>4.提供少年及成人混血兒個別諮詢<br>5.婚姻輔導 |
| 懷仁全人發展中心 | 02-2331-1193 | 1.個別協談<br>2.家庭與婚姻協談<br>3.成長團體 |
| 社教館家庭服務中心 | 02-2772-1885 | 1.親子關係諮詢<br>2.子女教養問題諮詢<br>3.親職教育 |

| 機構 | 電話 | 服務項目 |
|---|---|---|
| 晚晴協會 | 02-2558-0170 | 1.心理協談<br>2.知性教育講座<br>3.成長團體<br>4.生涯規劃<br>5.親子活動<br>6.安置服務<br>7.婚前輔導、轉介煙毒勒戒 |
| 台北市立療養院成癮防治科輔導專線 | 02-2728-5791 | |
| 台北市立療養院兒童青少年門診及社區心理衛生中心 | 02-2726-4186 | 精神診斷及心理治療 |
| 台灣大學附設醫院 | 02-2397-0800 轉2030 | 醫療保健 |
| 台北榮民總醫院 | 02-2875-7494 | 醫療保健 |
| 台北榮總兒童青少年心理衛生門診 | 02-2871-2151 | 1.精神診斷<br>2.心理治療 |
| 台北榮總毒藥物諮詢 | 02-2871-7121 | 毒藥物癮醫療及諮詢 |
| 三軍總醫院 | 02-2365-4440 | 醫療保健 |
| 台北市立仁愛醫院 | 02-2709-3600 | 醫療保健 |
| 台北市立忠孝醫院 | 02-2786-1288 轉6708 | 醫療保健 |
| 台北市立忠孝醫院精神科 | 02-2786-1288 轉6721 | 精神診斷及心理治療 |
| 台北市立忠孝醫院青少年醫療保健門診 | 02-2786-1288 轉6688，6702 | 精神診斷及心理治療 |
| 台北市立和平醫院 | 02-2381-1324 | 醫療保健 |
| 台北市立和平醫院青少年保健門診專線 | 02-2371-2023 | 精神診斷及心理治療 |
| 台北市立中興醫院 | 02-2552-3234 轉550 | 醫療保健 |

| 機構 | 電話 | 服務項目 |
|---|---|---|
| 台北市立中興醫院性侵害防治中心 | 02-2550-2424 | 協助輔導性侵害個案 |
| 台北市立陽明醫院 | 02-2838-9145 | 醫療保健 |
| 台北市立陽明醫院精神科 | 02-2835-3456<br>轉6362 | 1.精神診斷<br>2.心理治療 |
| 台北馬偕醫院健康諮詢 | 02-2511-5334 | 醫療保健 |
| 台北市立性病防治所 | 02-2511-5334 | 1.梅毒、愛滋抽血及檢驗<br>2.匿名篩檢<br>3.常見性病、愛滋病法規 |
| 郵寄濾紙乾血法 | 02-2321-2519 | 愛滋病檢驗 |
| 行政院衛生署防疫處 | 02-2396-2847 | 1.愛滋病諮詢<br>2.愛滋病檢驗 |
| 中華民國愛滋病防治協會防治專線電話 | 02-2577-7744 | 1.愛滋病諮詢<br>2.愛滋病檢驗 |
| 衛生署防疫處愛滋病諮詢專線 | 02-2396-2847 | 1.愛滋病諮詢<br>2.愛滋病防治 |
| 婦幼醫院醫療諮詢 | 02-2396-0728 | 醫療保健 |
| 婦幼醫院青少年特別門診及諮詢專線 | 02 2341 4754 | 青少年心理治療 |
| 誼光義工組織 | 02-2375-5413 | 愛滋病防治 |
| 晨曦福音戒毒中心 | 02-2927-0010 | 煙毒勒戒 |
| 雛妓救援專線婦女救援基金會 | 02-2392-9595 | 雛妓救援 |
| 少年申訴專線 | 02-2346-7581 | 1.解答少年相關法令<br>2.提供申訴管道 |
| 台北地方法院家事法庭商談室 | 02-2314-6871<br>轉502 | 法律免費諮詢 |

## 高雄市、高雄縣

| 機構 | 電話 | 服務項目 |
| --- | --- | --- |
| 高雄市生命線服務中心 | 07-231-9595 | 1.自殺預防<br>2.生活危機<br>3.婚姻家庭協談<br>4.青少年輔導<br>5.團體輔導訓導<br>6.義務工作推行 |
| 高雄市張老師 | 07-332-6180 | 1.青少年輔導<br>2.團體輔導<br>3.心理衛生教育推廣 |
| 勞工輔導專線 | 07-338-6180 | 勞工問題輔導 |
| 高雄市性侵害防治中心 | 07-321-4169 | 協助輔導性侵害個案 |
| 高雄縣家庭教育服務中心 | 07-621-3993<br>07-626-1185 | 1.婚前教育<br>2.婚姻輔導<br>3.親職教育<br>4.親子教育 |
| 高市青少年福利工作協進會 | 07-333-1046 | 青少年輔導 |
| 觀音線 | 07-224-8948<br>07-224-7705 | 提供家庭、婚姻、人際關係及宗教信仰方面之諮商服務 |
| 高雄縣家庭暴力防治中心 | 07-719-8322 | 家庭暴力問題 |
| 高雄縣性侵害防治中心 | 07-731-5991 | 協助輔導性侵害個案 |
| 心理衛生諮詢服務站 | 07-733-2355 | 個案諮詢輔導 |
| 高雄縣生命線 | 07-713-6429 | 諮商輔導 |
| 高雄縣生命線 | 07-763-5698 | 生命線服務 |
| 中華民國性教育協會 | 07-732-9637 | 性教育 |

| 機構 | 電話 | 服務項目 |
|---|---|---|
| 勵馨浦公英輔導專線 | 07-386-8491 | 1.雛妓救援<br>2.未成年未婚懷孕少女服務 |
| 勵馨基金會高雄站 | 07-386-8491 | 1.不幸兒童、少年追蹤<br>2.輔導兒童性侵害個案處遇<br>3.曉家、逃學高危險群個案之關懷輔導<br>4.學校社區之教育宣導<br>5.志願服務人力組訓 |
| 南區心理衛生諮詢服務中心 | 07-742-9405 | 1.諮詢顧問<br>2.心理治療 |
| 高雄縣婦幼青少年館 | 07-741-3158<br>轉244，264 | 1.青少年輔導工作<br>2.電話諮詢<br>3.田姐姐信箱<br>4.青少年心理衛生<br>5.青少年庇護<br>6.心理測驗<br>7.電子諮詢服務<br>8.青少年輔導研習 |
| 高雄縣婦女會 | 07-746-2287 | 1.電話輔導<br>2.親職教育<br>3.藝文活動<br>4.專題講座 |
| 高雄縣家庭教育服務中心 | 07-626-1185 | 1.諮詢顧問<br>2.親職教育<br>3.專題講座 |

| 機構 | 電話 | 服務項目 |
|---|---|---|
| 林園佛教堂 | 07-641-2233 | 個別輔導 |
| 日月禪寺 | 07-636-6611 | 1.團體輔導 |
| | | 2.專題講座 |
| 海明寺 | 07-619-6241 | 諮詢顧問 |
| 內門紫竹寺 | 07-667-1632 | 輔導設備 |
| 基督教長老教會岡山教室 | 07-621-2871 | 團體輔導 |
| 六龜長老教會 | 07-689-1585 | 函件輔導 |
| 高雄醫學院附設醫院 | 07-321-4227 | 醫療保健 |
| | 07-320-8159 | |
| 高雄長庚紀念醫院 | 07-731-7123 | 醫療保健 |
| | 轉2568 | |
| 高雄榮民總醫院 | 07-346-8299 | 醫療保健 |

## 台北縣

| 機構 | 電話 | 服務項目 |
|---|---|---|
| 台北縣生命線服務中心 | 02-2967-9595 | 1.電話協談 |
| | | 2.面談 |
| | | 3.講座培訓 |
| 台北縣三重張老師 | 02-2989-6180 | 1.青少年輔導 |
| | | 2.團體輔導 |
| | | 3.心理衛生教育推廣 |
| 勞工輔導專線 | 02-984-6180 | 勞工問題輔導 |
| 台北縣性侵害防治中心 | 0800-000-600 | 協助輔導性侵害個案 |

## 桃園縣

| 機構 | 電話 | 服務項目 |
| --- | --- | --- |
| 桃園縣生命線服務中心 | 03-338-9595 | 1.電話協談<br>2.面談 |
| 桃園市張老師 | 03-331-6180 | 1.心理諮商<br>2.教育訓練 |
| 桃園縣性侵害防治中心 | 03-332-2209 | 協助輔導性侵害個案 |
| 林口長庚醫院 | 03-328-1200<br>轉2040 | 醫療保健 |
| 省立桃園醫院 | 03-369-9721<br>轉288 | 醫療保健 |

## 新竹縣、新竹市

| 機構 | 電話 | 服務項目 |
| --- | --- | --- |
| 新竹市生命線服務中心 | 03-524-9595 | 電話協談 |
| 新竹縣生命線服務中心 | 03-596-9595 | 電話協談 |
| 新竹市性侵害防治中心 | 03-521-8585 | 協助輔導性侵害個案 |
| 新竹縣性侵害防治中心 | 03-551-8101 | 協助輔導性侵害個案 |

## 苗栗縣

| 機構 | 電話 | 服務項目 |
| --- | --- | --- |
| 苗栗縣生命線服務中心 | 037-32-9595 | 電話協談 |
| 苗栗縣性侵害防治中心 | 037-360-995 | 協助輔導性侵害個案 |

## 台中縣、台中市

| 機構 | 電話 | 服務項目 |
|------|------|----------|
| 台中市生命線服務中心 | 04-222-9595 | 電話協談 |
| 台中縣生命線服務中心 | 04-526-9595 | 電話協談 |
| 台中市青少年之家 | 04-331-6180 | 青少年輔導 |
| 台中市性侵害防治中心 | 04-201-9595 | 協助輔導性侵害個案 |
| 台中縣性侵害防治中心 | 04-525-1733 | 協助輔導性侵害個案 |
| 勵馨浦公英輔導專線 | 04-376-8585 | 1.雛妓救援<br>2.未成年未婚懷孕少女服務<br>3.中途之家 |
| 中國醫藥學院附設醫院 | 04-206-2121 轉2137 | 醫療保健 |
| 台中榮民總醫院 | 04-359-2525 轉3100 | 醫療保健 |

## 彰化縣

| 機構 | 電話 | 服務項目 |
|------|------|----------|
| 彰化縣市生命線服務中心 | 04-724-9595 | 電話協談 |
| 彰化縣性侵害防治中心 | 04-725-2566 | 協助輔導性侵害個案 |

## 雲林縣

| 機構 | 電話 | 服務項目 |
|------|------|----------|
| 雲林縣生命線服務中心 | 05-532-9595 | 電話協談 |
| 雲林縣性侵害防治中心 | 05-534-8585 | 協助輔導性侵害個案 |

## 嘉義縣、嘉義市

| 機構 | 電話 | 服務項目 |
| --- | --- | --- |
| 嘉義市生命線服務中心 | 05-234-9595 | 電話協談 |
| 嘉義縣生命線服務中心 | 05-267-9595 | 電話協談 |

## 台南縣、台南市

| 機構 | 電話 | 服務項目 |
| --- | --- | --- |
| 台南市生命線服務中心 | 06-220-9595 | 電話協談 |
| 台南縣生命線服務中心 | 06-632-9595 | 電話協談 |
| 台南市性侵害防治中心 | 06-299-9111 | 協助輔導性侵害個案 |
| 成功大學附設醫院 | 06-235-3535 轉5417.5390 | 醫療保健 |
| 台南市立醫院 | 06-269-1911 轉317 | 醫療保健 |

## 屏東縣

| 機構 | 電話 | 服務項目 |
| --- | --- | --- |
| 屏東縣生命線服務中心 | 08-736-9595 | 電話協談 |

## 台東縣

| 機構 | 電話 | 服務項目 |
| --- | --- | --- |
| 台東縣生命線服務中心 | 08-934-9595 | 電話協談 |

## 花蓮縣

| 機構 | 電話 | 服務項目 |
|------|------|----------|
| 花蓮縣生命線服務中心 | 038-33-9595 | 電話協談 |
| 佛教慈濟綜合醫院 | 038-52-6016 | 醫療保健 |
| 花蓮門諾醫院 | 038-22-7547 | 醫療保健 |

## 宜蘭縣

| 機構 | 電話 | 服務項目 |
|------|------|----------|
| 宜蘭縣生命線服務中心 | 039-32-9595 | 電話協談 |

## 澎湖縣

| 機構 | 電話 | 服務項目 |
|------|------|----------|
| 澎湖縣性侵害防治中心 | 06-927-4167 | 協助輔導性侵害個案 |

## 基隆市

| 機構 | 電話 | 服務項目 |
|------|------|----------|
| 基隆市生命線服務中心 | 02-465-9595 | 電話協談 |

## 南投縣

| 機構 | 電話 | 服務項目 |
|------|------|----------|
| 南投縣生命線服務中心 | 049-33-9595 | 電話協談 |
| 南投縣性侵害防治中心 | 049-23-2259 | 協助輔導性侵害個案 |

## 網站

| 網站 | 網址 | 服務項目 |
| --- | --- | --- |
| 勵馨社福基金會路得學舍 | http://www.goh.org.tw/home.htm | 中輟生收容及輔導 |
| 改變要從教育開始 | http://hef.yam.org.tw/abouthef/abluthef2.htm | 教育問題 |
| 性侵害防治網路 | http://www.moi.gov.tw/w3/antisex | 性侵害相關事宜 |
| 家庭的兩性性別角色與社會化 | http://avcenter.ccu.edu.tw/teach/lessobl.htm | 兩性問題網際網路資源 |
| 兩性之間 | http://140.116.5.4/chungho/stfg.htm | 兩性問題與輔導 |
| 張老師與您談心 | http://www2.nsysu.edu.tw/t-chang | 青少年輔導 |
| 台灣婦女網路論壇 | http://forum.yam.org.tw/women | 討論人身安全，兩性教育，女性參政，工作與休閒 |
| 家庭暴力防治工作網頁 | http://www.fv.taipei.gov.tw | 家庭暴力相關資訊 |
| 成大簡崇和醫師網頁 | http://140.116.26.90/educlass/ | 兩性問題及病理遠距教學 |
| 內政部性侵害防治中心 | http://www.moi.gov.tw | 性侵害有關事宜 |
| 得勝者教育協會 | http://sparc3.cc.ncku.edu.tw/~n4880113/champion.htm | 青少年輔導教育機構、家長俱樂部、義工補給站及少年流行網 |
| 人本教育基金會 | http://hef.yam.org.tw | 教育理念及教改資訊 |
| 泰山文化基金會 | www.nikomart.com.tw/jul2.html | 青少年及親職教育類、讀書會培訓 |

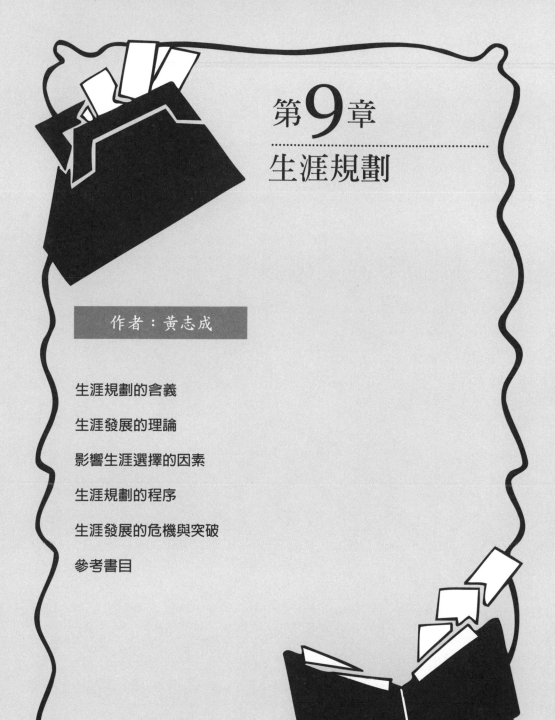

# 第 9 章

## 生涯規劃

作者：黃志成

一個人若是看不到未來，就掌握不住現在（金樹人，1991）。這是何其可悲的事實，這個人竟把現在的寶貴時間，作毫無目標，或錯誤目標的追尋。生涯規劃的目的，就是要讓我們瞭解自己、控制自己，進而駕馭自己。

## 生涯規劃的含義

### 一、生涯規劃的意義

　　要瞭解生涯規劃的意義，需先瞭解生涯（career）（或譯作生計）的意義。

#### （一）生涯的意義

　　有關生涯的意義，各專家學者有大同小異的陳述，說明如下：

　　蘇伯（Super, 1976）對生涯的說明如下：它是生活裡各種事件的演進方向與歷程，統合個人一生中各種職業和生活的角色，由此表露出個人獨特的自我發展組型；它也是人生自青春期以至在退休之後，一連串有酬或無酬職位的綜合，除了職位之外，尚包括任何和工作有關的角色，甚至也包括：副業、家庭和公民的角色。

　　麥克丹尼爾（McDaniel, 1978）認為生涯是一種生活方式的概念，包括了一生當中工作與休閒的活動。

　　蓋世貝爾斯和莫爾（Gysbers & Moore, 1981）更擴大了它的範圍，欲以生活的生計發展替代生計的含義，統整個人一生所有

角色、環境與事件對自我的影響。

綜上所述，生涯係自出生開始至退休以後的發展過程，它包括：有酬和無酬的職位，其內容涵蓋了職業、家庭、休閒、社會活動等角色。

## (二) 生涯發展

所謂生涯發展就是透過社會、教育以及輔導的努力，協助個人建立實際的自我觀念且熟悉以工作為導向的社會價值觀，並將其融鑄於個人價值體系內，並藉由生涯選擇、生涯規劃，以及生涯目標的追尋加以實現，俾使個人能有一成功美滿並有利於社會的生涯（楊朝祥，1990）。

## (三) 生涯規劃

生涯規劃（career planning）顧名思義，即是一個人生涯過程的妥善安排。在這安排下，個人能依據各計畫要點在短期內充分發揮自我潛能並運用環境資源達到各階段的生計成熟，而最終達成其既定的生涯目標（楊朝祥，1990）。由此可知，個人的生涯規劃是先訂好一個可行的生涯目標，然後運用個體的潛能和生活環境中可及的資源，戮力加以完成。

# 二、生涯規劃的重要性

生涯規劃的目的，應是幫助個人找到可以傾注一生的事業（朱湘吉，1992），可見其重要性，再分述如下：

## (一) 就個人方面

個人生涯規劃得宜，潛能可以發揮，無論對職業生活、身體健康、心理特質等都有莫大的幫助，依照艾力克遜（Erikson,

1963）的心理社會學說，到了成年期會完成友愛親密（intimacy）的發展目標，到了中年期會完成精力充沛（generativity）的發展目標，到了老年期則會完成完美無憾（integrity）的發展目標。反之，若規劃不當，可能造成能力無法發揮，有志難伸，間接的導致挫折感，依艾力克遜（Erikson, 1963）的心理社會學說，到了成年期會產生孤獨疏離（isolation）的心理危機，到了中年期會產生頹廢遲滯（stagnation）的心理危機，到了老年期則會產生悲觀絕望（despair）的心理危機，由此可知：生涯規劃對個人的重要性。

## （二）就家庭方面

個人生涯規劃成功，在成家之後，必能因個人在發展上的順利，提昇家庭的社經地位，如此可帶來婚姻幸福的正面效果，也同時可給子女一個良好的示範，子女在此種家庭中，較能獲得精神與物質的滿足，有利於成長。反之，若個人生涯規劃失敗，或欠缺有效規劃，其潛能必定無法發揮，以至於人生發展平平，甚至於落魄，相信對婚姻生活及子女成長均有不利的影響。

## （三）就社會方面

根據金樹人（1991）所言，生涯輔導的社會功能可由消極與積極兩方面觀之。就消極功能而言可分為二：　為避免失業率的激增；另一為避免生產力的降低。而就積極功能而言可分為四：奠定人力發展的基礎、提昇人力資源之素質、充分利用人力資源、調適社會變遷。

此外，若個人生涯規劃得宜，就個人而言找到合適的工作，就求才機構而言找到一個合適的人，相信對個人及機構而言，均有莫大的幫助，如此可使社會更和諧，更進步。

# 三、生涯的發展階段

在人生旅途中，因身心發展的不同，造成生涯發展也各異，孔子在《論語》「為政篇」提及：吾十有五而志於學，三十而立，四十而不惑，五十而知天命，六十而耳順，七十而從心所欲不踰矩。可算是孔子的生涯發展階段。一般而言，專家學者也提出不同的生涯發展階段，茲舉數者介紹如下：

## (一) 蘇伯的生涯發展五階段

蘇伯（Super, 1984）提出人生的彩虹圖，將生涯的發展階段分為五個時期，分別說明如下：

1.成長期：以孩童時期為主。

2.試探期：以學生時期為主。

3.建立期：以20～30歲為主要顛峰時期。

4.維持期：以40～45歲為主要顛峰時期。

5.衰退期：以65歲以後為主要階段。

## (二) 林幸台的生涯發展階段

林幸台（1991）依生涯輔導目標的觀點，將生涯發展分為五個階段，簡述如下：

1.兒童期（成長階段）：小學階段是奠定個人學業及社會發展基礎的時期，在此時期所形成的態度與能力將影響其未來的生計發展，因此輔導的重點應以自我觀念、現實考驗、技能培養為主。

2.青少年時期（探索階段）：國中階段的學生正面臨身心變化最激烈的時期，培養興趣、澄清觀念、肯定自我、探索

人生方向是其發展的重點。

3.青年期（自我認定與抉擇階段）：高中至大學階段為個人尋求自我肯定、決定人生方向、步入獨立生活方式的時刻。

4.成年期（統整階段）：此一階段前期為個人統整其發展結果、建立個人事業的重要關鍵時刻，而後期則進入事業穩定、繼續發展的境界，前後涵蓋時段可長達三、四十年，亦為個人一生的最佳詮釋。

5.老年期（再學習階段）：此一階段必須學習面對身心狀況逐漸老化的現象，調整工作與生活步調，統整一生所作所為，學習新的生活方式，以逐步取代往年的習慣行為，並積極扮演其他不同的角色。

## (三) 高等教育的生涯輔導

基於上述所言，大專生的生涯發展階段正處於生涯建立期，尋求自我肯定、決定人生方向的關鍵時刻，為了達成這個目標，吳芝儀（2001）引自Herr & Cramer（1996）提出大專階段的生涯輔導目標如下：

1.提供主修領域的協助。

2.提供自我評估和自我分析的協助。例如，自己的強處、弱處、價值觀、動機、心理特徵和興趣。

3.提供學生瞭解工作世界的協助。

4.提供進行生涯決定的協助。

5.提供進入工作世界的協助。

6.應符合不同群體的獨特性。例如，身心障礙、僑生等。

## 生涯發展的理論

有關的專家學者對生涯發展提出不同的理論，本單元將擇要介紹如下：

## 一、特質因素論

特質因素論（trait-factor theory）的代表人物為威廉遜（Williamson），以特質為描述個別差異的重要指標，而強調個人人格特質與職業選擇的關係（林幸台，1991）。此一論點，實包含下列二點意義：

（一）每一種職業都有理想的人格特質。例如，從事推銷工作的人格特質最好是外向的、活潑的；當老師最好要有愛心、耐心及創意等。

（二）每一個人的人格特質可能較適合從事那一種甚至數種職業。例如，外向的人可從事推銷、老師、民意代表等工作；而內向的人可從事校對、研究、電腦操作等等。

此一理論的重點乃在強調人格特質與職業的密切關係，但吾人選擇職業並非只考量人格特質即可，應輔以性向、興趣、家庭及社會環境等許多因素，如此所做的生涯規劃能更符合個人之需要。

與特質因素相似的類型論（typology），由何蘭（Holland）所提出，他將人格類型歸納為六類，同時在此六種人格特質中，又提出典型的職業群，說明如下：（黃德祥，1983）

## （一）真實型

其人格類型為喜歡需體力的活動，富侵略性，神經組織發達，缺乏口才與交際技巧，喜歡具體而不喜歡抽象問題，不易親近。典型的職業為：勞工、機械操作員、航空人員、農人、貨物搬運人員、木匠等。

## （二）智慧型

其人格類型為重視工作責任，對問題深思、組織和瞭解世界，喜歡有意義的工作任務和反傳統的活動、抽象的觀念等。典型的職業為：物理學家、人類學家、化學家、數學家、生物學家等。

## （三）社交型

其人格類型為喜歡教學或治療角色，喜歡安全環境，善於口才和交際，喜歡社交，易接受女性情感等。典型職業為：臨床心理學家、諮商者、外國傳教士、教師等。

## （四）保守型

其人格類型為喜歡有組織的言語和數字活動，喜歡居附屬角色，藉服從達成目標。典型職業為：出納、統計員、簿記員、行政助理、郵局職員等。

## （五）企業型

其人格類型為具操縱、推銷、領導他人的口才。典型職業為：隨車售貨員、拍賣員、政治家、典禮主持者、採購員。

## （六）藝術型

其人格類型為喜歡迂迴的人際關係，喜歡透過個人表現藝術活動、處理環境問題。典型職業為：詩人、小說家、音樂家、雕刻家、劇作家、作家、舞台導演等。

## 二、社會論

　　社會論者認為個人生涯發展過程中受社會因素的影響頗大，在此所謂社會因素可包括下列數者：

### (一) 家庭

　　例如，父母的教育、職業、家庭經濟狀況，子女所受的家庭教育等，都會直接或間接的影響子女作生涯抉擇。

### (二) 種族

　　種族的優勢與劣勢足以影響個人的資產，在美國白人總是比黑人佔有更大的社會資源；而在臺灣則平地人比原住民佔優勢，根據瞿海源（1983）的研究顯示：在教育程度及每戶總收入上，原住民均較低。蘇和蘇（Sue & Sue, 1990）就曾提示，各種種族的人在生涯發展中要克服多重障礙，例如，偏見、語言差別、文化的孤立，不與文化有關的差異（引自吳芝儀，1999）。

### (三) 社會階級

　　社會階級的決定標準在現代社會中為職業、財富、權力，及所得是測量階級的最重要標準，而教育、家庭、宗教與住宅，則是與社會位置最相關的指標（謝高橋，1988），這些都會影響個人的生涯發展。

### (四) 學校

　　例如，師生關係、同儕關係、學校學習風氣、教師教學態度及方法等，都會影響個人之生涯發展。

### (五) 社區

　　社區中之就業機會，社區中可利用之資源，對個人生涯發展亦有影響。

## （六）認同或壓力團體

個人在所處的環境中，來自於父母、老師、長輩或其他直接、間接對個人有影響力的人，基於個人對其所產生的認同，或他人對自己產生的壓力，都可能影響個人的生涯抉擇。

## 三、需要論

需要論（needs theory）認為需要是選擇職業的關鍵所在，因此著重於個人心理需求的探索，特別強調家庭環境及父母管教方式對個人需求的影響以及其個人職業選擇的關聯（林幸台，1991）。需要論是由羅（Roe）所提出，她研究人格本質並融合了馬斯洛（Maslow）的需求層次理論發展而成，於一九五七年提出職業選擇早期決定論，說明童年經驗與職業態度的關係，羅認為：（轉引自楊朝祥，1990；林幸台，1991）

（一）來自愛、保護、溫暖家庭中的孩子，日後傾向於選擇與人有關的職業，例如，服務業——輔導、服務生等注意別人需要的職業。

（二）來自排斥、忽視和不關心家庭的孩子，日後傾向於選擇與人不產生關係的職業，例如，戶外工作——農夫、礦工等。

（三）如果孩子感到過度的被保護或者要求，那麼基於防衛性，他可能選擇與人不產生關係的職業，例如，一般文化工作——民俗研究等；或藝術與娛樂工作——藝術家、體育家等。

（四）如果來自被排斥家庭的孩子，為了補償也可能選擇與人有關的職業，例如，商業活動——推銷、販賣等。

（五）來自愛但不是關心家庭的孩子，可能會以其能力而非個

人之需要選擇其在人際關係之方向。

## 四、分析論

分析論即精神分析學派之主張，其基本特色是以心理分析的方法來分析人格發展的過程、自我觀念對職業的影響以及職業發展的機會與完成的程度，主要著重於個人動機、需要等心理動力的研究，其主要觀點為：（楊朝祥，1990）

（一）職業選擇是個人人格發展的結果。
（二）人依其相似的程度區分為數種人格類型，具有某種類型特質愈多愈能發展該種特殊的型態。
（三）職業環境依其相似的程度，可區分為數種模式環境。
（四）人和環境的配合亦可組成若干不同的結果，這些結果影響到職業的選擇，職業的穩定性和其成就，以及個人的穩定性與創造性的表現。

應用分析論從事於職業選擇的研究者不在少數，而以何蘭最有名（如前所述），說明了某種人格特質的人，可能較傾向於從事某些職業。此一理論，告訴吾人在選擇職業時，必須把人格因素考慮進去。

## 五、發展論

發展論（developmental theory）強調職業選擇為一人生長期發展的歷程，因此特別注重個人發展階段中，自我概念以及各階段生涯發展任務與生涯成熟的意義（林幸台，1991）。這派理論的中心論點是：（楊朝祥，1990）

（一）個人隨年齡的成長，產生對自己更清楚的觀念。

（二）個人的職業想像是配合個人的自我想像，而作職業選擇
　　　的決定。

（三）最後的職業選定是職業觀念與自我觀念的配合。

由上可知，持發展論者認為人在作生涯決定時，是一種由小到大的過程，其觀念可能由模糊而漸明朗，其思考方式可能由不成熟而趨成熟，而且目標可能由幻想漸至具體。

# 影響生涯選擇的因素

影響個人生涯選擇的因素很多，大致可歸納下列幾類：

## 一、個人因素

### （一）生理特質

個人生理特質對其生涯選擇、生涯發展的影響，最大的可能就是身體健康和性別，茲分別說明如下：

1. 生理健康：基本上生理健康的人是有利於生涯發展，無論個人作何決定，健康因素都提供正面的影響，至少沒有負面的作用。至於健康狀況不好的人，就要考慮不可從事較勞累的工作，以免傷害自己的身體。有些人在年輕時從事體力性的工作，亦要考慮步入中、老年後，體力較差、健康狀況較差後的規劃，是提早退休或發展第二職業生涯。至於少部分殘障人士，例如，肢體障礙、視覺障礙、聽覺障礙、語言障礙等，其生涯發展可能大打折扣，但個人可

評估自己障礙的狀況，選擇較不受障礙影響的職業，亦能創造個人發展的天地，例如，一位腳部障礙的人，他可選擇當研究員、電腦操作、寫作、設計、裝配、手工、售票人員等與腳部活動較無關的工作。

2. 性別：雖然兩性在工作上的平等權應被肯定與提倡，但因存在於兩性間生理上的差異亦是一種無法改變的事實，故在作生涯規劃時亦需考慮。一般而言，男性從事體力性的工作，女性從事較不費體力的工作，在我國勞動基準法（民國85年12月27日總統令修正公布）亦對女工有如下之規定：對工作時間的限制（第49條）、對妊娠、分娩、哺乳時的工作規定（第50、51、52條）。生兒育女具有傳宗接代、和樂家庭的功能，夫妻在此一神聖任務之下，個人應扮演何種角色，以及如何取得協調，亦是生涯規劃所應考慮的項目，如此的規劃才是圓滿的。

## (二) 心理特質

心理特質對個人生涯發展有相當大的影響，Wood（1990）就曾將個人內在世界與工作世界的關係畫出圖9.1（引自朱湘吉，2001），闡述心理特質與工作世界的關係。說明如下：

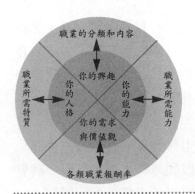

內圈代表個人的內在世界
外圈代表工作世界

表9.1 生涯選擇的要求
資料來源：Wood（1990）；引自朱湘吉，（2001）

1. 性向：亦即潛在能力，選擇自己有能力的工作，不但做得快，而且做得好；相反地，若選擇自己沒有能力的工作，雖然比別人更努力做，但其成果未必比別人表現好。

2. 興趣：選擇喜歡做的工作，樂此不疲，工作時感到愉快；若是所做工作不符合自己的興趣，感到厭煩，無奈，視工作為畏途。

3. 需求：選擇符合自己需求的工作，動機強，企圖心大；相反地，若選擇不符合自己需求的工作，則缺乏工作動機，混混日子。

4. 人格：前面特質因素論已述及；人格與生涯選擇有相當的關係，違反了這層關係，不但做起來枯燥乏味，且影響成果。

5. 價值觀：個人的價值觀影響自己規劃未來的態度。陳英豪等（1988）即修訂工作價值觀量表乙份，提出利他主義、美的追求、創意的尋求、智性的激發、獨立性、成就感、聲望、管理的權力、經濟報酬、安全感、工作環境、與上司的關係、與同事的關係、變異性和生活方式的選擇，共十五項工作價值觀；吳鐵雄等（1996）在所編製的工作價值觀量表則分為七類，包括：自我成長取向、自我實現取向、尊嚴取向、社會互動取向、組織安全與經濟取向、安全與免於焦慮取向、休閒健康與交通取向；美國心理學家洛特克（Milton Rokeach）則提出十三種人類的價值觀，分別為：成就感、美感的追求、挑戰、健康、收入與財富、獨立性、愛、家庭和人際關係、道德感、歡樂、權力、安全感、自我成長、協助他人（引自洪鳳儀，2000），如此可檢驗個人工作之目的或價值在那裡。

## （三）教育程度

由於從事各種工作均需特殊的工作知識與技能，而教育與訓練則是獲得這些知識及技能之主要途徑，所以教育與訓練是生涯的準備，而就業則是教育與訓練的目的。因此，一個人所願意接受的教育程度以及所接受的訓練種類，均會影響其生涯的選擇（楊朝祥，1990）。林幸台（1991）引自國外資料，將八種職業組群，由高學歷至低學歷分爲專業及管理至非技術之六種層次，詳列各種不同層次所可能的工作，以服務業爲例：

1. 專業及管理（高級）：社會科學家、心理治療師、社會工作督導。
2. 專業及管理（一般）：社會行政人員、典獄長、社工人員。
3. 半專業及管理：社會福利人員、護士、巡官。
4. 技術：士官長、廚師、領班、警察。
5. 半技術：司機、廚夫、消防員。
6. 非技術：清潔工人、守衛、侍者。

## （四）工作經驗

工作經驗愈多，愈有利生涯發展，亦即在生涯發展過程中較順暢，如無工作經驗時，則往往需要一段時日的磨練。基於此，許多學校之科系，均有實習或建教合作的安排，即幫助學生取得工作經驗。

# 二、家庭因素

個人遺傳父母資質，自幼在家庭中成長，接受教育，是故家

庭因素影響個人生涯發展甚鉅，說明如下：

## （一）父母資質

父母資質較高者，透過遺傳，子女必得到好的資質，有利生涯發展，反之則否。

## （二）父母教育程度

父母教育程度高者，較能提供好的家庭教育，有利生涯發展，反之則否。

## （三）父母職業

有些父母之職業（例如，教師），較能好好照顧子女，有利生涯發展；但有些父母之職業（例如，工廠三班制之工人、醫院三班制之護士），較無法好好照顧子女，不利生涯發展。

## （四）家庭經濟

家庭經濟好的，較能提供子女有利的成長及學習環境，有助於子女的生涯發展，反之則否。

# 三、學校因素

個人自幼稚園開始接受學校式的啟蒙教育，而後至小學、國中、高中、大學，生涯發展知識及技能的獲得，大都來自學校教育，可見學校教育之重要性，學校教育對個人生涯發展的影響至少有下列幾點：

## （一）教師的教學態度、方式

將促使學生是否獲得學習成就，以便將來至社會有所用身之處。

## （二）學校的設備

將可輔助教師的教學內容，提高學生的學習成效，以利學生未來之自我實現。

## （三）教學內容

教材是否合適？是否有助於職業生活？甚至於人格的陶冶，正確觀念的灌輸，品行的導正等，均是未來個人成敗的關鍵。

## （四）生涯輔導

生涯輔導愈早實施愈好，個人就讀學校之老師若能正確的為學生提供生涯輔導，才不至於讓學生在嘗試錯誤中學習，有利於個人生涯選擇，反之則否。

# 四、社會因素

個人在家庭環境中成長，亦在社會環境中成長，所以社會因素對個人生涯發展亦不容忽視。可分下列幾點來探討：

## （一）價值觀

「萬般皆下品，惟有讀書高」、「文憑主義」、「功利主義」、「笑貧不笑娼」等，均顯示社會的價值觀，個人既生活在此社會，耳濡目染，自然受其薰陶，進而影響生涯抉擇。

## （二）工作機會

工作機會愈多，愈有利於個人作生涯選擇，若缺少工作機會，自然限制個人的發展。

## （三）社會資源

社會資源包括：學校、圖書館、職業訓練機構、職業介紹所等，社會資源愈多，個人能有效的加以利用，自然有利於生涯發

展，反之則不然。

## （四）社會經濟

在一個富裕的社會，必能提供更多的社會資源給民眾享用，民眾自然得到，有助於生涯發展，反之則否。

# 生涯規劃的程序

生涯規劃時，要一下子對人生全程提出完整的計畫，恐非易事，亦不切實際，因此可以將之階段化，一步一步進行，更容易達成目標，階段化可分為：

## 一、短程計畫

針對自我發展、社會化情形、心理特質、生理特質以及家庭教育、學校教育等，根據前述具體化目標提出一個短程計畫，這個短程計畫的時間可能是一年、二年或三、五年，因人因事因狀況而有不同。例如，對一位大學二年級的學生，他的短程計畫可能就是到大四畢業這兩三年的時間，亦即他要規劃如何大學畢業，而且在學時間他要選修那些課程、要參加那些社團、在那裡實習等；此外，對於想考預官的男同學，他該如何計畫準備的方向；對於想考研究所的同學，他該如何準備；對於想出國留學的人，他該如何加強語文以及選擇學校；對於想考高普考試的同學，又該如何應付；至於畢業後想就業的同學，亦需計畫蒐集就業市場的資料，除了學校所修的課程外，是否應該加強某些能力，例如，英日語會話、英日語書信、電腦、打字、美工設計、廣告企劃、行銷業務等，以利將來更順利的投入就業市場。

## 二、中程計畫

中程計畫大致是從短程計畫結束之後起的三至五年之間，中程計畫因距離現在還有一段時間，所以不需作精密的細節，只需概括性的想法就可以，甚至也可考慮多種選擇途徑，因為仍需配合短程計畫實施的狀況而定。例如，對一位大二的學生而言，中程計畫可考慮當兵（男生）時的計畫，對準備就業的同學可考慮職業探索，在三、五年內從事不同的工作試試看，對準備唸研究所的同學亦可考慮研究的方向等；當然，對大多數的同學似可考慮在畢業後的幾年完成終身大事。

## 三、長程計畫

長程計畫大約指十年以後的計畫，吾人可根據個人之人生目標作粗略的構想，距離現在甚遠，且人的思想、觀念以及以後的際遇仍有許多未知數，故不必作細節規劃。

值得一提的是：當一個人的短程目標已依計畫達成時，並非他就沒有短程目標了，此時他的中程目標可再重行調整，把一部分較迫切的計畫作為短程目標。例如，前述大二的學生可能把畢業後的三、五年當作中程計畫的內容，如果這位大二的學生在大學畢業之後，短程計畫已完成，此時得重新規劃短程計畫，在他畢業之前的三個月或六個月開始思考畢業後的問題，例如，他計畫在兩年內求得工作上的穩定進展，三年後結婚，存錢買房子等等。

# 生涯發展的危機與突破

　　個人在生涯發展過程中，由於本身內在的因素，或外在環境的因素，均可能對個人造成一些危機，以至於影響前程規劃，但吾人若能有效加以突破，勢必這種影響會達到最少，甚至更能培養個人解決問題的能力，因此，面對這些危機或困境，吾人必須好好地面對，才能完成生涯目標。

## 一、生涯發展的危機

　　俞筱鈞（1984）在其所翻譯的《適應心理學》一書中提及在人類發展上會有一些重大事故或意外事件會影響人類發展。重大事故包括：傳染性疾病、瘟疫；戰爭；大屠殺；移民、遷居；政治波動、改變；經濟不景氣。意外事件則包括：嚴重傷害或疾病；學業失敗或成就；恩師良友；創業機會；離婚、分居；中獎券。

　　米開羅基（Michelozzi, 1988）提及影響生涯發展的內在及外在障礙。內在障礙包括：恐懼不安、缺乏信心、缺少自覺、自視甚低、態度消極、缺少技能。外在障礙則包括：政局不安、市場趨勢不明、經濟衰頹、社會紊亂、刻板印象、體能要求。

　　綜合以上兩位學者所述，筆者歸納生涯發展的危機說明如下：

### （一）個人危機

　　1.身體健康：當個人身體健康出現問題時，可能警告個人要
　　　住院一段時間、多休息、不可工作過勞、減少某些食物的

攝取、多運動、改變生活習慣等，如此可能造成個人生涯發展的減緩、改變，甚至於停止。

2. 心理健康：當個人心理健康有障礙時，可能造成生涯危機，個人心理障礙，例如，恐懼、不安、缺乏自信、缺乏成就動機、消極等。

3. 學業失敗：例如，考試不及格、被退學、延長畢業時限、參加升學考試落榜等，都是人生的一些挫折，亦會影響生涯發展。

4. 缺少一技之長：缺少一技之長勢必難以找到工作，進而影響生涯發展。

## （二）家庭危機

1. 移民、遷居：個人家庭在國內遷居，多多少少會影響生涯進展，如果移民到國外去，那影響就更深遠了，至少必須有一段適應期。

2. 婚姻不和諧：由較輕微的婚姻關係不和諧，乃至於分居、離婚，對當事者都是一個很大的打擊，自然影響到生涯的進展。

## （三）社會危機

1. 經濟不景氣：經濟不景氣可能造成物價波動，收入減少等不良後果，可能會影響個人收支之平衡，對生涯發展亦有不利的後果。

2. 不當交友：交友不慎可能造成身敗名裂，或金錢上的損失，形成生涯危機。

## （四）政治危機

政治危機輕則政情不穩定，重則發生政變，甚至於戰爭，這些對個人生涯發展都有或多或少的影響。

## 二、生涯危機的突破

本單元述及生涯危機的突破，亦偏向於個人的部分，至於社會、政治上的問題往往非個人能力所能及，不在討論之列，生涯危機的突破提出下列幾點參考意見：

### （一）工作觀念的改變

許多人認為工作就是為了賺錢，這種工作觀念太狹窄了，事實上工作除了賺錢以外，還可以結交朋友，表現自己的能力獲得肯定，而且還有歸屬感──覺得自己歸屬於自己的工作單位。

### （二）排除心理障礙

設法排除自己心理的障礙（例如，恐懼、不安、自卑、缺乏自信等），必要時也可請朋友、家人或心理輔導人員協助，做個心理健康的人，必有利於生涯發展。

### （三）良朋益友

結交一些良朋益友，就消極面而言，可以相互扶持，解決難題，共度難關；就積極面而言，可以攜手合作，共創未來。

### （四）時時檢討

生涯規劃時，可能有不周之處，或可能遇到其他人為不可抗拒之變數，故在生涯發展中，必須時時檢討，修正方向，必能成功。

## （五）鞭策自己

好逸惡勞是人的天性，但也因而怠忽前程，故吾人必須時時鞭策自己，以免妨礙進度，確實掌握時效，完成目標。

## （六）掌握資訊

在工商業社會中，各種資訊變化迅速，為讓個人確實與時代同步成長，就要隨時掌握資訊，因應新時代、新潮流、不致被社會所淘汰。

## （七）時間管理

時間的浪費及濫用是現代人的毛病，許多人常感空虛、寂寞；或三五好友，閒談終日，言不及義，這都是浪費時間的寫照，是故吾人應做好時間管理，確實掌握生涯進程。

## （八）有效溝通

溝通要能讓人瞭解、讓人接受、產生預期的反應，要瞭解別人（陳如山，1992），如此必能產生有利自己的生涯發展條件。

## （九）鍛鍊身體

身體健康是生涯發展成功的根本，是故吾人必須鍛鍊身體，注意健康。

## （十）精研專業與技能

對自己所學專業或技能，必須時時加以鑽研與練習，如此才不至於退化。

## （十一）培養挫折容忍力

身為現代人，必須面對無數的挫折，培養挫折容忍力將有助於吾人度過難關，重新再出發。

## （十二）開闊胸襟

不要為小事斤斤計較，要開闊胸襟，心懷大志，必能成大功、立大業。

## 參考書目

## 中文部分

朱湘吉（1992），《生涯規劃與發展》（第二章）。台北：國立空中大學。

朱湘吉（2001），《生涯規劃與發展》。台北：國立空中大學。

吳芝儀（1999），《生涯發展的理論與實務》。台北：揚智。

吳芝儀（2001），《生涯輔導與諮商》。台北：揚智。

吳鐵雄、李坤崇、劉佑星、歐慧敏（1996），《工作價值觀量表指導手冊》。台北：行政院青年輔導委員會。

林幸台（1991）。《生計輔導的理論與實施》。台北：五南。

金樹人（1991），《生計發展與輔導》（三版）。台北：天馬。

俞筱鈞（1984），《適應心理學》。台北：中國文化大學出版部。

洪鳳儀（2000），《生涯規劃》。台北：揚智。

陳如山（1992），《生涯規劃與發展》（第十、十一章）頁256-262，頁333-334。台北：國立空中大學印行。

陳英豪等（1988）《工作價值觀量表指導手冊》頁5-6。台北：行政院青年輔導委員會。

黃德祥（1983），荷倫德的職業抉擇理論，《中國論壇》16（1）61-62。

楊朝祥（1990），《生計輔導—終生的輔導歷程》（三版）。台北：
　　行政院青輔會。

謝高橋（1988），《社會學》。台北：巨流。

瞿海源（1983），臺灣山地鄉的社會經濟地位與人口，《中國社會
　　學刊》7，157-175。

## 英文部分

Erikson, E. H. (1963). *Childhood and society* (2nd ed.). New York:
　　Norton.

Gysbers, N. C., & Moore, E. J. (1981). Improving guidance
　　programs. *Englewood Cliffs*, NJ: Prentice－Hall.

Hall, T. D. (1976). *Career in organizations*. CA: Goodyear Publishing
　　Co.

McDaniel, C. (1978). The practice of career guidance and counseling.
　　*INFORM*, 7, 1-2, 7-8.

Michelozzi, B. N. (1988). *Coming alive from nine to five - The career
　　search handbook* (3rd.). CA: Mayfield Publishing Company.

Super, D. E. (1976). *Career education and the meaning of work.
　　Monographs on career education*. Washington, DC: The Office
　　of Career Education, U. S. Office of Education.

Super, D. E. (1984). Career and life development. In D. Brown, L.
　　Brooks, Associates (eds), *Career choice and development*. San
　　Francisco, CA: Jossey-Bass.

Wood, G. (1990). *Career planning manual*. Minnesota: University of
　　Minnesota.

# 第10章
## 如何增進問題解決能力

作者：胡慧嫈

什麼是問題？為什麼會有問題？

我們能夠解決問題嗎？

什麼是解決問題的能力？

有沒有增進問題解決能力的方法？——增進問題解決能力的練習架構

參考書目

杉菜和道明寺兩人約會，卻因故被鎖在大樓的樓梯間。當務之急，就是必須想辦法離開：

方法一：大聲拍打樓梯間的安全門，設法吸引樓層的工作人員來開門。

方法二：逐層樓找出未上鎖的安全門，這樣一來就可以脫困。

方法三：等待有人不經意地打開安全門好得以脫困。

方法四：利用道明寺的手機，打電話給友人，請他來「解救」他們。

　　這是最近造成一股偶像劇風潮的「流星花園」電視劇裡的情節。故事藉由這一段劇情，作為男女主角情感轉折的一個關鍵點。也或許當你在欣賞這段情節時，會哈哈地捧腹大笑。但是，回想起來，如果今天你是劇中的主角，請問你會選擇上述的哪一種方式脫困？你會優先採用哪一種方法？你認為哪一種方法能夠最快速地達成效果？你認為這四種方法，哪一個是好方法？

　　讓我們來看看在劇情當中，男女主角採用了什麼樣的優先順序，並且獲得何種執行效果：

| 嘗試順序 | 方法 | 執行情形 | 結果 |
|---|---|---|---|
| 1 | 方法一 | 道明寺覺得這麼做很丟臉，有損自己堂堂大少爺的尊嚴，而且之前惡行惡狀地要服務生不要管他們的事，因此，即使呼救也不會有人來 | 放棄嘗試該方法 |
| 2 | 方法二 | 從上到下，再由下到上，杉菜和道明寺發現每一層樓的安全門都被鎖住了，白白花了許多力氣在做爬樓梯運動。 | 失敗 |
| 3 | 方法四 | 因為手機開機時間太久，以致電力不足無法使用 | 失敗 |
| 4 | 方法三 | 無奈之下，只好如此 | 等到隔天早上，工作人員清掃樓梯間時，才得以脫困 |

你喜歡杉菜和道明寺的處理方式嗎？或者你還會有更高明的方法呢？你會在第一時間就選擇使用手機求救嗎？為什麼？如果使用手機不是你的最愛？那麼你會如何讓自己在最逼不得已的情形下，還保有使用手機（具備電力功能時）的最後機會，而不會發生像電視劇裡，手機電力不足，導致無法立即脫困的的情形。

　　在你的生活周遭裡，有沒有哪些事情，現在回想起來，就覺得如果剛開始怎麼辦就好了？或者你發現有些人在面對一些棘手的處境時，能夠從容不迫，甚至在不同的程度上，還能圓滿地完成任務？他們又是怎麼辦到的？難道是因為他們天資真的比較聰明？反應比較快嗎？且得先讓我說一個多年前，我一個親戚的真實故事。

　　麗香大學畢業之後在台北工作。過舊曆年前，她提醒自己，一定要先買好台汽客運的車票好返回南部過年，無奈一直抽不出空來。這一天剛好在台北車站附近辦事情，她於是興沖沖地跑去買車票。正在排隊等候買票時，她發現一件令人焦慮和沮喪的事情，她身上帶的錢不夠買一張車票，於是她開始在自己的衣服口袋裡，提袋的夾層裡，看看有沒有可以湊足款項的零錢，皇天不付苦心人，看起來情形似乎有轉機了。正當她開始覺得心安時，她發現，手上所有的金額湊一湊之後，還短少票價一塊錢。前面剩下五個人就輪到她買票了，最近的提款機還必須再走15到20分鐘，她覺得不論如何，現在離開隊伍真的心有不甘。

　　請問你，此時你會如何處理？你會選擇離開買票隊伍，認命地來回走個30～40分鐘去領錢回來重新排隊？還是放棄今天的購票機會，下次再來買票？或者，你還有其他的辦法？例如，請售票員通融？（不過，成功機會可能很渺茫，而且大多數的人會覺

得很丟臉而不敢試）。想知道當天麗香最後有沒有買到票嗎？答案是有的。那麼她是怎麼買到的？你會想擁有類似麗香這樣可以解決當下迫切需要的能力嗎？或者我們應該說，你會希望自己解決某些生活困擾的能力可以再好一些嗎？這種能力需不需要特別的訓練？還是只能被少數人擁有？我們將在下面分別就人為什麼會有問題？什麼是問題解決能力？以及如何學習增進此種能力，分別做說明。

## 什麼是問題？為什麼會有問題？

什麼叫做問題？這可以從兩方面來看。首先，對於麗香來說，這種處在讓自己困擾、為難、進退兩難卻又不知道應該怎麼處理的狀況，就是問題。對於具有不同能力的人來說，每個人對狀況處理的能力不同，對問題的認定與處理的效果也就會有不同。例如，上面提到的杉菜與道明寺，如果他們在第一時間選擇的是打行動電話求援，那麼被困樓梯間的問題或許可以很快地獲得解決。但是若選擇等待（不論是自己選擇或是被迫選擇），則問題最後還是可以獲得解決，只是在時間掌握度上就無法很準確。

其次，問題持續存在，則可能會使得原本的情形產生不確定性的變化。例如，杉菜和道明寺若能立即脫困，顯然被鎖在樓梯間是一個小問題。但是如果被困一夜，又無人知道他們在哪裡，小問題可能就變成大問題了──又累（上上下下爬了十二層樓的樓梯），又渴又餓（原本想去喝熱茶吃點心的），病情加重（道明寺在發高燒），還被人拍照誤會他們在賓館（該棟大樓是飯店）共度一夜。另一方面，問題也可能使原有的不良處境獲得較好的轉機。例如，男女主角，因為必須共同處理這種尷尬的處境，使得

兩人必須合作，改變過去存在的對立關係。所以，問題使我們面臨一種危機，卻也使我們獲得一種轉機。

那麼，問題是如何產生的？其實不同的學派對於問題為什麼會產生，也有著不同的詮釋方向。例如，在社會工作裡，有三個派別的理論在分析人為什麼會遭遇問題的看法就顯得各異其趣：

## 一、因為人願意面對事情的意願低落，才會產生問題

首先是功能派（functional approach），功能派的學者認為人之所以會遭遇問題，是因為人沒有意願去解決它。功能派主張人是自己的創造者，人的意願（will）是非常重要的，這是人成長的本質。問題的存在是由於人的意願不強所致。上述麗香的例子裡，如果不是她非常堅持今天這麼好的時機（前面只剩下五個人，而且有機會買到自己理想時段的車票），「我一定要買到票！」，你想，今天的結局是什麼？麗香因為這個要買到票的念頭非常強烈，使得她在態度上會想盡辦法克服那些買不到票的阻礙。因此，功能派強調人面對情形或者事件的意願，才是最重要的。

## 二、問題的產生肇因於人對與環境之間的關係不佳

心理暨社會學派（psychcosocial approach）則認為人之所以會產生問題，歸根究底，並不在於人的意願，而是因為人與環境之間的互動不良所致。特別是在心理暨社會學派強調「人在情境中」的概念，所以在早期學派的發展上，比較傾向於去評析個人在環境當中的適應情形。當人適應不良時，自然就會有許多的問

題可能產生。特別是我們的表現行為或態度與社會的規範、期望有所差距時，也會變成一種問題。例如，我們會稱那些自願從事性交易的未成年少女是問題少女，但是他們自己卻未必會這麼認為，甚至認為別人才有問題的。或者學生因為在學校裡沒有得到課業上的成就感，上課時出現打瞌睡，甚至出現翹課、逃學的行為，就是一個學生（人）與學校（環境）互動不良所導致的結果。

## 三、人生本來就是一連串問題解決的過程

　　相較於前面兩種將問題的產生歸究在個人因素上（意願，或是與環境的互動不良），問題解決派（problem-solving approach）對於為什麼產生問題的看法就顯得正面多了。它認為人有問題是正常的，人在不同的成長階段裡，為了盡責扮演新角色，都要學習新的能力，好去完成新階段的任務。因為這些新角色或者新任務所需要的能力，是在過去的學習經驗裡沒有學習過或經驗到的。所以人會有問題——即過去的學習經驗和能力無法解決的事情，是很理所當然的。例如，結婚之後，扮演丈夫或者太太的角色，就與談戀愛時男女朋友的角色不同。如果一個人說他自己沒有遭遇過問題，對問題解決派來說，真的是一件奇怪的事情。

　　整理上述三個派別對於產生問題的詮釋之後，大體上，我們可以將問題之所以產生的原因歸納成下列幾項：

（一）問題本來就存在。但會因為人在不同的階段，處在不同的角色上，需要履行不同義務或完成不同的任務，使得每個人的問題不盡相同。

（二）人和環境之間的相處關係不良與問題的產生有很大的關

聯性。尤其是環境的期待與個人表現不符時,更為明
顯。

(三)當人對一些狀況的處理意願不高,或者顧慮,或是害怕
一些因素時,會產生問題,甚至會使得問題更加複雜
化。

我們可以舉下面的例子來做思考:

丞琳是一個大學二年級的學生,過完今年暑假就要升上三年
級了。丞琳計畫暑假期間找機會擔任志工。透過阿姨的介
紹,丞琳在阿姨工作的機構——一個針對青少年提供服務的
基金會裡擔任暑期志工,說好期限是六個禮拜。
剛開始的第一個禮拜,丞琳覺得自己和基金會裡的專職工作
人員一樣重要:要幫忙機構內的打雜工作,例如,影印、摺
疊宣傳海報、接電話、辦理報名登記等,也要扮演青少年營
隊裡的工作人員,舉凡器材管理,維持活動秩序,聯繫活動
過程當中所需要的各項事物,甚至要代表基金會和其他單位
協商,租借場地。基金會的暑期活動是一個梯次接著一個梯
次推出的,所以,丞琳要不斷地幫機構策劃出新梯次的營隊
計畫,以便後續活動的進行。仗著過去在社團的參與經驗,
她都還能勝任這些基金會的工作。只是業務量(活動方案)
非常龐雜,時間的急迫性又高,相比之下,工作人員明顯地
嚴重不足,一些工作人員受不了如此繁忙的工作量,也就陸
續離開了基金會,所以大家變得比平常更常加班工作。
第一個禮拜過去了,丞琳覺得很疲累,想想有點兒誤上賊船
的感覺,但也因為許多活動策劃與參與的經驗非常難得,加
上基金會的工作人員也都對她的表現持肯定的態度,又考量
是阿姨介紹的,於是就勉勵自己將這些工作當作是一種磨

練。到了第二個禮拜，丞琳卻發覺越來越不對勁了，基金會交辦的一些工作必須要兩三天才能完成，事情卻又在不同的時間裡一件接著一件下來，每件事情看起來都很緊急，往往讓她不知道該如何取捨優先順序，每個人真的都很忙，她不知道應不應該拒絕，更擔心會因為自己的工作情形耽誤基金會的運作。一個禮拜七天，天天到基金會不說，晚上都還要到八、九點才能暫告一個段落回家。工作人員尚且可以依照制度排休假，但是志工呢？

丞琳不能理解，雖然大家都很忙，但是為什麼阿姨或是組長總忙得一付很帶勁兒的樣子，而且還不斷地想去拓展新的服務工作範圍？其他的一些人卻又一付已經快撐不下去，很想棄械投降的感覺。丞琳承認自己還想繼續待下來參與基金會的活動，但是她很想跟直接指導她的組長說，可不可以不要交派她做那麼多事，雖然這些工作，每一件單獨來看她都有能力做。她也很想一個禮拜有一兩天可以在家休息，但是又怕別人說她想當大小姐，使喚不動，一點兒都沒有志工的熱忱；或是不再交付一些她感興趣的工作，喪失掉許多學習的機會，這也有違當初到機構擔任義工的初衷；再不然可能也會讓阿姨覺得很沒面子——介紹一個怕辛苦、甚至愛計較的志工；她也怕當自己提出工作少一點的要求時，會接觸到基金會工作人員失望的眼神。如果隨便找個理由搪塞，不再去基金會幫忙，丞琳自己也沒辦法接受，更何況許多學校的活動還是她去洽談的，做一半就跑掉，實在有些不負責任，但是，難道她要這樣再忍受四個禮拜的煎熬嗎？

你認為丞琳的問題是什麼？這個問題是怎麼發生的？從上面的幾個特點來看待丞琳的問題，我們可以有幾個有趣的發現：

（一）丞琳的問題是開始於去擔任暑期志工這件事情。這表示
　　　問題的產生，確實有可能會因為我們在扮演不同的角色
　　　而產生——人會因為角色的扮演，遭遇過去沒有經驗過
　　　的新問題。

（二）表面上看來，丞琳很受基金會器重，但是丞琳在基金會
　　　裡卻待得非常不愉快她有一種進退維谷的矛盾心情，甚
　　　至也有放棄的念頭，顯然地她和基因會的互動方式並不
　　　理想。這也是丞琳會產生問題的最大根源——人與環境
　　　之間互動不良，會產生問題。

（三）丞琳很想做一些工作上的調整，但是卻有一些顧忌，這
　　　些顧忌導致她猶豫開口提出改善要求——人的意願如
　　　何，將決定問題存在與否。當然，從消極的方向思考
　　　時，丞琳提出要求之後的結果未必就一定可以獲得改
　　　善，但是如果不提，則情況則永遠沒有改善的機會。但
　　　向組長提出問題，則是改善問題的第一契機。

　　可見得問題之所以會存在，其實也是一種複雜的過程。不妨
嘗試選一個你自己的問題來，使用上面的方式分析看看，看看到
底是哪些因素造成你的困擾的。

## 我們能夠解決問題嗎？

　　當你看到丞琳的情形時，可能你心裡會想，丞琳真是活該，
早知道就不要去做志工就好了。但是如果沒有發生這些問題，其
實就永遠沒有機會去學習如何去解決難題。我們也就沒有機會去
瞭解自己的能力極限到哪裡。另一方面，如果你是丞琳，你會怎

麼處理？為什麼？怎麼做會比較圓滿？這種想說又很猶豫的情形，你曾經遭遇過嗎？你覺得丞琳不敢和組長協商的顧慮，有沒有道理？要不要去和組長談？怎麼談才會有效果？你認為丞琳現在的情形，有沒有辦法改變呢？我們真的能夠解決這個問題嗎？

回到前面三個派別的說法，我們可以發現，三個派別都對人是否能夠解決問題抱持著客觀的看法：

一、功能派認為人之所以會產生問題是因為意願因素，換言之只要人的意願（will）夠強，則可克服一切的難題，改變處於劣勢的困境。

二、心理暨社會學派則主張只要人可以試著去學習環境的「遊戲規則」——規範、原則等，和環境的相處關係獲得改善，必定能夠解決問題，甚至問題會消失。

三、問題解決派指陳只要能夠有足夠的動機、有足夠的能力和機會，問題自然可以獲得解決。

這意味著人是可以解決問題的，關鍵則在於解決問題的能力。

## 什麼是解決問題的能力？

所謂問題解決能力，就是能使問題獲得適當處理的能力。問題解決的能力包含三個基本要素，意願（will）、對環境變動的洞察力和掌握度（對於自己和環境互動關係的瞭解），以及使用環境資源（機會）的主動性。在此舉一個多年前曾經在書上看過的一則小故事，來說明意願、對環境變動的洞察力和掌握度、使用機會的主動性三者之間的情形。

漢克（即文章作者）在自己八歲大時喜歡模仿大人學做木工。一天，他想將一塊掉下來的木板釘回原來的小板凳上，但是他釘了許久都釘不好，因為釘子不是釘歪了，就是無法釘在適當的定點上──這應該是八歲的小孩會出現的現象。正當他因滿腹挫折而來的怒火無處發洩，幾乎要放棄的時候，他的父親問他是否已經盡力去釘椅子了？他回答父親說，自己已經盡力去做這件事情，但是椅子就是沒辦法釘好。他的父親是這樣告訴他的，「你只是很努力，但是卻沒有盡力。因為我一直站在你身邊，但是你卻沒有問我是否願意幫你的忙」。

我們來看看漢克的問題解決能力是否出現了什麼樣的狀況：第一，解決問題是要有意願的，作者確實有意願處理小板凳損害的情形。第二，解決問題是要能對環境有所洞察力和掌握力，作者努力地運用自己知道的方式去解決這個修理椅子的問題，但是他卻忽略了環境當中是否還存在著可以幫助自己解決難題的資源，例如，父親這個資源可以讓自己解決問題的能力提昇。第三，則是為了解決問題使用環境資源的主動性，即便作者知道父親就在身邊，但是他不開口，不主動提出請求，並不能使資源發揮功效。我們可以想像的到，椅子當然是沒有辦法修好的。對照到我們的生活周遭，相信你也可以瞭解，為什麼有的人看起來並不是很聰明，或者真的很有才幹，但是為什麼他卻常常可以輕鬆地完成一些困難的工作，這極可能是因為他的問題解決能力比較好。

## 有沒有增進問題解決能力的方法？——增進問題解決能力的練習架構

　　事實上，解決問題的能力要如何培養，是一個很難回答的問題。看過前面的幾個例子之後，或許你會產生一個疑問：看起來許多事情的解決與否往往是能夠當下靈機一動，可能就是我們常說的，那些頭腦清楚、反應快的人具備比較強的問題解決能力。但是，如果我不是一個反應快的人，那麼有可能學得來？培養得出來嗎？

　　倘若你真的這麼想，那麼回想一下我們所說的解決問題能力的三個要素，很顯然地，想要培養問題解決能力的意願（或者動機）似乎是不夠強的，也就是說，很有可能我們的動機會使得自己問題解決能力很難被培養出來。但是如果我們學習的意願很強烈，功能派的學者會為我們鼓掌叫好，因為我們已經成功了。依據Priestley、McGuire、Flegg、Hemsley和Welham在一九七八年所寫的*Social Skills and Personal Problem Solving*書裡就主張，人的問題解決能力是可以經由學習而獲得，而且可以真的成為個人的一部分，就好像學會游泳、騎腳踏車一般，學會了就不容易忘記（Priestley, McGuire, Flegg, Hemsley & Welham, 1978）。他們還提出一個簡單的學習架構，告訴人們如何經由問題的解決過程，培養問題解決的能力。

　　經過一些考量，我們將這個可以幫助你我增進問題解決能力的練習架構稍稍做了一些改變，並在下面做介紹。我們姑且將之稱為學習的矩陣。（見圖10.1）。

　　這個學習矩陣可以分為兩個部分來做說明：

| | 預估 | 設定目標 | 學習程序 | 評量 |
|---|---|---|---|---|
| 資訊／瞭解 | | | | |
| 態度／感受 | | | | |
| 技巧／做 | | | | |

圖10.1 培養問題解決能力的學習矩陣

# 一、問題解決的三個部分

我們可以將問題解決分為三個部分,即資訊——瞭解的要素;態度——即感受的要素;技巧——即做的要素。以找工作為例,則我們需要瞭解工作市場的需求與條件——資訊,想要工作的動機——感受,撰寫好的應徵信函、好的電話應徵技巧和好的面談表現——技巧。

# 二、問題解決的四個步驟

其次,在解決問題上,則可以分為四個步驟。下面我們將先簡單介紹這四個步驟,最後再舉例說明。

## (一) 預估

預估的目的是讓人可以儘量地仔細界定與說明個人問題。透過問題澄清的過程,也要讓當事者分析歸納自己的優缺點,由此

去創造出解決的方式。同時也要想辦法去蒐集下一個階段可能需要的資料。這個步驟看似簡單，但其實不然。如果希望能夠蒐集較多，較完整對解決問題有幫助的訊息，那麼，除了去看許多書面的資料外，還不妨去向有經驗的人請教。透過經驗分享，會刺激自己對問題有更多的想法，讓自己的預估更客觀。

## (二) 設定目標

設定目標是一個具有鼓舞作用的行動。因為設定個人目標能提供學習階段的進行模式與旨趣，有機會讓人在此學習期間裡觀察自己的進展，或許還能趁機達成個人的某些目標。想要設定一個有實用價值的個人目標時，得先回答幾個基本的問題，例如：

1. 具體的行為過程有哪些？該做什麼？
2. 何時該完成？
3. 誰執行？單獨或由團體執行？
4. 需要什麼協助或資源？
5. 我如何判斷這個問題解決行動是失敗還是成功？
6. 為什麼是這個目標，而非另外的目標？可否再將這個目標細分幾個小目標？

當然，有時候，這些問題並不好回答，我們可以嘗試著儘量去回答上述的問題，這是為了幫助我們儘量將目標具體化的方式。而具體化的動作則是為了讓我們更清楚地知道自己要努力些什麼？

## (三) 學習：方法與程序

所有在社會上的學習，必然涉及「瞭解」、「感受」和「做」三方面的學習與改變。因此，我們在培養問題解決的能力上自然需要：

1.學習許多蒐集或瞭解資訊的新方法。

2.對於情緒、感受的掌握與控制，也就是學習有好的EQ（情緒智商）的方法。

3.學習有關的行動或技巧，例如，溝通的技巧就是一種。

## （四）評量

好的學習關鍵在於學習者對自己的學習表現瞭解多少。所以，在任何一次的問題解決學習的最終，我們都應當評量自己的表現成果。如同預估的步驟，不僅要能找出不理想的部分，同時也要能夠指出好的部分。以供下次的學習表現做參考。

我們以丞琳的問題為例，在表10.1中稍稍示範運用這個架構，便會看到一些解決的情形。

這個練習的架構，其實需要不斷地練習，也就是說，想培養問題解決的能力並不是一兩天就可以見到效果的。當我們可以在這個學習矩陣裡，填寫出更多的資料，並且確實在真實的生活當中執行時，就表示我們對問題的組織分析能力在提昇了，當我們對問題越能分析透徹，對自己的情況掌握得越清楚時，解決問題的能力也就能適度增強。希望我們都能持續培養更好的問題解決能力。

表10.1 增進問題解決能力的學習矩陣（案例說明）

| | 預估 | 設定目標 | 學習程序 | 評量 |
|---|---|---|---|---|
| 資訊／瞭解 | ・志工不等於基金會裡專職的工作人員<br>・志願服務是指當人行有餘力時，可以貢獻自己所長、時間或體力來協助人的服務<br>・我在機構裡的身分是志工 | 讓基金會能夠降低給我的工作量，並且每個禮拜休息兩天 | ・到圖書館蒐集志願服務的資訊，志工在福利機構當中的角色與定位<br>・打聽一下朋友在其他地方擔任志工的工作情形 | 能夠清楚地界定哪些工作是志工應當可以協助的，哪些工作則不應該介入 |
| 態度／感受 | ・我希望能夠從事自己有興趣的志願服務<br>・當工作量過大時，我會覺得焦慮和沮喪<br>・當別人將超過我的角色應當做的工作交派給我時，我會覺得生氣<br>・當別人讚美我時，即使我知道那可能是一種希望我做更多事情的圈套，我還是會覺得非常快樂<br>・我希望獲得別人的肯定和讚賞<br>・我不敢拒絕別人，因為我想做好人 | | ・澄清自己情緒感受的技巧<br>・激勵自己的方法<br>・釐清別人的態度對自己產生何種影響<br>・學習接納自己的多種面貌—接受自己的優點，也承認自己會有虛榮感，想要獲得別人稱讚的時候 | ・我可以不害怕別人投給我的失望或乞求的眼神<br>・我可以克服因為工作量所帶來的沮喪感受<br>・我可以不害怕拒絕別人給我的過多工作<br>・即使拒絕別人，我還是可以肯定自己是個好人 |
| 技巧／做 | ・我需要學習拒絕的溝通技巧<br>・我需要自我肯定的技巧 | | ・學習溝通的技巧<br>・學習時間管理的技巧 | ・我可以讓組長知道我的掙扎與難處<br>・組長已經會和我商議專心做哪幾件工作<br>・我可以有自己的休假日 |

# 參考書目

## 中文部分

朱麗文譯（1993），《心的面貌》。台北：張老師。

李常傳譯（1989），《個人時間管理學》。台北；新潮社。

黃春華譯（1992），《身心自在》。台北：生命潛能。

黃維憲、曾華源、王慧君（1985），《社會個案工作》。台北：五
　　南。

劉建剛、閻建華譯（1995），《怎樣擁有好情緒》。台北：葉強。

羅倩竹譯（1994），《社工輔導技巧》。台北；遠流。

# 第 **11** 章
## 人際關係

作者：蔡宏昭

# 人際關係與人際溝通

　　人為群居生物，任何人都必須參與社群活動以獲得文化與情誼（culture and fellowship）；參與經濟活動以獲取財物與勞務（goods and services）；參與政治活動以獲取權力與權利（power and rights）。這些生活資源是維持生活機能和創造生命價值不可或缺的要素。社會活動必須透過人與人的互動關係（interaction）才能發揮其社會功能，達成其社會目標。這種人與人之間的互動狀況就是人際關係（interpersonal relations）。人際關係的種類繁多，歸納起來可以分為三種類型：第一是個人間的人際關係；第二是家庭成員間的人際關係；第三是社會組織的人際關係。人際關係是透過相互的吸引和交談而建立，再藉由良好的溝通與互動而成長，最後由於不滿、淡化與衝突而結束。在一個人的諸多人際關係中，有些是在萌芽期；有些屬於成長期；有些則處於終止期。有些人會謹慎的建立人際關係，而努力的維護它；有些人則不斷的建立人際關係，且不斷的終止它。在個人與個人間的人際關係上，如果雙方都想維護或雙方都想終止，兩者間就不會有矛盾和衝突（不是持續就是結束），但是如果一方想維護而另一方卻想終止，關係就變得複雜和難以解決。人際關係如果處於衝突狀態，不僅不健康也不快樂，甚至會造成經濟資源的匱乏，引發對生命價值的否定。因此，致力人際關係的和諧是每一個人都責無旁貸的要務，也是創造生命價值所必要的手段。

　　人類為何需要人際關係呢？對於這個問題的解釋最常見到的理論有二：第一是需要理論（needs theory）；第二是交換理論（exchange theory）。心理學家W. Schutz認為，每一個人都有情愛（affection）、歸屬（inclusion）和控制（control）三種社會需要

（social needs）。所謂情愛的需要就是希望表達和接受親密關係的慾望；所謂歸屬的需要就是希望存在於社會團體中的慾望；所謂控制的需要就是希望影響他人的慾望（Schutz, 1966）。若以需要理論解釋人際關係，就是情愛、歸屬與控制的互動狀況。任何人都有社會需要，都會進行社會需要的行為，而彼此間的需要互動就是人際關係。至於J. W. Thibaut和H. H. Kelley所倡導的交換理論，則從報酬（rewards）與代價（costs）的交換加以解釋。所謂報酬就是從人際互動中所獲得的利益或好處，例如，財物、權力、資訊、聲譽、協助、感覺、愛等；所謂代價就是從人際互動中所蒙受的不利益或損失，例如，財物、服從、時間、焦慮、傷害、沮喪等（Thibaut & Harold, 1986）。人們對於利益或損失的評判各不相同，即使同一個人在不同時間也會有不同的評判基準。在人際關係中，一個人如果評判利益大於損失，就會採取較積極的態度；如果評判損失大於利益，就會採取較消極的態度。如果雙方都評判自己的利益大於損失，兩者的人際關係就會比較親密；如果雙方都評判自己的損失大於利益，兩者的人際關係就比較疏離。此外，M. S. Clark和J. Mills則提出共同關係理論（communal relation theory），人們基於共同性或責任感而建立良好的人際關係（Clark & Mills, 1979）。家人關係、異地中的同鄉關係、相同社會組織中的人際關係等都可適用共同關係理論。依此理論人們並非有利害關係的存在才去發展彼此間的人際關係，而是基於共同性，把對方視為自己的一部分，把對方的利益視為自己的利益，因而建立緊密的依賴關係。

　　如何建立一個良好的人際關係是許多人都十分關切的問題。儘管人人都渴望良好的人際關係，但不是人人都有良好的人際關係。每一個人都必須學習一些技巧，並加以有效運用，才能促進人際關係的和諧。根據R. F. Verderber的定義，人與人之間有意義

的互動歷程就是人際溝通（interpersonal communication）。所謂有意義（meaning）就是溝通行為的內容（content）和意圖（intention）及其被賦予的重要性；所謂歷程（process）就是在一段時間中，有目的的進行一系列的行為（Verderber, 1995）。我們必須藉由人際溝通的技巧去瞭解他人，建立、發展和維繫與他人的關係。溝通技巧的種類繁多，但是有四種技巧是最基本的：第一是表達的技巧（expression skills）；第二是反應的技巧（response skills）；第三是說服的技巧（persuasion skills）；第四是化解衝突的技巧（conflict skills）。這些技巧不是一成不變的，必須配合情境、參與者、訊息性質、傳遞管道、干擾因素以及回饋方式等的不同而調整。有些影響溝通的因素是自己可以塑造、掌控或改變的，有些是溝通者必須去配合和調整的。總之，和諧的人際關係有賴於良好的人際溝通，而良好的人際溝通則有賴於溝通技巧的有效運用。

## 友情關係

本文所指的友情關係涵蓋朋友關係的友誼（friendship）和戀愛關係的愛情（love），而在友誼關係上，本文僅探討同性親密朋友（close friends）的關係，在愛情關係上則只探討異性戀人關係。根據R. F. Verderber的觀點，親密朋友必須涵蓋溫情、信任、表白、承諾與持久性等五個特質（Verderber, 1995）。親密朋友的相處會流露出溫暖和感情，這種溫情使彼此渴望相處、交談與互動。如果相信朋友一如相信自己，你就信任你的朋友；如果你懷疑朋友所說的話和所做的事，你就不信任你的朋友。在信任的前提下，自然可以和親密的朋友分享自己的事實、思想和感情，使

他人瞭解自己，並獲得他人的協助。朋友間相互協助是自然的事，好朋友在需要時都會承諾彼此協助，而且一旦承諾就會提供協助，如果只有承諾卻無行動就不是親密的朋友。好朋友的關係是持久的，不會因為環境的改變而終止友誼。由於性別的不同，親密朋友的人際關係和互動模式也不相同。女性由於比較敏感，同理度（empathy）較強，善於照顧他人，而且表達性較強，所以女性的友誼關係呈現比較強烈的親密性（intimacy），較能分享彼此的思想、感情和友誼關係（Hodgson & Fischer, 1979）。雖然有許多因素有助於發展女性友誼，但是也有不少阻礙的因素：例如，有第三個女性介入、為男性而競爭、同性戀、家庭因素（例如，處理家務、照顧幼兒等）以及對女性的刻板印象（例如，愛饒舌、不幽默、不能信任、難以依賴等）。如果女性能勇敢的克服這些障礙，親密的友誼關係就比較能夠建立和發展。至於男性則有獨立性、競爭性、支配性、成就性、金錢性以及壓抑感情等特質，使得親密關係較難建立，而互動模式則建立在主題性的溝通上。男性最愛談的話題是運動、性、政治、經濟和社會等主題。根據E. J. Aries和E. L. Johnson的研究，美國男性最愛談的主題是運動、喝酒、玩牌、性（Aries & Johnson, 1982）。根據S. A. Basow的觀點，由於競爭性強、壓抑感情、對同性戀的恐懼以及缺乏模仿對象等障礙，使親密關係在男性幾乎不可能（Basow, 1992）。R. R. Bell認為，男人視其他男人為填補的角色（filling roles），不將友誼視為整體的關係，所以缺乏親密度（Bell, 1981）。

異性間的愛情關係由於類型繁多，定義紛歧，互動模式不同而難有明確的定位。根據J. A. Lee的分類，愛情分為性愛型（eros）、分享型（storge）、狂愛型（mania）、無私型（agape）、實際型（pragma）以及遊戲型（ludus）等六類（Lee, 1973）。至於

愛情的定義，幾乎每一個人都有不同的定義，R. J. Sternberg認為愛情是由親密、承諾和激情所構成的兩性關係（Sternberg, 1986）。本文則採激情的愛情（passionate love）的觀點，認為愛情是在自由條件下兩性生理與心理的激情關係。所謂激情（passion）係指強烈的情緒（powerful emotion），是一種令人興奮的存在。友情的愛情（companionate love）其實只是兩性間的友誼關係，而非愛情關係。女性和男性由於生理和心理的不同特質，在互動關係上也顯然不同。女性在愛情關係上所追求的是形式利益或社會性利益（例如，金錢、權力、地位、才能等），而男性則追求非形式利益或生物性利益（例如，美貌、健康、溫柔、體貼等）；女性喜歡被異性保護，而男性則喜歡保護異性；女性喜歡崇拜異性，而男性則喜歡被異性崇拜；女性的表達方式是間接的，而男性則是直接的；女性常扮演被動的角色，而男性則扮演主動角色；女性重視情緒上的親近（情化），而男性則重視性愛上的親近；女性以務實的態度處理愛情（戀愛的目的是結婚），而男性則抱持遊戲的態度（戀愛不一定要結婚）。兩性的友誼關係不容易建立，而戀愛關係則更難發展，因為兩性相處常令人有性的聯想，尤其是男性，而且女性常基於自我保護的心態，不敢輕易接受男性的追求。一般說來，越刻板化的人（刻板化的人格特質、行為模式或意識形態）越難接受異性的追求，越不容易建立愛情關係。兩性都必須克服對性的認知、自我保護和刻板化等障礙，才能順利建立愛情關係。良好的愛情關係對男女雙方均有好處，女性可以獲得愛的感受，享受被保護的安全感，維護被尊重的社會地位；男性則可獲得自我揭露（self-disclosure）的機會，肯定自我能力，學習尊重他人和保護他人。如果雙方都能在愛情關係中獲得滿意的利益，就會激發他們去挑戰婚姻（marriage），建立婚姻關係。

# 家人關係

　　婚姻是法律規範下的權利義務關係。對妻子而言,她有被扶養、被保護和被尊重的權利,卻有從事家務、照顧幼兒和提供性的義務;對丈夫而言,他有權利要求妻子善盡妻子的義務,卻有義務滿足妻子的權利。婚姻關係與愛情關係的最大差異就是人際關係的不同:後者只是兩個人的事,而前者則涉及子女、父母以及眾多的親戚。家人關係除了夫妻關係和親子關係之外,還有兄弟姊妹的關係以及親戚關係。本文受限篇幅,只探討夫妻關係和親子關係。夫妻關係是由兩個不同的個體(不同的生物特質、生活習慣、行為模式)藉由家庭經營技巧達成共同生活目標的過程和互動狀況。如果採用平等的個體主義觀點,夫妻是以平等的立場共同經營家庭,雙方是個別的存在,共同追求生活的目標。如果採用從屬的家族主義觀點,妻子必須捨棄娘家的生活方式去適應夫家的生活方式,妻子是附屬的存在,只扮演家族所指定的角色。若探平等主義觀點,夫妻都應從事市場勞動,平均分攤家務勞動;若探從屬主義觀點,則丈夫應從事市場勞動,妻子則從事家務勞動。在平等主義的夫妻關係中,經濟分工與家務分工同樣重要,如果單方(丈夫或妻子)太投入工作,勢必對家務分工產生影響,而對夫妻關係產生負面作用。根據K. Trent和S. J. South的研究,妻子的經濟地位越高,離婚的可能性越高,因為妻子在獲得高度的經濟力後,就可以自由離開不快樂的婚姻(Trent & South, 1989)。W. R. Johnson和J. Skinner的研究則認為妻子在不快樂的婚姻中會增加對工作的投入程度,而提高離婚的機率(Johnson & Skinner, 1986)。如果夫妻都在工作,而家務卻由妻子負責,對妻子而言,不僅不公平而且壓力也很大。在此種情況

下，妻子通常會犧牲工作上的成就，以處理家務勞動。若無丈夫的大力支持，任何妻子都難以兼其工作與家務的好角色。在從屬主義的夫妻關係中，一般是採取男主外女主內的模式，也就是丈夫在外工作，妻子在家工作。R. Seidenberg的研究發現，丈夫的權力動機越強，妻子外出工作的可能性越低，有些丈夫會運用權力來壓制妻子的工作目標（Seidenberg, 1973）。在此種情況下，妻子會因為無法實現自我的生活目標，而嘗試以金錢、物質、打扮、社交等成就來獲取補償。夫妻關係雖無標準模式，但是要增進夫妻關係則可透過人格系統的調整（人格、認知、情緒、動機等）、生活管理技巧的充實（健康管理、財務管理、人際關係管理等）以及社會支持網絡的加強（親戚網絡、親密朋友網絡等）等策略維良好的夫妻關係。

　　親子關係一般分為母親與子女的關係（此一關係又分為母親與兒子的關係以及母親與女兒的關係）以及父親與子女的關係（此一關係又分為父親與兒子的關係以及父親與女兒的關係）。由於父性（paternality）和母性（maternity）的不同（前者是規範性、經濟性、絕對性和理性，後者是概括性、照顧性、溫情性和感性），父母在家庭的角色功能就有所差異。父親所扮演的是家計的支柱者（bread winner），而母親則扮演家務的維護者（house keeper），更簡單的說，父親的角色是家庭的保護者，而母親則是家庭的照顧者。由於子女是在母體中孕育，並由母體所生，所以母親與子女間有強烈的肉體結合與精神連帶。母性本能並非天生而是生物學上的期待和經驗的互動結果（Ainsworth, 1989），這也是J. Duckett所謂的「腹部的同理」（bellyful empathy）理論（Duckett, 1990）。一個母親若因工作理由無法照顧自己的子女，她是否就不配稱為好母親？親子關係是否會變得冷漠？子女是否會有負面的成長？迄今仍無研究支持這種論調。事實上，如果母

親有一份有價值的工作,夫妻關係良好,而且有一個舒適的住家,親子關係必能更加和諧,子女也會有較好的成長。有些母親認為自己未能親自照顧子女而有罪惡感,這是不正確而且不必要的。父親由於缺乏腹部的同理,父親與子女的關係比較缺乏親密性,而且由於重視經濟性的結果,較無法承擔親職的責任。此外,父親由於男性化的結果,限制了與子女建立親密的關係。父親一般只能在週末陪伴子女,這就是J. W. Loewen所謂的「迪斯尼樂園的父親」(Loewen, 1988)。父親一般都有重男輕女的現象,對兒子的期待高於女兒,對兒子的要求也比對女兒的要求嚴厲,所以常會引發父親與兒子間的衝突。現代的父親必須捨棄一些迷思,多投入一些時間照顧子女、陪伴子女,與子女建立親密關係。要知道未成年的子女所需要的是感情的關懷而不是理性的規範。

## 社會組織的人際關係

社會組織(social organization)是由一群人為了達成某種共同目標而組成的集合體。每一個社會組織都有特定的目標、獨特的文化、職務的分工、團體領導以及決策模式。社會組織有政治性的組織、經濟性的組織以及社群性(或志願性)的組織。任何社會組織都有組織內的人際關係(例如,主從關係和同事關係)和組織外的人際關係(例如,顧客關係和學生家長的關係)。主從關係和同事關係是大部分的成年人都必須面對的,至於學生必須面對的就是師生關係。因此,本文就針對這三種關係加以探討。所謂主從關係(supervisor-subordinate relationships)是一位具有權力的上司或督導者及部屬(至少一人)間的互動狀況。主從關

係建立在依賴關係、回饋關係與主控關係上。上司依賴部屬達成組織的目標，部屬則依賴上司獲得貨幣性和非貨幣性的利益。上司對部屬的工作表現必須有所回饋；部屬對上司的要求也必須遵從。上司透過團體領導的技巧主控部屬以達成組織目標，如果操控錯誤就會造成組織的損失。如果上司能夠具有豐富的專業知識、能夠比部屬更為勤奮工作、能夠信守承諾、能夠果斷決策、能夠尊重部屬、能與部屬進行良好的溝通，那麼，就具備了優秀領導者的條件。另一方面，如果部屬能夠具有組織所需要的特殊才能與技術，能夠信賴上司的領導，能夠具有配合上司要求的高度意願，能夠與同事和諧相處，那麼，就具備了優秀部屬的條件。在一個組織中如果有優秀的上司和優秀的部屬，就能夠建立良好的主從關係；若有良好的主從關係，團體領導的管理技巧（例如，壓力管理、動機管理、士氣管理、衝突管理、創意管理等）就不甚重要了。主從關係的良好互動必須是上司能夠合理使用權力，而部屬能夠努力貢獻自己的能力。唯有如此，均衡的主從關係才能建立和發展。

所謂同事關係（colleague relationships），廣義而言凡是同一組織內的人都是同事，狹義而言則指同一部門的人才是同事，而同事間的互動狀況就是同事關係。同事關係是建立在分工關係、夥伴關係與激勵關係上。每一個組織都有不同的職務分工，每一個同事都需要與其他同事合作，才能順利完成一件工作。在組織的共同目標下，同事間必須考慮彼此間的利害關係，不能只顧自己的利益，而忽視其他同事的利益。同事間必須藉由群體的壓力彼此激勵，以提昇工作的效率。職務分工會使同事們產生不同的立場和利害關係，如果每個同事都堅持己見，勢必破壞同事關係，影響組織效能。同事關係也不是交換關係，不能以酬勞的互換作為行為的依據。團隊工作（team work）在社會組織是十分重

要的，就好像一個球隊需要全體球員通力合作才能致勝。每一個組織的成員都要努力使自己成為組織中的一員。A. J. Duprin曾提出五個建議：第一要有合作的行為；第二要增進團體的概念（強調我們而不是我）；第三要與同事分享訊息與意見；第四要坦率面對同事（信任是增進人際關係最好的策略）；第五要對同事提供精神支持（Dubrin, 1995）。總之，建立良好同事關係的關鍵在於自己而不是別人。

所謂師生關係（mentoring relationships）是教師與學生或師傅與徒弟的互動關係。在現今的教育制度下，教師擁有正當性、強制性、獎勵性、參照性（reference）以及專業性的力量，對學生握有絕對的主控權。教師有技巧的運用這五種力量指導學生，建立師生關係，達成教育目標。如果學生對教師的五種力量或角色有所懷疑或抗拒，就難以建立良好的師生關係，也會影響教學的效果。另一方面，由於學生的成長階段不同，與教師的互動模式就不一樣，師生關係也會有所差異。一般說來，小學生對於教師的權威比較尊敬，對教師所傳授的知識和技能較能單純而滿意的接受，師生關係也比較親密。國中生由於生理的成熟與知能的增加，對教師逐漸採取批判和反抗的態度，師生關係的衝突性就日益提高。到了高中之後，由於價值觀的定型化，對自己喜歡或討厭的教師逐漸明確化，除了自己敬愛的教師之外，對教師會採取冷漠的態度，師生關係也日漸疏離。雖然師生關係維護有賴教師與學生雙方的努力，但是基於主控性的考量，教師還是需要承擔更多的責任。本文提出四個建議作為教師促進師生關係的參考：第一是要捨棄對學生的成見，不要以自己主觀印象斷定好學生或壞學生；第二要以獎勵替代懲罰，多讚美少斥責，若要責備就必須有具體理由；第三要有同理心，對學生的情緒狀況要認真的偵查，確實的認知，並予適當的反應；第四要耐心溝通與輔導，瞭

解學生的立場、需要與反應，並予適當的協助。良好的師生關係是教師的責任，也是教育政策必須努力的方向。

## 表達的技巧

　　表達（expression）是將自己的訊息傳遞給他人的動作，一般分為語言表達與非語表達兩種。語言（language）是藉由共同意義的聲音和符號有系統溝通的表達工具，一般分為具有明確意義的正式語言（formal language）與不具明確意義的非正式語言（informal language）。語言表達的技巧第一是要明確語言的意義，語言的意義有外延意義（denotative meaning）或文義性意義（literary meaning），也就是字典上的意義以及內涵意義（connotative meaning）或經驗性意義（experimental meaning），也就是由經驗、感覺或評價之後所獲得的意義兩種。如果要使用內涵意義語言，就必須加以解釋；否則他人就無法瞭解，甚至會產生誤解。當一個字彙有多種的意義時，必須明確自己所採用的意義，例如，當我們在使用愛這個字彙時，就必須明確自己所採用的意義；否則，別人以不同的意義來解釋問題時就會引起爭議。語言表達的第二個技巧是使用的語言要特定化和具體化。特定的字是指單一的圖像，例如，教師包含幼教老師、中小學老師、高中老師、大學教授等圖像，若是幼稚園老師則是單一的圖像。具體的字是指抽象概念的澄清，例如，我們不要濫砍樹林就比我們要愛護自然更具體些。我們常會使用差不多、大部分、有些、很多等不特定和不具體的用語，使聽者難以正確瞭解其內涵。語言表達的第三個技巧是要有時間觀念，明確表達事實的發生時間。我們在引用統計資料時，若沒有正確指明年度或月份，就容易引

起錯誤的聯想。如果我們說，今年七月份豐田汽車在國內銷售量最佳，就要比豐田汔車在國內銷售量最佳，更能讓聽者正確瞭解訊息。語言表達的第四個技巧是要有合理的推論。如果我們以日本的國民所得比我國高，而推論小林先生比林先生有錢，這就是不合理的推論。當我們對自己的推論沒有絕對把握時，可以加上「可能」的用語，以降低語言的肯定性。語言表達的第五個技巧是避免使用偏見或歧視的語言。任何有關種族、性別、年齡、生理特徵或出生地等的偏見或歧視的語言絕對不能使用。雖然社會上對於某些特定族群做標記（marking），例如，老人、原住民、未婚媽媽、身心障礙者等，但是，在面對面的溝通中，必須避免使用。在人際溝通中，只要有偏見或歧視的語言出現，就會破壞和諧的氣氛，影響溝通的效果。

非語言的表達包括：肢體動作、超語言、身體外貌、接觸以及環境的優先性。肢體動作有眼光的接觸、面部表情、手勢、姿勢、姿態等；超語言有聲音和口語（聲音的分離）；身體外貌有身裁體型和服飾化妝；接觸有握手、擁抱、撫慰等；環境的優先性則有空間、氣溫、顏色、光線等。非語言的表達技巧有很大的個別差異（individual differentiation），文化、性別、年齡、種族、教育程度、社會階級等的不同都會造成非語言表達的差異。例如，直接的眼光接觸在歐美社會是被期待的，但是，在中國和日本卻被認為是不禮貌的行為。根據D. J. Cegala、A. L. Sillars和J. T. Wood等人的研究，女人比男人有較多的眼光接觸（Cegala & Sillars, 1989; Wood, 1994）。用面部表情、手勢、姿勢和姿態表達訊息時，不同的文化背景有不同的表達技巧。一般說來，女性比男性有較多的面部表情、手勢、姿勢和姿態，而男性對於女性豐富肢體語言則缺乏敏感度（Noller, 1987）。由於聲音性質的不同（高音、調門、速度、頻率、音域、發音動作、共振等），每一個

人都有獨特的聲音模式。我們常會以一個人的聲音模式來斷定他的情緒、氣質或人品，所以善用超語言的表達技巧是很重要的。一般說來，女性比男性更會善用超語言的表達技巧，女性的輕聲細語更是男性所難以做到的。身體外貌是初次見面者的第一印象，這個印象會影響往後的溝通效果。美麗的外貌是頗具吸引力的，即使在同性間也是如此。女性在維護身體外貌上所做的努力和所付出的代價常比男性為高。接觸的技巧也與文化有關，W. Gudy Kunst和Y. Y. Kim將接觸文化分為高、中、低三類，中南美國家是屬於高接觸文化；歐美國家是屬於中接觸文化；遠東國家則屬於低接觸文化（Gudy Kunst & Kim, 1992）。在同一文化中，同性間的接觸會被視為友善行為，但是，異性間的接觸則被當作是一個複雜的表達。溝通時的空間、氣溫、顏色和光線等環境因素也會影響溝通的效果。關於溝通時的適當距離，E. T. Hall曾提出四種型態：第一是親密距離（0～18吋）；第二是個人距離（18吋～4呎）；第三是社會距離（4呎～12呎）；第四是公眾距離（12～25呎）（Hall, 1969）。至於氣溫、顏色和光線也是影響溝通效果的因素，在進行重要的溝通時，環境的優先性是不得不重視的。

## 反應的技巧

反應（response）是接收他人訊息並予以適當回應的動作，包括傾聽與同理兩個部分。在日常生活中，我們花在傾聽的時間要比表達的時間多，但是，我們往往忽略了傾聽的重要性，以致我們聽了很多卻記得很少。R. F. Verderber和K. S. Verderber提供了注意（attending）、瞭解（understanding）、記憶（remembering）以

及評價（evaluating）四種傾聽技巧頗值得我們參考（verderber, 1995）。

在集中注意力的技巧方面：第一要減少阻礙傾聽的生理因素（尤其是有聽力障礙者應尋求醫療上的協助）；第二要有心理上的準備，不要一心二用或漫不經心；第三要在聽與說之間順利轉換，別讓說話影響傾聽，也不要因專心傾聽而忘了該說的話，務必在兩者間順利轉換；第四要先聽完再反應，必須等對方把話講完，在充分瞭解對方的訊息之後再予以反應；第五要配合情境的目的，調整專注的程度，例如，看電視時如果是娛樂性的節目，就不太需要太專注，如果是知性的節目，就必須專注傾聽。在瞭解技巧方面：第一要確認訊息的組織，包括：目的、觀點和細節。有些人的訊息組織非常清楚，很容易瞭解；有些人的訊息組織則十分凌亂，必須傾聽者加以整理和確認；第二要注意非語言的線索，因為非語言的訊息有時要比語言的訊息更能表露表達者的真正意圖；第三對不瞭解的訊息要加以詢問，才能真正瞭解對方的意思。如果不瞭解卻不詢問，不僅不智也是不利；第四要將對方的語意加以簡述，也就是簡述語意（paraphrase），將瞭解的訊息用自己的話重新敘述。如果沒有自信則可詢問對方，獲取對方的確認。在訊息的記憶技巧方面：第一可以重複訊息，以增強訊息存放在記憶中的可能性；第二可以建構口訣，也就是將訊息轉換成容易記憶的形式，例如，以英文的第一個字母建構口訣或以數目字的形式去建構口訣；第三是做筆記，將訊息的主要概念和重要細節正確的記錄下來，以強化記憶的功能。在評價訊息的技巧方面，第一必須區辨事實與推論，因為評價必須依據事實和正確的推論所獲得的結果。事實必須求証，因為有些人會捏造事實，誤導評價。推論必須合理，否則，評價就會錯誤；第二是合理的推論必須建立在正確的事實與適當的資料上，同時必須考慮

中介變項的影響。

　　同理是對他人情緒狀況的偵察和確認以及適當的反應。同理是他人取向（other oriented）而不是自我取向（I oriented）。當我們在偵察和確認他人的感受（feeling）時，我們從他人的語言和非語言的表達中去體會他人的感受，而不是以自我的立場去設想他人應該有什麼感受。一個人的同理度與個人的經驗、想像力、觀察力、專注力和關心度有關。一個人若想增強自己的同理能力，就必須增加自己的經驗，培養自己的想像力、觀察力、專注力和關心度。如果我們能夠專注去想像和觀察他人的訊息和情緒，並且將心比心去關心他人的感受，同理度就會增加。有時候我們必須藉由詢問獲得更多訊息，以增進同理度。在適當的反應方面，一般有支持（supporting）、稱讚（praise）、解釋（interpreting）與建設性批評（constructive criticism）四種技巧。所謂支持性的反應技巧就是以贊成、瞭解、安慰、溫馨的語言或非語言表達對他人的關心與支持。當我們表達支持性反應時，應避免給對方不同的意見，以免造成反效果，令對方不愉快或更加難過。所謂稱讚的反應技巧就是對他人的正向行為表示欣賞、讚美或感激。R. F. Verderber曾提供五種稱讚的技巧：第一確定需給稱讚的情境；第二描述要稱讚的行為；第三要針對具體的行為；第四要具體描述；第五指出對該行為的正向感受（Verderber, 1995）。在使用稱讚的語言時，必須要與所稱讚的具體行為等價，不要誇大其詞，否則，就變成了諂媚。所謂解釋的反應技巧就是幫助他人從不同角度去看問題的方法。當我們對他人的觀點有不同意見時，可以透過有效的解釋技巧，幫助他人去思考不同的觀點。有效的解釋技巧必須歷經三個步驟：第一要充分瞭解對方的觀點；第二要確定自己能提出合理的觀點；第三要先表達支持再給予解釋。如果有人需要我們給予批評的時候，我們可以給予建

設性的批評。但是，仍需要一些技巧，才不會引起對方的反感。下列幾種技巧應可提供讀者參考：第一要確定對方願意傾聽批評；第二要針對行為或事情提供批評（對事不對人）；第三先稱讚對方再給予批評；第四批評要具體；第五要針對最近發生的事；第六要針對可以改變的事；第七要提出具體的改進方法。

## 說服的技巧

　　說服（persuasion）是指使用語言去影響別人態度或行為的方法。說服是要用理由（reasoning）、信譽（credibility）和情感訴求（emotional needs）去影響他人，而不是用威脅、酬賞、權威、專家、參照等手段去影響他人。人是理性的動物，以理服人是最好的策略。所謂理由就是做某件事或不做某件事的原因。任何人不管做什麼事或不做什麼事都有理由，只是有些人只考慮一個理由，有些人則考慮許多個理由，有些人只考慮正當理由，有些人則考慮不正當理由。在找理由時，我們必須考慮更多更正當的理由，才能使我們的說法合理化，才能順利說服他人。下列三個原則應可幫助我們找出好理由：第一是理由必須具有支持性，而且是必然的支持性，例如，我們說多看書會增廣見聞，這是必然的支持性；如果我們說多看書會增加判斷的正確性，這是附屬的支持性。好理由必須具有必然的支持性，才能有效說服他人；第二是理由必須有充足的具體資料，例如，我們可以用經濟成長率、失業率、物價膨脹率等具體資料說服他人不宜增加擴張性投資；第三是理由必須具有衝擊性，也就是要讓被說服的人認為理由的重要性，例如，醫生以有生命危險說服病患接受手術。衝擊性與威脅或利誘不同，它必須具有正當性、合理性與必然性，會讓一

個人自發的、自然的和自我肯定的去認知理由的重要性。如果我們對要說服的對象有充分瞭解，我們就會知道，什麼樣的理由會對他具有衝擊性。

所謂信譽就是可以被信任的聲譽（reputation）。信譽有專業性、可信任性與人格性等三個特質。專業性至少必須具有理論與技術（theory and technology）、倫理綱領（ethical code）以及社會認可（social sanction）三個特質。如果一個人具有某種專業性，他在這方面的建議就能有效的說服他人，例如，醫生在保健方面的建議對病患就具有絕對的說服力。可信任性是指訊息來源的可相信度。如果說服者具有可信任性，他的說服力就比較高；如果一個人經常提供不確實的訊息，他的可信任性和說服力就比較低。人格特質（認知、人性、情緒、動機）和行為模式（順從型、攻擊型、自我肯定型）也是塑造信譽的重要因素。如果讓人感覺友善、真誠和溫馨，他的說服力就很高；如果常呈現情緒反應或攻擊行為，他的說服力就很低。培養信譽的技巧至少可從下列五個方面去努力。第一要提供確實的訊息，塑造說實話的形象。胡說、說謊和詐欺都是信譽的最大傷害。知之為知之，不知為不知是培養信譽的第一步。第二要提供完整的訊息，不要有意或無意的遺漏。在傳達某種重要訊息時，應把整個訊息說清楚和講明白，以免遭致誤解。第三要切合實際，不要添油加醋或誇大其詞，以免扭曲事實。第四要說好話少說壞話，要知道好話利人壞話傷人。說好話可以提高自己的信譽，說壞話只會損害自己的信譽。第五要有同理心，瞭解別人的情緒並做出適當的反應。總之，信譽是長期培養出來的，但是，很容易毀於一旦，我們必須珍惜得來不易的信譽。

所謂情感訴求是激發他人情緒的說服方法。要有效的說服他人，除了運用情感的技巧之外，還需配合理由和信譽的技巧綜合

應用。此外，被說服者心理系統的狀況以及當時的情境也都會影響說服的效果。在運用情感技巧時，第一要確認自己的感受。如果自己沒有明顯的情緒，就很難有情感的表達，就難以激發他人的情緒。第二要應用有效資料，例如，以戰爭中的殘酷暴行的歷史資料激發人們對戰爭的恐懼與反感；以生態污染資料激發人們對環保的重視。第三要訓練情感性的表達技巧，也就是要學習打動他人心理的表達技巧。拙於表達情感的人往往無法激發他人的情感，而難以達成說服的目的。第四要培養判斷情境的能力，對情境的判斷越正確，越能運用情境激發他人情緒。不管運用理由、信譽或情感的任何技巧，都需要情境的配合才能提高說服的效果。情境的運用技巧在說服他人時是絕對必要而且重要的。

## 化解衝突的技巧

所謂人際衝突（interpersonal conflict）是指人與人之間所呈現的不同意見（Cahn, 1990）。由於每一個人都有其獨特的觀念、感受、動機、利害關係與行為模式，自然會有不同的意見，而引發衝突。一般處理人際衝突的模式有退縮（withdrawal）、投降（surrender）、攻擊（aggression）、說服（persuasion）和問題解決的討論（problem-solving discussion）等五種（Verderber, 1995）。退縮是指身體上或心理上的抽離，例如，離開衝突的情境或不理會衝突的情境。投降是指順從他人意見或放棄自我意見的表達以避免衝突。攻擊是運用身體或心理的脅迫使他人投降的方法，例如，打人、罵人等。說服是使用語言化解衝突的方法。問題解決的討論是透過問題分析、解決方法的討論、採行方法的決定以及化解衝突的實踐等程序達成和解的方法。在以上五種模式中，問

題解決的討論和合理的說服是化解衝突較佳的方式。衝突的雙方化解衝突的意願越高，對化解衝突的方式越有共識，化解衝突的可能性就越大。下列六種化解衝突的技巧應可做為參考。第一要認清衝突類型，是屬於假衝突（pseudo conflict）、內容衝突（content conflict）、價值衝突（value conflict）、或自我衝突（ego conflict）。如果是由開玩笑、揶揄或耍詭計等所產生的假衝突，就要迅速化解，不要演變成真衝突；如果是由訊息所引發的內容衝突，就要尋找証據和澄清事實；如果是由價值觀引發的衝突，除非能夠說服對方改變價值觀，否則，就難以化解衝突；如果是由自我中心（價值、能力、權力、學識等）所引發的自我衝突，就要以情緒訴求緩和對方的情緒，再尋找化解衝突的方法。第二要以合作替代競爭，以締造雙贏的結果。輸贏的競爭行為會使一方得利另一方蒙受損失，衝突就會產生。合作氣氛的營造，除了情境因素之外，合作性的感覺、傾聽、描述和表達都很重要，一定要以開放的心胸（open-mindedness）、平等的立場（equal position）和保留的態度（provisional attitude）進行溝通。第三要運用善意的幽默技巧。J. K. Alberts強調，幽默能促進團結，增進親密感情，並免於輕蔑（Alberts, 1990）。如果雙方的關係良好，幽默的表達常有助於化解衝突；如果雙方關係不良，幽默就容易被曲解為諷刺、揶揄或戲弄，而使衝突加劇。使用幽默技巧時，首先必須是善意的；其次是以自己為例。如果對方不能體會幽默的善意，就容易解釋成攻擊行為；如果以對方為例，就容易引發對方的不悅。因此，運用幽默技巧時要十分小心，才能有效的化解衝突。第四要直接溝通，不要透過第三者傳遞訊息。因為第三者常有過多、過少或錯誤的表達（含語言與非語言），而容易導致對方的誤解，耳語遊戲就是最好的例証。當雙方處於衝突的狀態，任何的誤解或錯誤的判斷都會使衝突更為惡化。為了避免間接傳遞

訊息的缺失，應與衝突者直接溝通，並運用各種化解衝突的技巧，獲取正向的結果。第五要運用非語言的觀察和表達技巧。仔細觀察對方的非語言表達可以瞭解對方的感受，進而採取適當的化解衝突技巧。我們也可以藉由非語言的表達化解衝突，例如，在愛情關係中可採接觸的技巧，化解彼此間的緊張。非語言的表達必須與語言的表達意涵一致，才能有效化解衝突。如果向對方說抱歉，卻採取心不甘情不願的表情，不僅難使對方接受，更容易使衝突益形惡化。如果衝突的雙方都能體認非語言表達的重要，就更能成功的化解衝突。第六在必要時需尋求催化者（facilitator）協助。所謂催化者就是能夠協助衝突者進行問題解決討論的公正第三者，例如，心理學家、諮商專家、社會工作員等。催化者必須是雙方都能信任的人，他的專業能獲得雙方的尊重，他的決定能獲得雙方的遵從。因此，催化者並非親朋好友或上司長輩可以勝任的，他必須具有公正性、專業性和協調性。一個成功的催化者不僅能夠化解衝突，更能促進雙方關係的和諧。當雙方的衝突無法自行協商解決時，慎選一個好的催化者進行仲裁，將有助於化解衝突。

## 結論

雖然每一個人對生命意涵的詮釋與對生命目標的設定各不相同，但是，對於生活的內涵與生活的目的都是大同小異。幾乎每一個人都在從事經濟活動、政治活動或社群活動；幾乎每一個人都在追求身體的健康、經濟的富裕、精神的快樂。一個人如果能夠同時擁有健康、富裕和快樂，就是幸福的生活。如果只擁有富裕，卻不健康或不快樂就不算是幸福的生活。因此，在每一天的

生活裡，我們都應該照護自己的健康、努力工作賺錢和維持一個快樂的心境。如果每天都做好這三件事，就自然能夠領悟生命的意涵和生命的目標。

　　精神上的快樂是如何做到的呢？基本上是要從自己的心理系統做起，也就是要提高自己的認知能力，改善自己的人格特質，控制自己的情緒和增強自己的社會動機。每一個人都必須不斷的學習，不斷的改造自己的心理系統。唯有自己才是命運的主宰和幸福的締造者。其次，良好的人際關係也是快樂生活不可或缺的因素。如果每天都與周圍的人處於緊張的或衝突的狀態，如何能獲得精神上的快樂呢？因此，心理系統的改造和人際關係的加強是追求快樂的不二法門。

　　每一個人都必須運用溝通技巧才能建立良好的人際關係，而溝通技巧基本上包括有：表達的技巧、因應的技巧、說服的技巧與化解衝突的技巧。如果我們能夠不斷的經驗、學習與訓練這四種溝通技巧，相信必能建立良好的人際關係。

## 參考書目

### 英文部分

Ains worth, M. D. S. (1989) Attachments beyond Infancy, *American Psychologist*, 44, pp. 709-716.

Albert, J. K. (1990) The Use of Humor in Managing Couples' Conflict Interactions, in D. D. Cahn ed., *Intimates in Conflict: A Communication Perspective*, Hillsdale, N. J.: Lawrence

Erlbaum.

Aries, E. J. & F. I. Johnson (1983) Close Friendship in Adulthood: Conversational Content between Same-Sex Friends, *Sex Roles*, December:1189.

Basow, S. A. (1992) *Gender Stereotypes and Roles*, 3rd ed., Pacific Grove, C.A.

Bell, R. R. (1981) Friendships of Women and Men, *Psychology of Women Quartly*, Spring: 404.

Cahn, D. D. (1990) Intimates in Conflict: A Research Review, in D. D. Cohn, ed., *Intimates in Conflict: A Communication Perspective*, Hillsdale, N.J.: Lawrence Erlbaum.

Cegala, D. J. & A. L. Sillars (1989) Further Examination of Novrbal Manifestations of Interaction Involvement, *Communication Report*, 2, p. 45.

Clark, M. S. & J. Mill (1979) Interpersonal Attraction in Exchange and Communal Relationships, *Journal of Personality and Social Psychology*, 37, pp. 12-24.

Davidson, L. R. & L. Duberman (1982) Friendship: communication and Interactional Patterns in Same-Sex Dyads, *Sex Books*, August: 820.

Dubrin, A. J. (1995) *Human Relations: A JOB Oriented Approach*, 5th ed., Prentice-Hall, Inc.

Duckett, J. (1990) A Bellyful of Empathy, *Morning Call*, DI, DII.

Gudy Kunst, W. B. & Y. Y. Kim (1992) *Communicating with Strangers: An Approach to Intercultural Communication*, 2nd ed., N. Y.: McGraw-Hill, p. 178.

Hall, E. T. (1969) The Hidden Dimension, *Garden City*, N.Y.:

Doubleday, pp. 116-125.

Hodgson, J. W. & J. L. Fischer (1978) Sex Differences in Identity and Intimatacy Development, *Journal of Youth and Adolescence*, 8, p. 47.

Johnson, W. R. & J. Skinner (1980) Labor Supply and Marital Seperation, *American Economic Review*, 76, pp. 445-469.

Lee, J. A. (1973) *The Colors of LOVE: An Exploration of the Ways of Loving*, Don Mills, Ont.: New Press.

Loewen, J. W. (1988) Visitation Fatherhood, in P. Bronstein & C. P. Cowen, eds., *Fatherhood Today: Men's Changing Role in the Family*, N. Y.: Wiley, pp. 195-213.

Noller, P. (1987) Nonverbal Communication in Marriage, in D. Perlman & S. Duck, eds., *Intimate Relationships: Development, Dynamics and Deterioration*, Newbury Park, C. A.: Sage, p. 173.

Pearson, J. C., L. H. Turner & W. Tedd-Mancillas (1991) *Gender and Communication*, 2nd ed., Dubuque Iowa: C. Brown, p. 137.

Seidenberg, R. (1973) *Marriage between Equals*, Garden City, N. Y.: Anchor Press.

Schutz, W. (1966) *The Interpersonal Under-World*, Palo Alto, C. A.: Science and Behavior Books, pp. 18-20.

Thibaut, J. W. & H. H. Kelley (1986) *The Social Psychology of Group*, 2nd ed., New Brunswick, N. J.: Transaction Books, pp. 9-30.

Trent, K. & S. J. South (1989) Structural Determinants of the Divorce Rate: A Cross-Societal Analysis, *Journal of Marriage and the Family*, 51, pp. 391-404.

Verderber, R. R. & K. S. Verderber (1995) *Inter-Act: Using Interpersonal Communication Skill.*, Wadsworth, A Division of International Thomson Publishing Inc.

Wood, J. T. (1994) Gendered Lives: Communication, *Gender and Culture*, Belmont C. A.: Wadswoth, p. 164。

# 第12章
## 學業與工作的壓力調適

作者：高嘉慧

# 前言

　　現代人的生活是忙碌而緊張的，隨著社會生活的快速變遷，人們容易遭遇挫折而產生適應不良的狀況，每個人從小到大，都經歷過許多不同程度的壓力，小時候考試帶給我們壓力，長大後壓力更是全面性地影響我們的生活，繁重的工作壓力、忙不完的家事、經濟壓力、複雜的人際關係…等，如影隨形，揮之不去。就算是正面的改變，例如，升遷、結婚、生子、搬家等，也都會成為壓力，大小不同的壓力，在短時間之內雖然未必會對個人造成影響，但是，如果長期處於緊張又充滿壓力的情境之下，往往會對身心造成不良的影響，而且甚至產生疾病的現象。

　　當某一事件的發生，對個人的內在會造成許多影響，例如，他對該事件的想法、情緒上的改變、生理上的反應與行為上的因應等，這些都可以稱之為壓力反應。雖然適度的壓力具有使注意力更集中、提昇簡單事物的學習效果、增強工作動機、創造生產力等正面效果；但是，壓力過大也可能會造成逃避、思考僵化、表現變差、情緒或行為失控、生理不適甚至病變等負面的影響。有研究指出，長期處在壓力的情境之下，與高血壓、心臟病、胃潰瘍、頭痛及癌症的發生有關。根據Bailey（1980）指出，個體在面對壓力時所產生的症狀可分為：

一、生理症狀：頭痛、疲倦、背痛、腸胃障礙、高血壓等。
二、心理症狀：沮喪、退縮、焦慮、缺乏耐心等。
三、行為方面：哭泣、健忘、指責他人、工作疏忽等。

　　所以，生理、心理、及行為三者的相互作用就產生了壓力因應的結果，面對同樣的壓力情境，但是由於每個人的看法、經

驗、個性或社會支持狀況的不同，因此所引起的反應也不同，換句話說，個人對事情的認知評估及個人對事情的因應技巧，決定了壓力對個人影響的輕重程度。

　　所謂「壓力」（stress）是指在強制性的情境下從事某種活動時（被動的或是自願的），個體身心所產生的一種複雜而又緊張的感受（張春興，1991）。Lazarus（1966）認為壓力是一種主觀感受，源自個體如何去詮釋其與環境的關係，如果個體認為內在或外在加諸於他的要求超過他本身所能負荷時，則壓力就會產生。壓力不只是一個刺激或是一個反應；壓力是每一個個體與環境互相影響之下產生的結果。

　　心理學家對壓力調適（stress adjustment）的定義，看法並不一致，有的認為調適是一種連續性的過程，個體會不斷地對生活中的困擾與壓力加以因應（Folkman & Lazarus, 1985）。有些人則認為調適是一種目的與結果，對壓力的感受性較低，以及具有較高的生活滿意度者，是屬於壓力調適良好者；但是不當的調適方法，將會增加對壓力的感受性，甚或產生身心症（Stone & Neal, 1984）。

　　以下將分別就學業與工作兩方面的壓力及其調適方法進行介紹。

## 學業的壓力

　　青少年在成長的階段，除了要面對生理和心理的改變之外，還必須在家庭、學校、同儕和社會間扮演不同的角色，另外，面對繁重的課業壓力以及一連串的考試，都是壓力產生的來源。隨著科技進步、資訊發達以及媒體的傳播效應，使得現今的青少年

更要提前面對社會多元化的發展與改變，此時若是無法適應生活的改變及面對社會的快速變遷，那麼就很有可能會造成適應不良的狀況。

Printz與Goheen（1991）發現：青少年對社會變遷、生活壓力事件、個體生理改變、學校課業壓力及同儕競爭壓力的因應較缺乏，因此一但面對過度的壓力，而自己又無法有效因應時，就經常導致心理失調或產生身體疾病。而當青少年在面臨不同的壓力時，經常會造成情緒上的不穩及低落，有的甚至引起精神方面的疾病，根據衛生署八十八至八十九年度的統計資料顯示，二十家青少年保健門診的求診個案共計9,955人，其中以16歲～18歲的青少年求診人數最多，佔33%，其次是19歲以上，佔25%；以就讀學校區分，高中職學生求診者最多，佔30%，其次為國中，佔25%；求診原因以情緒問題最多，佔18.4%（盧映利，1999），可見青少年時期受到情緒困擾的影響很深。尤其現在的青少年抗壓性及挫折容忍力均低，當面臨上述壓力時，由於缺乏問題解決的技巧，或缺乏家庭及社會的支持，在無法適時有效解除壓力時，有的人甚至會萌生自殺的念頭，因此教導青少年如何面對壓力以及學習有效壓力管理的方式實為當務之急。

## 一、學生壓力的來源

學生壓力的來源是多方面的，以下僅就個人、家庭、學校、社會、同儕及感情等六方面進行探討。

### （一）個人因素

個人的能力、人格特質、過去經驗、觀念想法、健康狀況、挫折容忍力、對自我要求、時間管理能力或生涯規劃等因素，皆有可能影響個人在面對壓力時的反應。例如，情緒不穩定、自

卑、對前途感到不明確等，很容易就產生壓力。

## （二）家庭因素

家庭結構改變（例如，破碎家庭、單親家庭等）、家庭氣氛、父母管教方式、對子女的期望、親子溝通方式及家庭經濟狀況等，會影響孩子的情緒發展及解決問題的方式。例如，父母對孩子期望過高、採用責罵的管教方式、親子互動差、父母經常爭吵、家庭經濟狀況欠佳等，都是產生壓力的來源。

## （三）學校因素

開學或學期結束、轉學、作業壓力、考試競爭、教師管教方式、社團參與、活動比賽、人際關係及校園文化等，亦會造成學生的壓力。例如，作業太多、測驗和考試頻繁、成績不理想、老師要求過高、師生互動不良、被學校處分等，都是造成學生壓力的原因。

## （四）社會因素

環境、人文、媒體、價值觀等因素也將影響學生在面對壓力及調適時所面臨的問題。例如，交通擁擠、空氣污染、噪音污染、社會治安惡化、人身安全、法律及社會制度不健全等。

## （五）同儕因素

同儕互動、同儕之間的競爭或同儕期望的壓力因素，對個人在求學期間影響頗深。例如，與朋友發生爭執、缺乏知心朋友、被朋友欺騙、出賣、被朋友排斥等，在重視同儕友誼發展的青少年時期是很苦惱的事。

## （六）感情因素

大學時期，心智發展趨於成熟，是追求被愛與被關懷的親密關係最強烈的時期，所以在此階段情緒經常受到感情因素的影

響，例如，彼此不瞭解、個性不合、缺乏溝通、過份遷就對方、對彼此要求過高、忌妒懷疑、性行為等因素，皆會進而影響青少年的日常生活表現。

## 二、壓力對學生造成的影響

當壓力產生時，身體會產生不同的生理反應，例如，自主神經系統和腎上腺素的分泌增加，心跳及心臟收縮力增加，血壓升高，瞳孔放大，四肢肌肉收縮流汗，呼吸加速，新陳代謝加速，血醣增加，抑制腸胃蠕動，和肌肉緊張的敏感度提高等。所以，當學生面對壓力時，經常會出現心跳加速、食慾不佳、憂鬱、失眠、焦慮、不安、害怕、茫然、注意力無法集中、慢性倦怠、高缺席率或抽煙次數增加等現象。研究指出青少年普遍有壓力感受及身心困擾的問題，而且容易以頭痛、胃痛、沮喪、憂鬱、藥物濫用、自殺的方式表現，而且壓力愈大，身心症狀愈多；但是對壓力的處置與調適性愈好，其身心症狀就愈少，由此可知個人對壓力的調適行為與身心健康有顯著的相關（江承曉，1995；宋維村，1995）。

## 三、學業壓力調適策略

儘管學業會給學生帶來一些壓力，但只要能有效因應，壓力必會減到最低，以下就提出一些方法：

### （一）良好的讀書環境

一個良好的讀書環境應該是照明光度足夠、空調溫度適宜、桌椅高度符合人體工學及環境清潔乾淨。若能再輔以正確的讀書姿勢，定時休息，避免眼睛及身體過度疲勞，相信更能增進學習的成效。

## （二）準備考試的秘訣

蒐集與考試相關的資訊及資料（例如，講義、模擬試題）、排定讀書計畫時間表、整理筆記並摘記重點、複習後若有不懂應適時向人請教，找尋合適的讀書環境，並且找尋可共同切磋學業的朋友共同準備課業與考試。

## （三）學習正向思考方式

瞭解自己的學習狀況及實力，接受自己並且相信自己已經盡力，降低目標及水準，改變對自我的完美要求，有時不一定要100分，先求60分及格就好，找個理由原諒自己也是健康的，多給予自我鼓勵，增加自信心及適應壓力的能力。

## （四）均衡的飲食

某些食物由於含有咖啡因等刺激性物質，容易加速人體的新陳代謝，並導致壓力荷爾蒙的釋放，因此應避免攝食，例如，咖啡、可樂、茶及巧克力等。並且應多吃富含纖維質的食物，例如，水果和蔬菜；壓力太大的時候，更需要注意維生素B和C的攝取。

## （五）注意進食的速度及氣氛

進食速度太快及不佳的進食氣氛皆會影響腸胃消化，所以，進食時應保持愉快的氣氛緩慢進食，如此可減少壓力並避免潰瘍情形的產生。

## （六）多運動

運動可讓讀書更有效率，定時進行伸展與放鬆的運動，配合正確的呼吸方式，可舒緩身心壓力，促進局部肌群的血液循環，增進讀書效能。整天坐著不動會使營養吸收力減半，輕微運動，例如，搖呼拉圈，作柔軟操，騎腳踏車，散步、游泳、球類等都

是很好的運動，既不會太累，也能保持體力。

## （七）良好的睡眠品質

　　每日固定就寢時間、養成定時睡覺、定時起床的習慣；不熬夜，睡眠充足才能發揮實力。當出現失眠現象時，可以嘗試睡前喝溫牛奶、洗熱水澡、聽音樂、上床前把困擾的事情解決、睡前不喝茶或咖啡、睡前不看恐怖片、睡前不喝太多水等。

## （八）培養興趣及嗜好

　　依自己的興趣去做一些喜歡的事，也可幫助自己減輕壓力。例如，聽音樂、看電視、看電影、閱讀、逛街、唱卡拉OK、參加演唱會等，皆可幫助我們減輕壓力。

## （九）控制情緒，放鬆心情

　　適當抒發自己的情緒，和可以信任的人傾訴心中壓力，每天深呼吸十五分鐘，可以幫助自己放鬆心情。

## （十）學習有效時間管理策略

　　依事情的重要性排定優先順序，有效利用時間，以達成目標，若能做好時間管理，將有助於降低壓力。找出休息時間，試著從壓力中找出一些釋放喘氣的機會，將有助於調整身心反應，達到釋放壓力的效果。

## （十一）有效親子溝通

　　父母應多與子女溝通在校學習狀況，對於課業及考試是否產生挫折、同儕相處是否良好、有無異性交往的問題等，多傾聽、接納孩子的緊張焦慮，再與孩子共同商討如何面對這些問題，如果過了一段時間，仍不見效，可與專家會談，共同思考解決方法。

## (十二) 培養溝通的技巧

良好的溝通技巧可以幫助我們保持良好的人際關係,從而減少壓力。要改善溝通技巧,我們必須注重言語上及非言語上的溝通。

## (十三) 建立社會支持網絡

建立社會支持網絡可以幫助我們減輕心理及情緒上的負擔,分擔問題、提供經濟上、物質上、人力上的支持及指引,減輕壓力帶來的負面影響。

在多元升學管道開放之下競爭的同時,莘莘學子們正面臨著繁重的課業與考試壓力,適度的壓力可以激發潛能,但是過度的壓力則會阻礙學習的成效,所以,為了幫助青少年,更需整合家庭、學校、同儕及社會等支持網絡,如此才能使我們的下一代過著更健康快樂的生活。

# 工作的壓力

時代進步,科技日新月異,現代人的工作量與工作壓力也相對增加,工作的壓力常來自於面對新業務、工作責任的改變(例如,升遷、降級、異動)、工作超過負荷量、專長無法發揮、與上司爭執、不易與他人分工合作、工作氣氛差、職位轉換、遭解聘、不符合工作量的報酬、休假、退休、或失業等改變,隨之而來的職業病及心理上的健康問題隨時可見。尤其在經濟不景氣,失業率攀高的時候,精神科的醫師就表示會接到不少失業者來求診,而這些患者大都有失眠、憂鬱、整個人感到不對勁的情況,甚至有些失業者採取自殺等激烈的手段。

根據英國心理健康慈善團體「Mind」針對1,500位捐款者所做的調查中發現，其中有61%的人認為工作壓力使他們產生憂鬱、焦慮等心理問題；27%的人表示，當他們心理壓力沉重不想上班時，他們會用身體不舒服為由請假，而不會說出真正的原因（KingNet國家網路醫院，2001a）。根據國際壓力管理協會（International Stress Management Association and Royal & SunAlliance）最近完成的一項最新統計指出，44%的人認為通勤上下班已成為他們生活中最大的壓力來源；31%的人表示，工作上的問題是最大的壓力來源，且男性的工作壓力比女性更大（KingNet國家網路醫院，2001b）。而根據英國工會代表大會（Trades Union Congress－TUC）的統計，造成勞工壓力的原因，依序為：沉重的工作量（74%）、公司裁員（53%）、工作上的改變（44%）、過長的工時（39%）等（KingNet國家網路醫院，2001c）。所以可見工作對個人心理壓力所造成的影響實為深遠。

## 一、工作壓力的定義

Caplan，Cobb & Pinnean（1975）認為工作壓力是由工作情境中的某些特性，而對個體產生脅迫的現象稱之。李明書（1994）認為工作壓力是指工作相關情境因素與個體產生交互作用，促使個體產生調適性反應的一種狀態，個體若是無法控制這些情境因素所造成的不利後果，便會產生工作壓力。

## 二、工作壓力的來源

藍采風（2000）在所著的《壓力與適應》乙書中提及工作壓力的來源可分為工作上的壓力來源、個人的特質及組織外的壓力來源，說明如下：

## （一）工作上的壓力來源

1. 工作的本質：工作環境不良、工作負荷過重、時間壓力、對身體可能造成傷害等。另外，工作性質若是需要經常暴露於危險環境中，其工作壓力當然高於其他人，例如，警察、船員、礦工等工作。
2. 在組織中的角色：角色模糊、角色衝突、對別人負責、組織內在與外在領域的衝突、派系歸屬等。
3. 生涯發展：升遷太多或太快、無升遷或大才小用、對工作沒有安全感、進取心被阻撓等。
4. 工作人際關係：與上司關係不良、與下屬或同事之間關係不融洽、授權困難、對於所委派之責任感到困難、來自下屬的威脅等。
5. 組織文化或結構：沒有或極少參與決策、預算受限、公司的政策、缺乏有效的諮詢系統、行為的限制、缺乏共識、團體的壓力等。

## （二）個人的特質

例如，焦慮程度、神經緊張程度、對模糊不清的忍受度、壓力承受度、A型性格、情感問題等。

## （三）組織外的壓力來源

例如，家庭問題、通車通勤問題、生活事件危機及財務問題等。

# 三、工作壓力所導致的生理疾病

劉德鈴（2000）認為工作壓力可能導致下列的疾病：

## （一）神經系統

記憶力減退、精神無法集中、腦機能遲鈍、緊張性頭痛及偏頭痛。壓力造成的頭痛屬緊張性頭痛，壓力使肌肉收縮，肌肉收縮導致頭痛，而頭痛又導致肌肉收縮而益加嚴重。偏頭痛通常出現在壓力消失之後，這是一種由頭部與頸部血管擴張引起的頭痛，可能劇痛到無法工作。心臟血管循環系統：壓力來臨時，腎上腺素升高、心跳加速、血壓升高，若再加上中年上班族已有的高血脂症，則極容易引起動脈硬化和心臟病。

## （二）腸胃及肝膽系統

長期壓力會導致胃酸分泌增加，胃潰瘍及十二指腸潰瘍的情形經常可見。另外，「急躁性大腸症」，造成便秘及拉肚子交相輪替的症狀，也造成上班族相當大的困擾。若再加上經常應酬飲酒，過度勞累，則肝硬化、肝癌的機率就會增加。

## （三）肌肉系統

沉重的工作壓力，會導致血循不順、代謝廢物沉積、神經感覺異常，以致出現酸、麻、脹、痛等症狀。從事靜態工作（辦公室工作）的人多半背部柔弱無力，壓力使背部肌肉收縮而致背痛。

## （四）內分泌系統

工作壓力過大的情況下，常會導致荷爾蒙分泌不正常，而出現像月經不順、甲狀腺機能異常等現象。

## （五）皮膚系統

例如，皮膚病、長白髮、禿頭等現象，當壓力出現時，病症會再發或惡化。

## （六）免疫系統

癌症與壓力的關聯在於壓力產生自由基，自由基破壞細胞，並造成細胞突變，進而使人體的免疫系統功能減弱，而使免疫系統不能在惡性細胞侵入前將其消滅。

## （七）精神系統

長期壓力所造成的精神疾病，輕者有焦慮、失眠、憂鬱、精神官能症，重則有強迫症、妄想症，甚或躁鬱症等。

# 四、工作壓力所導致的心理疾病

（一）焦慮。
（二）憂鬱。

# 五、工作壓力所導致的行為問題

工作壓力除了導致身心方面的症狀外，另外在行為方面也容易導致一些問題，列舉如下：

（一）工作績效降低。
（二）缺乏創造力。
（三）逃避責任。
（四）降低對聲名的渴望。
（五）工作氣氛不和諧。
（六）離職率增加。
（七）高失業率。

## 六、工作壓力的因應與管理策略

　　工作壓力若無法有效調適，所造成的負面影響對個人及組織而言，都將付出相當大的成本與代價。

### (一) 規律的運動
　　例如，有氧運動、慢跑、游泳、太極拳等對身體的放鬆有很大的幫助，另外運動時注意力會暫時離開壓力源，也會讓頭腦變得更清晰。

### (二) 充足的睡眠
　　「休息是為了走更長遠的路」，擁有最佳的睡眠品質才能創造更高的工作效率。避免熬夜、睡前避免喝酒、咖啡、茶、可樂或吃辛辣的食物；避免劇烈運動；臥房佈置要舒適，盡量減少被干擾。

### (三) 適當的飲食及愉快的進食情境
　　刺激性的食物（例如，咖啡、濃茶、辛辣食物等）及高醣份食物，皆會對消化系統造成負擔，應多攝食低脂、低蛋白和含高複合碳水化合物的食物，另外，還須避免因過度壓力而產生暴飲暴食的現象。愉快的進食情境，則可以讓自己的心情更輕鬆。

### (四) 適當的休閒娛樂
　　試著讓自己遠離壓力來源一段時間，從事能舒展身心的活動，例如，旅遊、聽音樂會、看電影、逛街購物等，藉由環境的改變，激發更多的想像力。

### (五) 時間管理
　　籌措時間讓自己能寬裕地工作和生活，不虛擲光陰，遇事勿猶豫不決、學習適度的拒絕別人、不過度沉迷於享樂，時間足

夠,心情自然不會陷入緊張狀態。

## (六) 學習正向思考方式

以積極正向的態度面對工作上所遭遇的挫折,多蒐集自己成功的經驗,回想別人對自己的稱讚。瞭解自己的優點並予發揮,知道自己的短處,懂得彌補應付。

## (七) 培養危機處理的技巧

有許多狀況並不是我們可以控制的,所以應培養危機處理的技巧,使自己能夠應付突發的狀況。

## (八) 自我充實

適時地進修、充電,並加以應用整合,培養多角度的思維,激發更多的創意,以適應社會環境之需求。

## (九) 共享人際支持

不要為了工作或家庭的承諾而疏忽朋友,良好的人際關係,有助於事業、家庭與生活適應。多用心、設身處地為人著想、避免不必要的批評,若能順利處理人際問題,就等於掌握生活贏家的鎖匙。

## (十) 善用社會資源網絡

建立親友與相關機構之間的支援系統,以分擔生活壓力。當壓力過大時,可及早求助心理諮商機構或精神科等專家的協助。

## (十一) 學習放鬆技巧

例如,靜坐、腹式深呼吸、肌肉放鬆練習、瑜迦、冥想、自我催眠、芳香療法、水療法(三溫暖、藥浴等)、音樂療法及生理回饋練習等,皆有助於遠離壓力。

# 結論

　　人的情緒直接影響思考、判斷和行動，人的想法、行動和心情是相互影響的，你怎麼想，就怎麼感覺；當你怎麼行動，也就有怎樣的心情，所以及時換個心情，讓自己能面對壓力是很重要的。壓力調適的最佳方式，應是發揮壓力的良性影響與減少它的惡性結果。壓力管理實際上就是一種自我察覺與自我控制的歷程，瞭解「山不轉路轉，路不轉人轉，人不轉心轉」，改變自己的想法或行為時，才能稱之良好壓力調適。Price, et al.（1985）的研究指出，不良的因應方式，會增加壓力對身心不良的影響，例如，採取抽煙或喝酒等方式傷害身體、使用拖延或逃避的方式，造成個體產生憂鬱、敵意、失望，甚至自殺的情形，如此一來，最後甚至造成影響社會安寧與浪費社會資源之狀況。

　　壓力會讓個人必須耗費額外的能量去處理，所以，相對地應付日常生活事件的能量就會減少，所以在此階段，個人若是無法有效分配個人的時間、精力等之能量分配時，壓力的危機就會增加。有的人感覺壓力是一種威脅，所以大多數的人都會逃避；但是有的人卻將壓力視為挑戰，而去面對克服。如何讓生活過得既健康又快樂，是人人想追尋的，解壓的方法就是不斷告訴自己「只要我還活著，一定會有好的事情發生」。人生道路四通八達，此路不通，必有別的路可走。我們必須珍惜生命，只有它的存在，才能揮灑從中得到喜樂，才能創造愛、光彩和價值。

# 參考書目

## 中文部分

江承曉（1995），青少年壓力因應之探討，《學校衛生》（26），33-37。

宋維村（1995），心理危險因子與青少年藥物濫用，《中華心理衛生雜誌》8（1），3-5。

李明書（1994），工作壓力及其管理策略之探討，《勞工行政》（74），22-28。

張春興（1991），《張氏心理學辭典》。台北：東華。

劉德鈴（2000），工作壓力所引起的疾病，《人事月刊》31（1），38-40。

盧映利（1999），鬱卒青少年心事祕密談目前全台有廿八家醫院提供隱密問診空間。http://www.ogle.com.tw/v30/。

藍采風（2000），《壓力與適應》。台北：幼獅。

## 英文部分

Bailey, J. K. (1980). Job stress and other stress related problem. In K. E. Claus & J. T. Bailey (Eds.) *Living with stress and promoting coell-being: A handbook of nurse.* 49-90. St. Louis: C. V. Mosby.

Caplan, R. D., Cobb, S., and Pinnean, S. R. (1975). Job Demands and Worker Health: Main Effective and Occupational Differences. Washington, D.C.U.S. Government Printing Office.

Folkman, S. & Lazarus, R. S. (1985). If it changes it be a process: a study of emotion and coping during three stages colleges examination. *Journal of personality and social psychology*, 48, 150-170.

KingNet國家網路醫院（2001a），現代人的三大苦惱：工作壓力、寂寞、喪親。

http://www.webhospital.org.tw/health.html?n1=971331888&n2=971332531

KingNet國家網路醫院（2001b）現代人最難以承受的通勤壓力

http://www.webhospital.org.tw/health.html?n1=973138470&n2=973138485

KingNet國家網路醫院（2001c），現代人工作所面臨的最大問題—沉重的壓力。

http://www.webhospital.org.tw/health.html?n1=975674073&n2=975674095

Lazarus, R. (1966). Stress related transactions between person and environment. In L. A. Pervin and M. Lewis (Eds.) *Perspectives in international psychology*, 287-327. New York: Plenum.

Price, et al., (1985). An empirical test of a cognitive social learning model for stress moderation with junior high school students. *Journal of school health*, 55, 217-220.

Printz, M., & Goheen, D. (1991). Social support, coping strategies, and long-term adaptation to ostomy self-help group members. *Journal of Enterostomal Therapy*, 18(1), 11-15.

Stone, A. A. & Neal, J. M. (1984). New measure of dairy coping: development and preliminary results. *Journal of personality and social psychology*. 892-906.

# 第13章

## 感情與婚姻生活
## 的壓力調適

作者：高嘉慧

「壓力好大」是現代人經常掛在嘴邊的一句話，任何不順心、不如意的事都有可能會導致人們的心情不耐與煩躁。情字這條路，是大多數人的必經之途，有的人一路順遂，最後步入公主與王子從此以後過著幸福快樂的日子；但是，許多人卻也在這條路上，跌跌撞撞，傷痕累累。感情與婚姻會成為現代人的壓力是無庸置疑的，初戀時的甜蜜，到最後生死不得的感受都有可能，所以，感情對我們的影響實在具有舉足輕重的地位。

結交異性朋友在青少年時期是一個很重要的社會性發展目標，根據McCabe（1984）指出，約會具有娛樂、作伴、社會化、性的嘗試和滿足，以及挑選終身伴侶等功能。青少年對異性充滿好奇，也都急於嘗試與異性交往，但是在欠缺絕對的交友規範與方法之下，青少年在面對異性時，經常會不知所措，甚至踰越規範。另外，當青少年結交異性朋友後，常會影響本來的生活習慣，雙方感情好的時候，洋溢幸福滿足的感覺，令人生羨；可是一但感情上面臨問題時，例如，擔心會失去對方、缺乏安全感、擔心父母反對、在乎外人對這段感情的評價，因此，不安、焦慮、氣憤等情緒反應相對出現，所以，結交異性朋友對青少年來說是一項挑戰，也是一項壓力的來源。情字這條路，稍有不慎，即可能造成不幸的事件，例如，過去曾經發生某著名研究機構的研究員，因追求女同事不成，憤而在飲水機中下毒；某國立大學兩名碩士班的女生因先後愛上同一位博士班的學長，而發生殺死毀容的情殺事件。這些實例都顯現出現今的青少年因為缺乏面對感情問題處理的因應策略而導致的負面事件。所以，如何以正確的態度與異性交往更顯重要。

大多數的人都會與人約會、陷入愛河、發生親密性關係、結婚，以及建立一個屬於自己的家庭。家庭的互動成為人們日常生活重心所在，也是影響生命最重要的部分。在談戀愛時，彼此為

對方犧牲很容易，但是一但進入婚姻，羅曼蒂克的感覺消失時，隨之而來的是面臨婚姻生活中的實際生活，柴米油鹽，若是再加上家庭、孩子等因素，就夠雙方忙得團團轉了！但是有許多已婚或即將邁入婚姻一途者，對於婚姻關係、婚姻中彼此家庭及個性的差異性、婚姻角色、婚姻溝通、婚姻衝突、工作與家庭、家庭危機等並不是非常清楚，以致造成許多婚姻的問題。

## 愛的種類

什麼是「愛」？不是每一個人都能明白指出的。史坦柏格（Sternberg, 1986）認為男女之間的愛應該包括：親暱（intimacy）、熱愛（passion）及承諾（commitment）三個因素，親暱是指親近與分享，代表情緒因素；熱愛是指性愛與合而為一的需求，代表動機因素；承諾是要求維持人己關係，代表認知因素。而此三個因素會因不同的時間與程度上的差異，而顯現出不同的愛情特色。蔡文輝（民87）在《婚姻與家庭》乙書中指出，「愛情」是一種主觀直覺的心理狀況，它包括一種對某一個人或某一件物品的心理情感的感受和內涵；一種對某一個人或某一件物品的正面好感；一種溫暖和親近的感覺；以及一種希望與某一個人互動的心理衝動。而愛的種類大致可分為下列幾種類型：

一、朋友之愛：是指朋友之間相互信任與推心之下所產生的感情。緊張情緒的表現較少，時間較持久，不會出現生理上性的要求慾望。

二、嬉戲之愛：視愛情為遊戲，以征服對象為主要目標，只求獲得卻不付出，缺乏誠心誠意。

三、理性之愛：是一種現實主義的愛，以先入為主的條件和標準來取捨所愛的對象，以理性思考為出發點。

四、佔有慾之愛：以完全佔有對方的一切為目標，不允許對方有旋轉的餘地，得失之心較重。

五、大公無私之愛：一種不自私且完全付出的愛，願意自我犧牲，認為愛是付出，而並不是獲取。

六、伴侶之愛：當雙方長時間相處後，彼此發展出互信互諒的愛，感情比較穩定，而且時間維持較久。

七、羅曼蒂克之愛：此種愛情特性是屬於短暫且具有火花爆發式的高度情緒伸張，富有相當程度的幻想。

## 約會的功能

約會是男女交往的必經之途，Skipper and Nass（1966）指出約會具有以下四種主要功能：

一、娛樂性：約會時所進行的活動具有娛樂性，例如，用餐、看電影、聽音樂會、觀看運動比賽等，藉由約會的過程可以讓男女雙方獲得愉快的經驗。

二、社會性：男女雙方可以經由約會的過程更加瞭解對方，瞭解兩性之間相似及相異的地方，彼此學習如何相處。

三、地位：約會可以提高男女雙方的地位，例如，男生如果追求到校花，則他在同儕之間的地位便會隨之提昇。

四、戀愛或擇偶：男女雙方經由約會過程的相處，可以找尋合適的對象，進而作擇偶的準備。

## 戀愛的過程

Knox（1975）研究指出，男女從相識到許下婚姻的承諾，大概會經過以下四個階段：

一、物以類聚階段（the homogamy stage）：在這個階段，只要雙方的個人特質能夠吸引對方，則彼此就會嘗試交往，也就是說，個人所喜歡的往往是跟自己相類似的人，此時的約會狀態屬於「偶發的約會」，當一方願意延續此關係，則戀情就可能持續下去。

二、融洽階段（the rapport stage）：在這個階段，雙方會繼續交往，互吐心聲，分享心情點滴，戀愛關係從物以類聚階段進入融洽階段，此時隨著約會次數的增加，以及約會對象的固定，進而發展成「固定約會」的型態。

三、承諾階段（the commitment stage）：男女雙方經歷物以類聚階段及融洽階段的過程後，當任何一方發現彼此感情的歡愉，並且希望能夠持續這段感情時，即進入所謂的「定情」階段，但是此時的承諾比較傾向於「配對的獨佔」，而非婚姻的諾言。

四、深入瞭解階段（the progressive involvement stage）：在這個階段，男女雙方的關係由當初相識緊張的狀態，進入鬆弛狀態，彼此不再刻意掩飾缺點並展現優點，開始會表現出較真實的自我，因此，雙方能夠更加瞭解對方，當彼此都願意互許諾言，則進入婚前的最後一個階段——訂婚或即將訂婚。

# 感情壓力的來源

人是有感情的動物，我們會因為戀愛時愉快的感受而不自覺地露出甜蜜的微笑；但是也會因為感情上遭受的問題而心煩意亂，感情的壓力，究竟是因為看不開，還是捨不得，這必須是情侶們深思的問題。導致男女感情關係破裂而無法長久維持的原因，包括：個性不合、志趣不同、互相厭倦或第三者的介入等因素。年輕男女對約會總有一種甜蜜的幻想，但事實上，約會並非全是那麼夢幻式的美妙，約會的男女經常會遭受一些問題的壓力，必須加以處理和解決。以下針對可能造成感情壓力的來源進行介紹：

一、雙方個性差異問題：在互動、溝通及問題解決方面，經常會因雙方個性的因素，而有不同的看法與意見。

二、雙方價值觀不同：彼此價值觀的認知不同，經常會影響事情決策與相處時的問題。

三、忌妒心理：「情人眼中容不下一粒沙子」，當自己所愛的人與其他異性高興談笑，甚至共同出遊，相信沒有一個人能長久忍受的。而且，有的情侶甚至會懷疑雙方相愛的程度，究竟誰愛誰比較多。

四、約會的方式：約會地點的選擇，約會時的行為表現，男女雙方的期望是否相同，應如何協調等問題，也會造成雙方的壓力。

五、金錢的問題：雙方用錢的方式？外出時該由誰支付費用？發生問題時應該如何協調與處理。

六、權力分配問題：當雙方意見不同時，應該由哪一方決定？應讓步還是堅持己見？

七、親友的意見：親友的看法與意見有時會影響情侶彼此之間的看法，尤其當雙方之間產生問題時，朋友的意見更顯重要。

八、家長反對：一但雙方相戀而又遭受到家長的反對時，將會更加加深情侶之間的壓力。

九、未來關係的考量：許多情侶談戀愛的目的，不外乎就是結婚，所以，約會期間總自然而然會考慮到未來的關係問題，一但論及婚嫁，壓力自然隨之加深。

## 感情壓力調適策略

「問世間情為何物，直叫人生死相許」，感情世界中的情緒高低起伏頗大，如何有效因應感情的壓力，不妨採用下列方法：

一、彼此多溝通：可透過電話、小紙條、信箋、網路或當面溝通，化解彼此的疑慮與不安。

二、找朋友傾訴：學習傾吐，可以減輕個人的壓力。

三、與家人商量：家人之間的關心及支持可以幫助我們處理感情的問題。

四、尋求專業協助：例如，感情問題諮詢、心理醫師或醫療院所等專業協助處理感情問題。（臺灣各專業機構可參考本書之附錄）

五、建立良好的人際關係：擁有良好人際關係網絡，讓我們在面臨感情壓力時，使我們獲得支持與協助，宣洩不滿的情緒，舒緩壓力。

六、放鬆自己：享受自己所喜歡的活動與嗜好，試著去接觸

自己內心的真實感受，學習如何放鬆自己。

七、學習降低壓力的技巧：例如，肌肉放鬆訓練、冥想、坐禪等。

八、學習快樂分手的技巧：分手並不一定全是痛苦、憤怒或絕望的，換個角度想，分手後將擁有更廣闊的空間，所以，分手也可以是快樂且彼此祝福的。吳娟瑜（1998）在《情緒管理學》乙書中提出快樂分手七招式：

（一）敏略的覺察力：當對方經常出現爽約、說話言詞閃爍、眼睛不敢正視等狀況時，可能要注意雙方感情是否已出現問題。

（二）提前評估：雙方在平常時，就應依相處的狀況來評估這段感情是否該繼續維持下去，還是該結束戀愛關係。

（三）反問對方：在對方提出分手時，勿掉入「哀求」的狀況，應靜下心來，反問對方：「這是你心裡最想要的選擇嗎？」，然後冷靜聆聽。

（四）祝福對方：彼此雖然因為不合適而分手，但是勿忘祝福對方。大家仍然可以維持朋友關係，彼此關心與協助。

（五）遠離電話：突然分手，聽到電話鈴聲是既期待又怕受傷害，此時不妨外出找朋友談心、從事自己有興趣的活動或安排進修研習。

（六）重回交誼圈：明瞭分手的前因後果，汲取其中的經驗，清楚自己要的是什麼對象，再度重回交誼圈。

（七）更愛自己：看重自己，欣賞自己，掌握自己快樂的主權，恭喜自己——又有更大的成長空間出現了！

# 婚姻壓力

結婚是件美妙的事，婚前情侶們總認爲只要彼此相愛，一定可以共同克服未來的所有困難，因此，婚前帶著對婚姻不切實際的幻想走入婚姻，而在經歷挫折與困難之後，才眞正面對婚姻的實際生活，此時若是雙方不懂如何有效溝通、不懂如何永續經營婚姻關係，那麼婚姻問題就會益加嚴重。現代的婚姻面臨著離婚率高昇，婦女外出工作機會增加，相對親職角色也隨之改變，甚至婚姻中的性忠誠也面臨考驗。若是婚姻關係發生障礙，可能引發焦慮、失眠、憂鬱，甚至妄想等症狀，婚姻壓力會降低一個人的工作品質，影響身心健康及社會功能等，皆顯現出如何維持良好的婚姻實在是人人必修的課程。

兩個人相知愈久，未來婚姻美滿的可能性愈高，一般而言，婚前的相處最少不得少於六個月，最好十二個月以上（Locke & Karlsson, 1952），事實上，當男女雙方相處一年以上的時間，很難將自己的一切隱瞞而不讓對方發現，所以，在經過這段時間的相處後，未來婚姻的穩定性較高。基於感情的因素而結合，是現代人們結婚的主要理由之一，當然也有人是因爲「互惠原則」而結合，但是不可否認的，在評價並肯定雙方在個性、觀念、態度、興趣、生活方式及經濟能力等各方面的適配程度，是步入婚姻的重要基礎。

## 婚姻壓力的來源

婚姻滿意度會隨著時間增加而顯現出逐漸下降的趨勢，而且

在婚姻互相伴隨的滿意關係，也只有在婚姻初期才能感受到（Rollins & Feldman, 1970）。現今雙薪家庭增多，女性不再像過去扮演在家相夫教子的傳統角色，女性開始走入社會，隨著教育程度的提昇以及經濟方面的獨立，因此，夫妻的相處模式也相對異於以往；尤其在兩性平權意識抬頭的今日，許多的婚姻適應問題及觀念也隨之改變。以下針對造成婚姻壓力的來源進行介紹：

一、個性因素：夫妻雙方個性不同，而且無法協調適應時，婚姻衝突的壓力就會產生。

二、觀念的不同：每個人的價值觀、人生觀等都不盡相同，因此當夫妻彼此觀念牴觸時，婚姻問題就可能產生。

三、教育背景差距太遠：夫妻雙方教育背景相差太遠，在思想上，比較會感到溝通困難。

四、經濟因素：金錢經常是夫妻間爭吵的主要原因，花錢方式？薪水收支是否平衡？家中經濟由誰掌控？俗語說：「貧賤夫妻百事哀」，終日飽受柴米油鹽的問題所困擾，在婚姻的選擇上，「麵包」與「愛情」孰輕孰重，答案自在個人心中。

五、雙方家庭因素：夫妻雙方的結合，彼此的生活背景、文化、親戚間的相處，都是雙方必須花時間去瞭解、適應並經營的，此時若是任一環節出現問題，則危機壓力就可能會浮現。

六、朋友的壓力：由於不欣賞配偶的朋友，或者朋友對此段婚姻有較多的批評與意見時，夫妻之間的間隙就可能增加，因此就有可能會導致雙方婚姻適應的問題。

七、嫉妒心理：由於對自己缺乏信心，擔心配偶會被他人吸引，或因為不信任配偶，因而產生嫉妒的心理，不僅使

自己痛苦萬分，也會使婚姻生活充滿危機。

八、工作因素：當夫妻雙方對彼此的工作性質、工作內容及投入的時間及精力方面，產生不同的認知時，衝突也比較容易發生。

九、子女因素：夫妻雙方對懷孕與否、生男生女、子女的教養方式、對於子女付出的照顧時間公平感或甚至夫妻面對不孕的狀況時，都會體認到壓力的感受。

十、婚姻暴力：婚姻暴力包括身體、精神、情緒等方面的虐待，當夫妻中任何一方有暴力傾向時，自然會對另一半產生極大的壓力。

十一、家事分工模式：現代夫妻雙方大多有工作，因此家事分工更顯重要，若仍像過去只由女性負責，則雙方的婚姻生活適應也可能會產生問題。

十二、生活習慣：當無法適應彼此的生活習性時，卻又必須共同相處時，婚姻壓力自然會產生。

十三、宗教信仰：夫妻雙方若是在宗教信仰上的理念有差距，或甚至一方對宗教信仰太投入時，皆有可能會影響彼此之間的感情。

十四、健康問題：夫妻任一方出現生、心理疾病時，對彼此的婚姻生活自然產生影響。

十五、溝通模式：不論是採取默默承受、不理不睬、嘮叨、翻舊帳或大聲爭吵等溝通模式，在無法協調的情況下，都會導致婚姻破裂的危機。

十六、對婚姻的期望不同：夫妻雙方對婚姻的品質、權利義務或滿意度的認知不同時，自然容易產生衝突，導致壓力的產生。

十七、性生活不協調：性行為的型式、頻率及滿足與否會影

響夫妻的相處，良好的性生活有助於夫妻情感的維繫，反之，則易導致婚姻生活問題產生。

十八、婆媳或妯娌相處問題：自古以來，婆媳或妯娌相處問題一直是女性在婚姻生活中極大的困擾，如何化壓力為助力，則端視個人的智慧。

十九、外遇問題：第三者的介入，對婚姻關係具有最大的殺傷力。

二十、不良的嗜好：配偶若有不良的嗜好，例如，抽煙、賭博、酗酒或上風化場所等行為，在婚姻生活上自然蒙上一層陰影。

## 婚姻衝突

專家們發現，對婚姻的滿意程度，會隨著結婚年齡的長短而有高低的分別。通常在結婚的前三年內滿意程度很高；到了孩子出世以後，則有急速下跌的趨勢，這也是丈夫最容易發生外遇的時機；等孩子到了十到十二歲左右時，滿意程度會再度回升，一直到兒童邁入青少年時期才下跌。這段期間由於青少年問題層出不窮，所以可能會使婚姻亮起紅燈。直到孩子們各自成家立業，脫離父母的懷抱後，滿意程度才又再度回揚（張乙宸，1993）。各學者對造成婚姻衝突的原因說法不一，在陽琪及陽琬（1995）所翻譯的《婚姻與家庭》一書中指出造成婚姻衝突的原因有以下五點：

一、婚姻的親密本質：婚姻伴侶之間緊密相連的關係，使得彼此都極度敏感並且脆弱。生活上彼此相繫，自我完全

的暴露，使得雙方的情緒都面臨著考驗。

二、對性別角色期望值的差異：男女雙方對彼此在生活上的看法歧異，這種歧見偶爾也會導致衝突。

三、個人特質：婚姻伴侶並不是彼此的附屬品，除了性別上的差異外，伴侶的個人經歷也造成相異之處，此種差異也可能導致衝突。

四、成長速率不一致：沒有人永遠保持現狀，每一個人的轉變方式與速度都不同，所以雙方若在成長方面速率不一致，自然也可能導致衝突的情形。

五、社會環境的轉變：婚姻雙方因應社會轉變的腳步不一致時也會導致衝突產生，例如，女方認同兩性平等的觀念，但是男方卻仍停留在大男人主義的觀念。

另外，綜合國外學者克萊摩（Klemer, 1970）及沙克思頓（Saxton, 1972）等學者認為造成婚姻衝突的因素如下（引自戴傳文，1992）：

一、對婚姻的期望過高、過低或不一致：夫妻雙方如果對婚姻生活抱持不切實際或是不合理的要求時，將有可能會引發夫妻之間的衝突。

二、爭勝負的習慣：婚姻生活中有許多的事情是找不到絕對的答案，所以若是執意一定要分出勝負，只是破壞夫妻之間的關係罷了。

三、破壞性爭吵方式：破壞性的爭吵方式包括，翻舊帳、只顧自己吼不聽他人說、作人身攻擊等，如此一來只會造成不可彌補的缺憾。而建設性的爭吵方式，則是指就事論事的意見溝通與協調。

四、消極反抗：消極反抗會阻礙雙方的溝通互動，減少協調

的可能及情緒的適度宣洩，長期下來，有可能會造成不可收拾的後果。

五、挫折感作祟：當個人的需要未能或無法滿足時，對婚姻關係會產生不良的影響。

六、觀念體系的差異：例如，自我概念、人生觀、宗教觀以及加值標準的差距，對夫妻之間的相處也具有很大的影響。

七、嫉妒心理：嫉妒是婚姻關係中最具有破壞性的心態之一，它包含著兩個層面的意義：一方面顯示個人對自己吸引配偶的信心不足；另一方面則表示對配偶的忠誠有著某種程度的不信任。

八、因不信任而要求時刻在一起：如果因為對自己缺乏信心或對配偶不信任，而要求時刻在一起，不僅會妨礙各自的發展，更對婚姻的維繫有著嚴重的傷害。

九、配偶個人的不良適應：配偶個人有著程度不同的不正常心態或心理疾病，在婚姻的相處上勢必發生問題。

因此，如果希望維持良好的婚姻關係，則以上所敘述的造成婚姻衝突的原因，則應儘量避免才是。

## 維持美滿的婚姻要件

如何維持美滿的婚姻直到白頭偕老，相信是大多數夫妻的願望，而洪有義（1987）指出維持美滿的婚姻的要件，有以下十點：

一、愛與關懷的表達：幸福的婚姻首重容忍、尊重、誠實及
　　為雙方的利益而想要在一起的慾望。在婚姻生活中，要
　　讓對方體會到配偶的愛與關懷，例如，適時的讚美、小
　　禮物的給予、愛的表現等，雖小卻能給予溫暖而被尊重
　　的感覺。
二、性生活的協調：良好的性生活能滿足和滋長情感，性生
　　活的適應是幸福婚姻的重要力量。
三、親屬關係的處理：以下依新婚夫妻及長輩兩方面介紹維
　　持良好親屬關係的條件：

　　（一）新婚夫妻必須：

　　　　　1.與配偶建立良好關係。
　　　　　2.與配偶的親戚發展良好的關係。
　　　　　3.與自己的父母重建關係。

　　（二）長輩們需要：

　　　　　1.體會孩子已成長、成婚必須與配偶建立良好的婚
　　　　　　姻生活。
　　　　　2.認識自己的孩子應該與其配偶的親戚和諧相處。
　　　　　3.與媳婦及其親屬建立良好關係。

四、金錢的支配：對於金錢支配的協調意見時要多為對方設
　　想。
五、對兒女的管教態度一致。
六、家庭危機處理：當家庭面臨危機時，夫妻相互的慰藉及
　　勉勵，可使危機化解；相反的，推卸責任、譏笑對方無

能、抱怨或批評，會使危機增加。

七、生活習慣與不良嗜好的適應及改良：個人的生活習慣及嗜好是積久成習的，夫妻在結婚前便應該認識這點，千萬不要認為結婚後，配偶會輕易受影響而改變。

八、家事的分擔：隨著家庭型態的改變，在夫妻雙方都外出工作的情況下，家事的分擔在夫妻恩愛生活中扮演著重要的角色，這表示夫妻互相體會勞苦，互相幫助。

九、責任感的建立：一個美滿的家庭生活，必須雙方都有適度的責任感；缺乏責任感的人，將不能享受圓滿生活，夫妻的感情也難長久維繫。

十、外遇問題的處理：當夫妻雙方面對外遇影響婚姻的危機時，雙方應開誠佈公的談談，究竟感情復合的機會有多少？如果夫妻雙方都同意婚姻尚有維繫的希望，則雙方應根據以往婚姻失敗的原因多加檢討及改進，以增進夫妻間的情感。

　　若以上的方法皆無效時，可以嘗試尋求婚姻諮商機構的協助，透過協助夫妻婚前準備及解決婚後適應問題的專業歷程，進而達到維持良好婚姻關係的目的。

## 結語

　　碰到壓力時，最重要的適應工作就是在失衡處找到平衡點，如此才能在調適後，找回健康的自我。男女從相識、相戀到步入結婚的殿堂，並沒有固定的公式或方法能保障一切圓滿，當婚姻關係無法維持下去時，我們經常可以聽到「因不瞭解而相識，因

瞭解而分開」之類的言詞，美滿婚姻的處方箋無他，若能在婚前謹慎評估，確定雙方的個性、家庭及各方面都能「適配」，瞭解維繫良好婚姻的特性，日後定有助於良好婚姻的建立與夫妻關係的長存。「鶼鰈情深」，人人生羨，近年來我國處於家庭結構變遷之際，家庭功能、家庭角色結構及互動關係轉變，為了降低國人離婚率，減少破碎家庭導致的青少年犯罪問題，教育部經過五年研議家庭教育法草案，其中第十二條規定，直轄市、縣（市）主管機關應研訂獎勵措施，鼓勵適婚男女參加四小時以上之婚前家庭教育課程，以培養正確之婚姻觀念，促進家庭之美滿。但是也有多位學者認為，短時間上課根本無法達到效果，不如把婚前上課改為「終身學習」概念，加強舉辦婚後成長教育活動，才有助提昇婚姻生活品質。

筆者於數年前至電影院觀賞「鐵達尼號」一片，情侶攜手前往觀看並不稀奇，但是我的眼光卻被一對年逾八十的老夫婦所吸引，因為我只見他們二老，手挽著手，踏著年邁的步伐，緩慢走至座位上坐下來，電影播放前的空檔，他們低聲聊天，不時微笑點頭回應，當電影播映完，布幕拉上，燈光轉亮時，我看到他們四目相望，老太太的眼中似乎泛著些許淚光，他們沉靜的看著對方，似乎正告訴著彼此「此時無聲勝有聲，一切盡在不言中」！電影情節如何不是重點，耐人尋味的是——婚姻關係的維繫若能長久持續如這對夫婦，我想應是大家都很羨慕及嚮往的！別忘了夫妻雙方都非常需要經常藉著口頭的鼓勵、集中的注意力、目光的接觸，愛的撫慰來使兩人活潑成長，充滿自信，讓我們共勉成為「有效能的夫妻」，永續經營婚姻關係！另外，想想已經多久沒有再向婚前時共度浪漫的晚餐、攜手傾聽分享生活的點滴？抽出時間、暫時拋卻孩子及家事等瑣務，重新談一次戀愛，看電影、散步都可以，只要你願意，再次重墜愛河其實並不難。

# 參考書目

## 中文部分

吳娟瑜（1998），《吳娟瑜的情緒管理學》。台北：里仁。

洪有義（1987），生活環境與心理衛生，載於吳武典、洪有義編著
《心理衛生》。台北：國立空中大學。

張乙宸譯（1993），《婚姻關係》。台北：遠流。

陽琪，陽琬譯（1995），《婚姻與家庭》。台北：桂冠。

蔡文輝（1998），《婚姻與家庭：家庭社會學》。台北：五南。

戴傳文（1992），《婚姻與婚姻諮商》。台北：大洋。

## 英文部分

Knox, D. (1975). *Marriage: Who? When? Why?* Englewood Cliffs,
N. J.: Prentice-Hall.

Locke, H. J.; & Karlsson, G. (1952). Marital adjustment and
prediction in Sweden and the United States. *American
sociological review*, 17, 10-17.

McCabe, M. (1984). Toward a theory of adolescent dating.
*Adolescence*, 19, 159-169.

Rollins, B. C. & Feldman, H. (1970). Marital satisfaction over the
family life cycle. *Journal of marriage and the family*, 32, 20-28.

Skipper, J. K., Jr., and Nass, G. (1966). Dating behavior: A
framework for analysis and an illustration. *Journal of marriage
and the family*, 28, 412-420.

Sternberg, R. J. (1986). Inside intelligence. *American Scientist*, 4, 137-143.

# 第14章

## 疏離與憂鬱

作者：羅聿廷

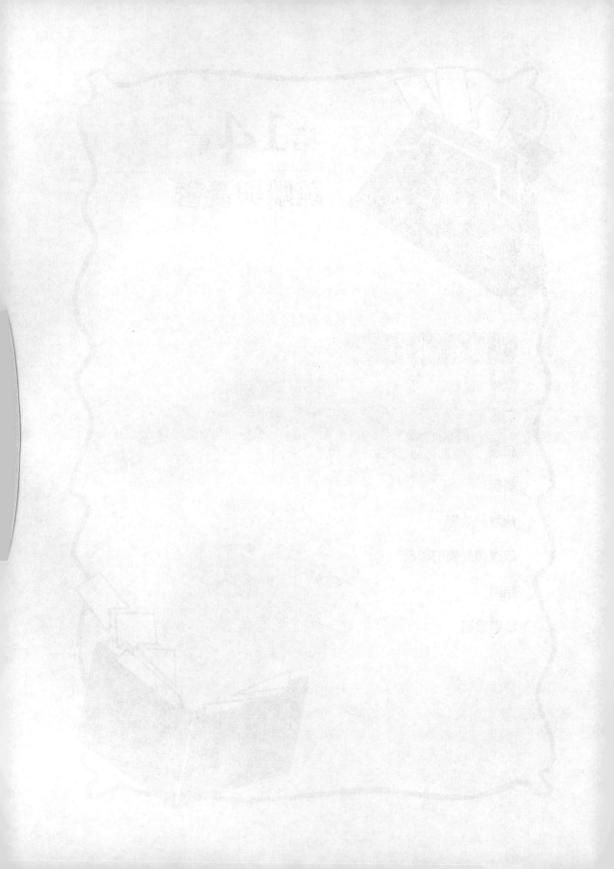

# 前言

對現代人而言，生命似乎是充滿許多矛盾。

以社會現象來看，許多人加深了對電腦的依賴。在網際網路環境裡，人與人隔層新關係（電子情人、網路一夜情），甚至對人與物產生新的關係（虛擬實境、3D動畫電視主播、電子寵物）；另一方面所有的電腦化設備在人機界面上或者軟體界面上越來越人性化。從好的方面觀看，電腦化設備帶給人們生活與學習的便利；但從另一面來看，它帶給人們更多虛擬人際關係、淡化了人情味。換句話說，電腦化的科技社會加深了人類社會的物化與疏離化（alienation）狀態。在焦桐的詩集第一輯中《擦肩而過》寫道：

> 關掉這兩扇沉重的門
> 我哄抱一群喧嘩的心事
> 依戀地回到混凝土的身軀
> …………
> 今天又有二十萬人和我擦肩而過
> …………
> 插滿碎玻璃的圍牆太高
> 一個人在思維裡散步
> 不得其門而路
>
> ——引自吳當（1995），《臺灣詩學季刊》，p. 147

短短的幾行字，顯示出人與人來往頻繁但也無情的狀態。接觸面的擴大，並不意味著情感的濃厚，反而是一種浮光掠影。擦肩的數量愈多，面對場景愈大，眼界應該是遙遠的，但人與人的

溫度卻無法傳遞，回首凝視那擦肩而過的二十萬人，每個人都是一座封閉的城堡，高度文明的鑰匙卻開啓不了它。陳枝烈（1991）指出：「當個體不知與家人、朋友、鄰居合作互動時，他的自我模糊，以至於與他人疏離且不清楚自己是誰？自己能做什麼？」所以，人間的情愛，並不是科技所能測量或增強的。

楊國樞（1989）認爲多元化社會有兩項缺點：第一是不安全感，由於社會競爭愈來愈激烈，在競爭的階梯上，掉至下面及升到上層的人都覺得孤獨又缺乏安全感；第二是不確定感，由於社會的多元使得個人面臨多重可能的選擇性，甚至形成混亂的選擇，結果失去了確定方向。過去在傳統的社會裡，制度與規範井然有序，個人雖然缺乏自主性，但是半強迫的社會裡約束使個人社會的關係仍有緊密性；隨著社會快速變遷，傳統社會制度與規範逐漸瓦解，價值標準由單元化進入多元性，面對這樣多元化社會的個體一方面掙脫了舊有規範的束縛，另一方面卻又產生不安全感及不確定感，故他與周遭的人群關係也變得模糊不穩，個人與社會的疏離感就成爲社會最醒目的現象（陽琪、楊金寶、陳寶芳，1992）。換句話說，人際的疏離已成爲現代社會的現象，而寂寞感、不安全感、不確定感、無助感、…等是社會疏離下的情緒反映。

其次，貝克（Becker）認爲個體的行動選擇愈限制（limited range of possible action）、行爲模式愈僵化（rigid action pattern）、自我評價愈低（low self esteem）則憂鬱程度愈高或愈嚴重，而在相等的生活壓力情況下，上述三種特質愈明顯其憂鬱（depression）程度愈高；另外，Abramson、Seligman & Teasdele提出修正後的學得無助模式，認爲憂鬱的產生是因爲個人具有負向的歸因風格，將負面事件歸因於內在（internal）、穩定（stable）、概括（global）的因素，在面對負向生活事件再加上外在條件的配合，

例如，缺乏社會支持、缺乏適當的因應策略，個人因而產生包含動機、認知、情緒、自尊等扭曲及低落等徵候，而此種負向的歸因風格與憂鬱進一步惡性循環使得憂鬱得以維持繼續（楊順南，1996）。胡嘉琪（2000）則指出憂鬱（depression）狀態下個體與人際環境間的疏離狀態，包括個體刻意隱藏自己，從人群中退縮；並且對人或環境抱持負向態度，無法信任或接納他人；同時感覺對人冷漠或害怕、又無法被瞭解或被肯定，而在這樣孤立的狀態下，也感覺到深刻地孤單寂寞。

換句話說，疏離與憂鬱兩者息息相關。當個體無法與環境有適當互動，又無法為自己生命賦予存在於世的意義時，就被一種與世隔離的孤立感、無力感、無規範感所包圍。以下則分別加以說明探討疏離與憂鬱。

## 疏離

### 一、疏離的涵義

隨著近代社會的演進，疏離（alienation）的範疇日趨寬廣。在社會科學的領域中，疏離感亦是學者們最感興趣的議題。在日常生活中，人們常說社會愈來愈失去規範、人情味愈來愈冷淡、漠不關心、對自己的工作或生活愈來愈不能滿足自己的需求…。如同西門（Seeman, 1971）所說的：「疏離感已成為現代社會的表徵。它被用來解釋人們所遭遇困難與解決之道。然疏離感不易被瞭解，它常被濫用或錯誤的解釋。我們應小心檢視其真正意義。」佛洛姆（Erich Fromm, 1955）認為：「疏離感是我們現代

人生活中最普遍的一種現象，最能威脅我們人類生活素質的一種破壞力量，它可能是一種不協調、失序、或是偏離常態的關係。」另外，Fromm也指出「自我感之喪失為現代人諸病之核心，在工業社會中，疏離包含所有的生活範疇，也許人類歷史就是無止境的疏離歷史。」Peter Berger & Stanley Pullberg（1965）則強調：「疏離是一種世界性的、永無終止的現象，象徵了所有人類的社會」。

由於「疏離」這個名詞被人使用已有相當的歷史，被使用的學術範圍亦相當的廣泛，故使其意義漸此籠統含糊，沒有肯定一致的定義。以下則從語意學、政治學、哲學、社會學、心理學等方面探究疏離的意義（馬立秦，1984；秦夢群，1991）：

## (一) 語意學上的定義

以英文辭典中最權威的《韋伯斯特字典》（*Webster's New International Dictionary of the English Language*）的解釋，「alienation」有三種意義：

1. 將財產轉移（transfer of property ownership）源自拉丁文alienare，意味著財產所有權轉讓給其他人。
2. 導致一種原來溫暖的關係轉而冷淡下來，一種疏遠而不為人所喜愛的狀態——也源自拉丁文alienare，是指一個人與他人情感上的疏遠。
3. 心理失常（mental derangement）即個人喪失心理功能而精神失常——源自拉丁文alienats。

另外依照《社會科學辭典》（*Dictionary of Social Sciences*）的解釋，疏離是指兩個部分間、整體間或世界上存在之事物間的分離。這種分離可以是：

1.一種客觀的狀態。

2.隨之而來的感覺。

3.一種朝向偏離的動機情緒狀態（motivational state）。

它產生在自我與客觀世界之間、自我與自我內在因素之間、或個別的自我與整體的自我之間。

## （二）政治學的定義

政治學者Thomas Hobbes 在他的著作*Leviathan*裡，指出「疏離」是一種對自然權利的放棄與轉讓。他認為個體唯有放棄天賦權利才能加入社會，組成城邦或國家，此種行為乃是出自個人的意願，因為當成為社會之一分子時，個人所得的好處較壞處多。

## （三）哲學上的定義

海格（Hegel）所持的唯心辯證論，將社會視為是一種精神體，個體生存在其中。如果兩者之間關係發生問題，即產生了所謂的疏離現象。此時疏離有兩種情況：一是自我疏離（self-alienation），導因於個體的自我與社會實體（例如，政治、經濟、宗教、教育制度）失去和諧性，也就是失去與社會實體的「連接性」（unity），舊的連結性已失去，而新的連結性未即時建立起來，乃造成個體連結性的中空因而導致疏離；另一種是個體的投降（surrender）或犧牲、放棄自我，與社會實體重新連結為一，以挽救疏離的危機，乃是個人心甘情願的行為，兩者即產生所謂自我疏離（self alienation）的現象。

佛洛姆所持的理念為一種泛疏離主義，他是將疏離之觀念普及化的最大功臣。他認為疏離普遍存在現代人生活中，他可能是一種不協調、脫序，或是一種不正常的關係。人不只與社會或環境產生疏離，即使與自己本身也會。人們有時懷疑自我的價值，

存在於社會的理由。此種疏離有時導因於外界壓迫（例如，使個體產生挫折），有時來自於個體的自省。Fromm認為一生中多少會有疏離的感覺，它已成為工業革命後個人人格的一部分（Johnson, 1973）。

## （四）社會學的定義

馬立秦（1984）強調疏離與疏離情況（alienation condition）兩者截然不同，疏離情況是一種客觀的環境，譬如一種工作的環境、互動的環境或權利分配的環境；而疏離則是一種主觀的心態（state of mind），自己在心理覺得不相歸屬，無法認同。以下則說明疏離在社會學上的重要概念。

馬克思（K. Marx）早年一度提出物質自我疏離說。他認為個人與社會實體分離，乃是外在的人與物橫加強迫所致，個人無力違抗。Marx認為疏離至少包括「放棄」（renunciation or religuishment）與「疏隔」（estrangement）兩種成分；對於疏離的解釋完全著重在人與物質、社會間所產生的隔閡，基本上它是以工人所從事工作是否得到滿足為出發點，認為工作者在兩種主要的工作情況下會產生疏離感：一是與產品的分離（separation of workers form the products of their labor），及工作者對工作無法產生認同歸屬，因為它們無法控制產品的品質；一是與產品手段的分離（separation of workers form the means of production），工人就像是一部機械，工作只不過是為了溫飽，受人驅策而已。所以製造疏離的根源是外界的人與物，例如，資本經濟結構中，資本家壓榨勞工，使工人產生疏離感，對產品、工作夥伴、生產活動、甚至人類的本質與歸屬感都感到疏離（引自浮絲曼，1993；林義男，1988）。

韋伯（Weber）對於疏離感的解釋與 Marx相似。Weber認為社會中任一個階級都會產生疏離。Weber 強調如果工作上不能提

供個人充分發揮自我決定的權利時，疏離感即會產生（Weber, 1964）。

涂爾幹（Durkheim）對於疏離感的看法則與 Marx 和 Weber 大不相同。他認為疏離主要因素是欠缺「社會規範」來引導人們的行為。所以 Durkheim 引用「失序」或「脫序」（anomie）一詞來描述人們疏離的現象，使人們不知所從，但這種疏離並非全然的。因為孤獨的無人為伴可能是一種客觀情況，但並非所有孤獨無人陪伴的情況下，人均是疏離的，有的人雖是孤獨但卻不感到疏離。

### (五) 心理學的定義

霍妮（K. Horney）的觀點與 Formm 觀點類似。K. Horney 是將自我疏離之概念普及化的重要學者。他認為對正常個體而言，當它內心發生衝突或矛盾，他會尋求解決之道，但個人往往會逃避現實，放棄真實的自我，寧願依附於虛幻的自我形象陰影裡。結果阻礙個體人性潛力的發展，內心衝突也無法解決，這種內心的衝突就是「疏離感」的來源，而疏離感的對象就在「自我」（郭為藩，1979）。也就是說自我疏離是源自個體放棄真實我，依附理想找所致。

綜合而言，疏離感（alienation）是一種個體主觀心理存有的狀態，它是對社會環境中的人、事、物之期望與價值不一致所衍生分離疏隔關係，造成個體失去認同及歸屬感以及伴隨而來的寂寞、不安、不適應等消極的態度與感受。

## 二、 疏離的層面

關於疏離感的概念研究者常有「單一層面」、「多層面」、

「整合性層面」的概念爭論。以下則說明其各家學者不同看法：

## (一) 單一層面的概念

單一層面的概念（uni-dimensional concept）馬立秦（1984）認為疏離感一詞用得太過混淆浮濫，有時用作一般的概念，有時當作學術用語，在不同領域出現則內涵迥異，故不妨捨棄「疏離」一詞，而直接使用其構面「無力感」、「無意義感」、「無規範感」、「孤立感」…等單一而明確的概念。

## (二) 多層面的概念

多層面的概念（multi- dimensional concept）Seeman（1959）檢視了諸領域中有關疏離文獻後，將疏離感分析成一個多層構面的概念，包括：無力感（powerlessness）、無意義感（meaninglessness）、無規範感（normlessness）、社會孤寂感（social isolation）、自我疏隔感（self-estrangement）。這五個構面既個別獨立，但又彼此有相互關係，涵蓋在疏離感整個概念上。

## (三) 整合性層面

整合性層面（integrating concept）Blauner（1964）則認為疏離感是由若干共變項所共同組合成的一般因素或徵侯（syndrome）。

但被常引述的概念，仍是西門（Seeman）的觀點。西門（Seeman, 1959）綜合相關文獻，將疏離感劃分為五種層面，以下分別說明：

## (一) 無力感

馬克思首先提出無力感（powerlessness）的概念。無力感是指工人在資本主義社會中的感覺，工人們覺得資本家擁有生產工

具與資本，資本家有權決定一切。工人們根本毫無影響力，因此無能爲力的感覺。此種感覺類似心理學家所指心理外控的信念，意味個人無法預測並控制自己行爲的結果及周圍發生的事物。換句話說，無力感是個體缺乏控制外在環境人事物的能力，覺得自己很無助。

## （二）無意義感

在工業社會中，由於分工過分精細，人們無法瞭解各事物與程序間的相互關聯；久而久之失去了獨立思考的能力，個體所做的工作在認知上很難與整個組織發生有機的串連，遂使工作喪失積極的意義（秦夢群，1991；李星謙，1994）。換言之，無意義感（meaninglessness）是個體對周遭事情不瞭解、對未來可能發生的事無法預期、甚至對自己生命或生活感到毫無意義。

## （三）無規範感

此爲涂爾幹的「失序」或「脫序」（anomie）是指社會的規範不再能控制個人的行爲；另外，墨頓（Merton, 1949）指出此會造成兩個後果：一是個人的行爲很難預測，二是會迷信運氣與特殊的人事關係。從理性觀點而論，自身的能力與努力工作的程度應是決定升遷與選拔人才的準則；然而如果是組織所強調的是特殊人事背景，眞正有能力確實無法晉升，即會讓個體產生無規範感（normlessness）（引自秦夢群，1991）。換言之，無規範感是個體對社會規範或標準缺乏瞭解，而採取一種消極態度面對，或以一種非正當的手段或方法獲取成功。

## （四）社會孤寂感

社會孤寂感（social isolation）它是一種社會歸屬感的失落，並非個人刻意所爲，而是因組織的客觀因素所造成的；且個人對社會所重視的信念與價值並不在乎（秦夢群，1991；李星謙，

1994）。如Seeman「文化疏隔」就是指個人對社會文化或制度等具體及抽象層面的脫離與疏遠。換言之，孤寂感是個體與社會關係的分離疏隔，以及不瞭解自己存在是爲了自己或他人，而自己內心感到孤獨寂寞，無法獲得認同感。

### （五）自我疏隔感

自我疏隔感（self-estrangement）即自我疏隔的個人對四周的社會毫無興趣。他們只是爲了工資而工作，工作本身並無自己的目標且無意義，也無法帶來樂趣，所以它未給予人性價值任何正面的肯定。此種感覺與孤寂感極爲相似，不過自我疏隔感多指個人與自我的疏離，孤寂感則產生在個人與他人或環境的疏遠。

## 三、 社會化歷程

家庭、學校、社區或社會是提供社會化的過程。在家庭裡，子女模仿父母兄弟姊妹的價值觀與行爲；在學校裡，同學或同儕之間有意或無意的相互觀察學習，當觀察者看到他人因某種行爲的成果得到獎勵，會增加某行爲表現；在社區或社會裡亦是如此。由於社會化是個人學習和內化價值、態度、能力的過程，而且是知覺環境的方法。這正如Johnson（1973）將疏離定義爲：「與社會系統（例如，學校、社區或社會、經濟）中的人、環境、活動沒有交往的一種情感或事實」。R. Filey Geyer所言：「疏離是一個主體（subject）或一群主體與其環境間的關係（自我疏離除外）。它可能是神、工作、工作的產物、工作的方法、其他的人或是社會的制度。」（引自馬立秦，1984）。黃俊傑（2000）則說明：「疏離與人的素質低弱根本原因是在『自我的去脈絡』（self de-contextualization）與『自我諸多面向衝突』、缺乏『自我與他者』、『自我與自然』互爲主體性所致，只存在『現在』此時此刻

的『一度空間的人』（one-dimensional man）。」

　　因此，我們常見到疏離的例子就是：一位工廠的作業員只對自己工作部分瞭解，但對於怎麼完成整體的產品完全不瞭解，工作者無法從工作中獲得任何成就感與滿足感，這就是所謂「工作情境的疏離」；另外，勞工在工作市場出賣勞力，然而，它所生產的商品卻不屬於工作者擁有，也不依賴工作者所存在，譬如資金是由實在物質（金、紙）所抽象化而成的金錢，然資本的交換價值與生產工具性質，已經完全脫離原先物質之性質而獨立存在，這就是所謂「經濟生活的內在疏離」；其次，擁有生產工具的資本家，為了確保自己經濟所得私有財產，建構出屬於自己既得利益的上層結構（政治、法律…制度），這就是「人為社會制度的疏離」。

　　所以，疏離是社會變遷快速的結果，人們經由社會化學習而產生行為反應。陳枝烈（1991）認為：「社會化與疏離感有密切關係」，如果社會化是有效的，則疏離感將是個人生活中短暫出現的情感；如果社會化是無效的或者如果個人社會化於一套反對優勢社會的價值和希望之中，則疏離感是一種習慣性或破壞性的情感。因此，如果人們沒有穩定健康的家庭關係和友誼，沒有喜愛和尊敬的認同及社會角色的模仿，就會導致疏離；這種關係會促使個體對拒絕和挫折感的認同、或被教以反對優勢社會的價值和期望，造成疏離感的衍生。

## 四、 疏離危機

　　疏離是普遍存在的現象。每個人在日常生活中都會或多或少地在不同的時間內感覺到某種程度的「疏離」。一般而言，當疏離是較輕微的、是斷續的，是單獨一個構面襲擊而來，則不足以危害的；可是當疏離是強烈的、是持續的，是幾個構面其而交攻

時，則會造成個人的壓力感（stress），進而引致個人一些偏適行爲（maladaptive behavior）。這些偏適行爲包括一些人格解組的問題，如人格受干擾、人格分裂及心理上的失常；一些個人態度及價值的問題，例如，相信命運及對社會政治事物之冷淡及裹足不前；還有一些社會行爲上的問題，例如，青少年非行、酗酒、吸毒、自殺、他殺、離婚及子女生育等（馬立秦，1984）。

西門（1967）曾以三種不同的角度來歸納疏離感其所得結果：在表現的領域方面，疏離感表現於生理、心理、行爲、社會等方面；在表現的情形（conditions）中，疏離感是一個在社會結構中運作的現象，與社會控制的方式及程度有關；在表現的機制（mechanisms）中，疏離感往往產生四種表現：第一，指向個人內在，而造成身心緊張狀況，甚至自殺等；第二，產生替代滿足的需要；第三，從疏離所起源的領域推到生活的其他層面，成爲一種普遍的感受或行爲方式；第四，使個人產生消極的態度，影響個人的行爲方式。

換句話說，疏離感與心理健康有關（陳枝烈，1991）。如果不瞭解與他人間的互賴關係就會感到疏離、寂寞、隔離、無價值感、低劣、失敗。其態度就會反映出低抱負水準、重視短暫的滿足、認爲沒有人關心他們的才幹。這種人通常是衝動的、人際關係破碎、退縮，且對自己或他人的需求敏感。因此，疏離感會影響個體認知、情緒、行爲的改變，所以疏離感的人缺乏建構社會角色的能力，無法信賴他人的情感與支持、生活中缺乏目標與意義、又缺乏自我統整的能力。

# 憂鬱

　　俗語說：「人生不如意事，十常八九。」當個體面臨到壓力、挫折、失敗的時候，您我是否曾經感到心情不好、難過、沮喪…，或者認為生命毫無意義，想痛痛快快放棄自己呢？或者抱怨自己常常很累、食慾不振、無精打采的…？事實上，每個人或多或少都感受到不順遂的時候，也經歷了一些哀傷、悲觀甚至絕望的階段，但大部分的人都安然走過、調適過這段人生的灰暗，可是仍有少數人仍與它一起戰鬥。

　　以臺灣憂鬱症的盛行率方面，俞筱鈞與黃志成（1985）曾調查十一所大學與獨立學院，計有1,486名大學生為樣本，約有30.69%的學生患有憂鬱症，依《精神醫學診斷手冊》第四修訂版所刊載的盛行率調查：一般符合憂鬱症診斷標準的成人，女性約有5-9%符合，男性約2-3%符合，在生命期的發生率方面，女性10-25%，男性5-12%，這表示憂鬱情緒會惡化至心理病理上的嚴重程度佔人口一定的比率，且其平均發病年齡多在25至44歲，顯示憂鬱是成年期常見的情緒性疾患。

　　此外，根據美國心理協會的女性與憂鬱國家任務小組（APA National Task Force Women and Depression）針對女性與憂鬱議題的後續追蹤研究（Sprock & Yoder, 1997；引自胡嘉琪，2000）有憂鬱症的女性對男性的平均比率約是二比一，而且此一性別差異並未出現在兒童時期，而是在青年期之後才出現。由此可見，憂鬱症好發於女性多於男性，且多集中於青年期以後才漸漸出現。在美國有越來越多人服用抗憂鬱藥物，最新問世的抗抑鬱新藥SSRI，每年消耗量就高達三十五億顆；抗憂鬱藥物，是透過促進大腦中連結情緒的化學物質，來達到抑制憂鬱的效果（民視新聞

網－線上即時新聞，89/4/11）。那到底什麼是憂鬱？憂鬱在心理社會方面又是如何造成的？以下則分別予以說明瞭解。

## 一、 憂鬱的涵義

根據《張氏心理學辭典》（1998）係指抑鬱症、憂鬱（depression）、沮喪，是屬於憂愁、悲傷、頹喪、消沉等多種不愉快情緒綜合而成的心理狀態。抑鬱幾乎成為所有精神疾病的共同特徵。按徵狀的差異，抑鬱有輕重之分。輕型抑鬱多數人都有此經驗，諸如：悲觀、沉悶、生活乏情趣、做事無精打采等情緒低潮，正常人也會遇到。因此，短暫的抑鬱並非病態。抑鬱情況嚴重時，患者行為異於常人；不僅在心理上陷入悲傷、絕望、自責以及思想錯亂的地步，而且在心理上也會出現食慾不振、頭痛、心悸、兩眼無神、嘴角下陷等徵侯。抑鬱按形成原因分為兩類：第一，反應性抑鬱（reactive depression）：係由外在情境遽變（例如，家人變故或親人死亡等）。第二，內在性抑鬱（endogenous depression）：係因個體對痛苦經驗壓抑的後果。

憂鬱症在臨床上稱為depression，它不只包含了情緒的低落，亦包含個人失去對生活的目標，降低自我評價，其主要症狀：（葉美玲，1993）

（一）情緒方面包括覺得悲傷、消極沮喪、憂愁、消沉、落落寡歡。

（二）認知方面則包括了認為自己無價值、自貶、自責、無助、甚至有罪惡感，對於將來認為無希望。

（三）行為方面包括經常發呆、沉默寡言、動作緩慢且少、說話速度很慢聲音小。

（四）生活方面包括對日常生活失去興趣，對前途感到黑暗、

對環境感到厭惡、對別人感到無興趣交往等。

美國《精神疾病診斷分類手冊》第四版（*Diagnostic and Statistical Manual of Mental Disorder*, 4th edition, APA, 1994；簡稱DSM-IV）定義「憂鬱症」是一種情感性疾患；而世界衛生組織所採用的《國際精神疾病分類手冊》第十版（*International Classification of Disease, WHO*, 1992；ICD-10）對憂鬱症的診斷定義，則包含了重度憂鬱症與輕度憂鬱症；而這兩種診斷系統皆共同採用以下的四大類症狀：

（一）「情緒症狀」包括情緒低落、心情沮喪。

（二）「認知思考症狀」：低自我價值、反覆想到死亡或自殺、專注能力下降。

（三）「動作能力症狀」：心理動作（psychomotor）能力機動或遲滯。

（四）「生理活動症狀」：活動降低、容易嗜睡或失眠、食慾不佳或增加；而上述這些症狀，會影響到社會職業功能。

Cantwell & Baker（1991）指出：「憂鬱是一種長期性的情緒困擾，包含了心情不好、悲傷、一種徵狀（a syndrome）、一群症侯群（cluster of symptoms）、或一種精神疾病（a psychiatric disorder）。」此外，Cantwell & Baker 將憂鬱這個詞劃分四層意義，（如表14.1）。由表14.1中發現：第三、四層次的憂鬱帶有疾病的意義在，在第四層次的憂鬱專指憂鬱的精神疾病，在第三層次的憂鬱則是指表現出一組憂鬱的綜合症狀，但是可能是藥物、生理、喪親等原因引起的，或是混合在精神分裂等其他精神疾病中。換言之，憂鬱涉及不同意涵，其包含憂鬱的情緒與認知、行

為、生理、人際等各個層面有其特定相關症狀。

表14.1　憂鬱的四層意義

| 層次 | 意義／特徵 |
| --- | --- |
| 一、徵狀（symptom） | 有憂鬱的心情（亦即感覺難過、沮喪、抑鬱寡歡）。 |
| 二、各種症狀（various symptoms） | 有某種症狀（例如，胃口不佳、憂鬱不安、體重減輕、失眠、疲倦），並不一定有精神上或情感上的疾病。 |
| 三、綜合症狀（syndrome） | 有一組特定的症狀（包括以下領域，心情、認知、生理功能、心理動作功能、以及動機等），其有病，但主要不一定是情感上的疾病。 |
| 四、精神疾病（psychiatric disorder） | 在一定的期間內，有特定的憂鬱症狀，造成一定的損害，並且有外在效度，包括有某些特定結果或是有某些相關結果。 |

資料來源：Cantwell & Baker, 1991, p. 122.。

　　如果從症狀的角度來描述憂鬱，憂鬱包含了不同範圍的症狀，而Gotlib & Colby（1987）則將憂鬱的症狀整理成五個範圍，我們可發現憂鬱所包含的症狀十分複雜，胡嘉琪（2000）將其整理成（如表14.2）。

　　綜合上述發現，憂鬱包含不同範疇的症狀，這些意義雖不盡相同但卻有某種程度的關聯性，況且憂鬱涉及個體主觀的經驗，每個個體所表達呈現的狀態亦是不盡相同。

表14.2

| 範圍 | 症狀 |
| --- | --- |
| 情感 | 憂鬱或不安的心情、焦慮、擔心害怕、罪惡感、厭倦、生氣、敵意或易怒、感覺悲傷、無望、孤立、被拒絕、不被愛。 |
| 行為徵候 | 退縮、忽視自己外表、依賴、哭、心理動作遲緩或心理動作激動。 |
| 對自己與環境的態度 | 自我責備、自尊低落、自我價值低落、將某向失敗概括到整體的失敗、將事情嚴重誇大、對這個世界、對自己、對未來抱持負面的觀點、感覺無助悲觀或無望、無法感覺到喜樂、死亡或自殺。 |
| 認知上的損害 | 思考或專心的能力減退、猶豫不決。 |
| 生理上的改變或對身體的抱怨 | 體重減輕、食慾不振、睡眠失常、失去精力、性方面興趣減低、月經週期改變、疲倦、虛弱、消化不良、便秘或腹瀉、緊張、生病（免疫力不佳）等。 |

## 二、 憂鬱的相關理論

解釋憂鬱症成因之相關理論相當多，以下則針對心理社會的相關理論加以探討：

### (一) 心理動力學派

Freud在其出版的《哀慟與精神憂鬱症》（*Mourning and Melancholia*）說明：「當一個人處於失落狀態時，可能失去了一個所愛的人，也可能失去了他心中佔有一席之地的事物，」哀慟

（mourning）是對失落的正常反應，而精神憂鬱症（melancholia）其憂鬱（depression）即是一種病態的反應。（Helena, 1987）

　　Bowlby（1980）提出：「在憂鬱時最常感覺到的就是無望與無助，而這關乎個人缺乏情感關係的能力。」無助的感覺和原生家庭中的幼年經驗有關：（胡嘉琪，2000）

1. 即使個人不斷努力達成父母的高標準或者不切實際的期待，仍然無法與父母之間形成有安全感與穩定的關係。這會促使個體在日後傾向將任何形式的失敗與失去穩定的情感關係作連結。
2. 不斷被告知自己有多不可愛、多沒能力，並形成個人的模式，且日後即使遇到逆境，也不會期待他人給予協助，認為他人是充滿敵意與拒絕的。
3. 在幼年時可能失去實際父母，加深自己無力改變情境的信念。

## （二）認知取向理論

1. Beck的認知模式：Beck（1976）根據其臨床的觀察提出了憂鬱的認知模式，這個模式主要包括了三個重點：一是憂鬱認知三元素（cognition triad），二是負向的認知基模（negative schemas），三是憂鬱認知錯誤（cognitive errors），分述如下：

（1）憂鬱認知三元素（cognition triad）：是對自己（self）、對世界（world）、對未來（future）均持負向看法。元素一是憂鬱患者對自己的看法、想法或思考習慣傾向持消極或負向的觀點，他們習慣於自評為無

能、不適當、有病或沒有人要，他們相信自己有許多
缺陷，所以不受歡迎，沒有價值，也相信自己欠缺享
受幸福的基本條件。元素二是憂鬱患者習慣性地把目
前的經驗往消極方向解釋，認為命運對他過分的要
求，對他追求希望的努力作太多的干涉，他們總是把
自己和周遭環境的互動視為失敗的，自己是失敗者，
認為許多事情遙不可及的。元素三是憂鬱患者對事件
的後果或未來習慣地持負向悲觀的看法，預期未來是
悲觀的、絕望的，他們傾向於時常沉澱於過去的失敗
經驗，而不去正式未來成功的可能性。憂鬱者的憂鬱
認知三元素，會表現在情感、動機及行為上，產生憂
鬱的缺陷，如憂鬱患者會表現出低的自我評價、負向
的自我預期和對自己身體意象（body image）的偏差態
度，其中低的自我評價和負向預期也出現在憂鬱兒童
的症狀中

（2）負向的認知基模（negative schemas）：基模乃是個體
對過去經驗所做的推論，而形成一種穩定而持久的思
考型態或是認知結構，憂鬱者的認知基模或認知結構
往往是負向的，在其輸送與處理個人的訊息時，容易
選擇性地只吸收負面的、不好的或不利己的訊息，基
模同時亦妨礙了個體去接收正確的訊息，亦即憂鬱者
在處理認知訊息時常有負向或錯誤的訊息處理歷程。

（3）憂鬱認知錯誤（cognitive errors）：Beck認為憂鬱者憂
鬱基模的維持乃是錯誤的訊息處理所造成的，及他們
有錯誤的邏輯推理，其中包括下列基本認知錯誤：

A.任意推論（arbitrary inference）：常在缺乏證據或證

據不符的情況下，任意下特定的結論。

b.斷章取義（selective abstraction）：常根據片段的一部分資料就對整個事件下結論。

c.過度概化（overgeneralization）：常根據一部分的獨立訊息就下全面性、廣泛性的結論。

d.誇張和貶低（magnification and minimization）：常把一件不重要的是解釋成非常非常重要，而相反地把一件重要的事看成毫不重要。

e.個人化（personalization）常以為所有的事情都與自己有關。所以自己對於所有的事情都應負責。

f.兩極化的思考（absolutistic, dichotomous thinking）對於事情的想法、看法是極端的二分法或絕對主義，不是好的就是壞的。

由此可見，在Beck憂鬱的認知模式認為憂鬱症患者他們常以負向的訊息處理解釋，造成對自己、世界環境、未來的負向認知取向，促使自己陷入悲傷、無助、失落的情緒反應。

2.Seligman的學得無助模式（learned helplessness model）：根據Seligman（1986）的學得無助模式，解釋狗在無法逃避電擊情境下，逐漸衰減逃離－逃避反應（escape-avoidance response），其認為當一個人以為自己的反應與所得的結果無關（non-contigent），即為事件的結果（outcome）並非可由自己所控制（uncontrollable）時，會因而形成一種無助感，其將憂鬱可界定為：

（1）動機缺陷（motivational）：即以個體不會主動表現或學習能達成目標的有效行為，即使他偶爾表現出學習

反應、持續度也相當短暫。

（2）認知（cognitive）缺陷：即個體對將來不抱任何期望，不再相信其反應可以影響結果。

（3）情感（affect）缺陷：即心情低落且自尊心低。

等三方面的缺陷（盧美凡，1995；邱一峰，1996；鄭雅芬，民1996；楊順南，1996）。

但因理論似乎無法適切解釋人類憂鬱現象，該理論至少有三個方面無法解釋：

（1）未能解釋為何在同樣不可控制的實驗情境下，有的人認為有些問題是所有人都無法解釋的，但有些人則認為是可以解決的，只是自己能力不足，無法控制事件。

（2）無法解釋既不可控制之覺知後所造成的自尊心低落程度為何有所差別。

（3）未能說明無助感的持續度（chronicity）與概括化（generalization），即有時無助感持續很久，有時卻是短暫的。

遂Abramson、Seligman、Teasdale等人針對無法解釋的部分提出以下三點修正：

1.「內－外在」（internal-external）歸因向度，亦即個體將事件的原因歸於內在因素或外在情境因素。當個體將自己的行為與所得結果毫無關聯的原因歸諸於內在因素（例如，自己不夠努力、能力不足）時，所產生的無助感稱為個人的無助感，此時個體認為自己無法控制事件的結果；反

之，當個體將自己的行為與所得結果毫無關聯的原因，歸諸於外在因素（例如，無藥可治的疾病），則所產生的無助感是普遍性的無助感，個體認為大家都無法控制事件的結果。

2. 「穩定－不穩定」（stable-unstable）歸因向度，穩定性歸因是指個體認為某事件的原因是長期、重複出現的（不會隨時間而有所變動）；不穩定歸因是指個體認為某事件的原因是短暫的（會隨時間變動）。

3. 「概括性－特殊性」（global-specific）歸因向度，概括性歸因是指個體認為事件的原因會影響其他生活事件；特殊性歸因是指個體認為某事件的原因只影響該事件本身。當個體將自己的行為與所得結果毫無關聯的現象，歸諸於穩定的因素時，會使無助感、憂鬱症狀的持續性增加；而概括性歸因會使無助感、憂鬱症狀的類化度增加。

楊順南（1996）指出個體在面臨負向生活事件再加上外在條件的配合（例如，缺乏社會支持、缺乏適當的因應策略、…）個人因而產生包含動機、認知、情緒、自尊等扭曲及低落徵候，而此種負向的歸因風格與憂鬱徵兆進一步循環使的憂鬱得以持續。

由上述可知，Abramson、Seligman、Teasdale的歸因理論強調的是收入訊息如何被解釋以及這些解釋如何影響接下來的認知、情緒或行為，所以與Beck所強調的重點各有異。

## (三) 自我消音理論

自我消音理論（Silencing the Self theory）是Jack在結合「依附理論」與「關係中的自我理論」後所提出的一個新理論，用以解釋女性與憂鬱症的關係（Thompson,1995；引自王艷萍，民2000）。其認為女性對自我的觀感建立在關係的基礎上，尤其親密

關係。Jack相信女性從社會對女性的期待與規範的經驗中學得，他們被愛不是因為他們本身，而是由於他們迎合他人的需要，更甚者，女性學得以迎合他人的需要，是必須透過否認自己本身需求及感受的重要性，並抑制自我的表達，即以犧牲自我的方式與他人建立關係，因此導致女性自尊喪失，易罹患憂鬱症。

綜合以上的心理社會因素，整理幾點因素是易罹患憂鬱症，其包括：

1.認知因素：內外控歸因，尤其對負向事件歸因於自己的因素（內控）。
2.認知扭曲、不當的認知基模。
3.低自尊。
4.負面生活壓力。
5.社會支持。
6.學得無助感等。

就正如Ellis所主張個體情緒困擾源自於非理性信念，人天生就有理性和非理性的思考傾向，亦即人能自我實現與成長，也能傷害自找。所以個體應儘量以正面的思考，以幫助自己逃離憂鬱的侵蝕，使自己的人生多采多姿。

## 疏離與憂鬱

Mizruchi（1973）說明：「再也沒有一個術語比『疏離』更能廣泛使用來說明當代人的絕望與抑鬱。」Rowe（1983）將憂鬱比喻為：「憂鬱如同監獄，而你自己既是其中受苦的囚犯，亦是

殘酷的獄卒。」這句話似乎點出憂鬱患者平常不快樂且孤立的面向。

胡嘉琪（2000）研究女性大學生在成長過程中憂鬱經驗的研究發現：「憂鬱最主要的感受就是覺得自己沒有辦法作什麼的無力感，以及覺得沒有人可以幫助自己的無助感，而這也連帶覺得事情不會發生改變的無望感。…在憂鬱時期中，有很多時候感覺生活是很痛苦的…感覺自己沒有舉無輕重、沒有人會在乎自己的時候，也會出現自己即使不存在這個世界也沒有關係的想法。」其研究發現以下因素的相互影響。（如圖14.1）

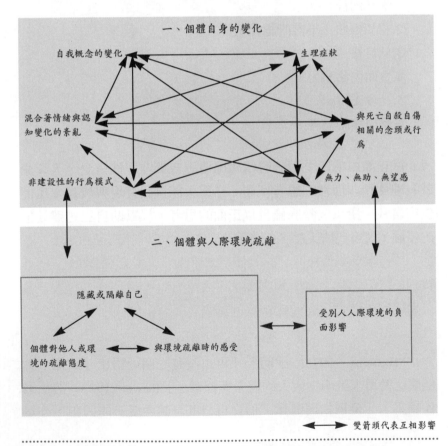

圖14.1 憂鬱主觀經驗元素關係脈絡圖（摘自胡嘉琪，2000，p.43）

其實，憂鬱症患者缺乏人際支持而強烈感到孤單寂寞，並覺得自己跟這個世界沒有什麼關係時，就容易產生自殺的念頭。劉安眞（1992）針對大學生做的調查研究顯示，在298人中以四分之一在最近半年內有自殺意念，其中以自殺意念者與無自殺意念者在「寂寞感」上有顯著差異。在Webb，Meckstroth & Tolan（1982）認為資賦優異的青少年可能會經歷下列情況的憂鬱：（Weisse，1990）

一、想要符合道德、責任、成就的標準，同時又在這些標準中感受到衝突。
二、對其他人感覺疏離。
三、存在性憂鬱，強烈的關心人類存在之基本問題或是對宗教、道德條規的懷疑。

　　就如Adler所認為自卑感是生活型態的發展動力，其將自卑感產生的人格動力導向正面或負面發展的重要影響力，即是社會興趣。當一個人處在憂鬱的情緒狀態下，無法與人建立關係、對周遭的人、事、物漠不關心、甚至找不到自我定位時，其個體會產生自卑感。
　　那到底疏離是因？或者疏離是果呢？在馬立秦（1984）則說：「在疏離與種種問題的分析中，一個經常困擾的關鍵是——有時因果是難以論斷的，到底疏離是因，導致了諸人格上、態度價值上或社會行為上的問題？或反過來說人格上的、態度價值行為上的問題是因，導致了疏離？這是糾纏不清、難以明確斷定的。」因此，我們很難去說疏離影響了憂鬱，憂鬱影響了疏離。

# 疏離與憂鬱的因應

　　Frankl（1905-1977）認為：所謂的命運是自己的選擇，它取決於人的精神態度，即使是面對許多看上去絕對無法抗拒的命運力量，人仍然可以選擇自己的立場。他承認人具有意志的自由，但認為自由又必然是受一定的限制，所以人生是不完滿的，它要走向完滿，但不可能完滿。人可以裝做不能選擇，被動地聽從環境的安排，可以選擇不要任何自由的權力，但實質上，他仍然是有選擇自由的，他不可能完全擺脫自己的選擇，什麼也不選擇也是他的選擇，因而也體現了一種生命的意義。另外，Frankl也指出我們今天已經不再像佛洛依德時代那樣，生活在一個「性挫折」的時代，我們的時代是一個「生存挫折」，尤其是對那些意義受挫的年輕人，更多地忍受生活的無聊感，內心空虛，找不到人生的希望，他們來到心理診所，並不是出於某一明顯的心身病症，而是出於對人生的絕望，他們有性的滿足，甚至對權力並不在乎，但就是覺得生活沒有意義或沒意思，心煩意亂，但又不知道煩的事什麼具體的事情（劉翔平，2001）。

　　Rollo Reese May 曾說「意向性」具有積極和消極雙重作用。「意向性」是引導願望健康發展的基礎，是形成意志的有意識注意的基礎，是決定人的行動方向的基礎，是確定一個人應該在何等程度上為其行動負責的基礎；另外，意向性本身具有一定的消極作用，從下面這個圖表中我們可以看出，即使一個人做出自我意識的、有意向的選擇，這些選擇仍然既可能導致健康，也可能導致病態（楊韶剛，2000）：

|  | 健康 | 病態 |
|---|---|---|
| 基本經驗 | 通過和下意識的關係,來選擇自我和發現認同感 | 由於和下意識根源的創造性脫離聯繫而產生焦慮 |
| 支配動機 | 在爭取自尊和意義的抗爭中獲得勇氣 | 由於低自尊和感到無意義而引起的個人空虛 |
| 主要傾向 | 負責任的自由、意志(朝向某一目標而組織起來的)創造性、良心 | 冷漠、無意義 |
| 力量(引發或阻止變化的能力) | 1.存在的力量 2.自我肯定 3.自我主張 | 基本力量受到挫折而產生的需要: 1. 攻擊 2. 暴力 |
| 愛 | 預見到意識,同理、賞識,包括溫情和對認同感的肯定,人格的豐富 | 愛與意志受到阻礙 |
| 主要特點 | 自主實現、建設性的生活、整合 | 精神分裂症、冷漠、遵奉、毀滅 |

資料來源:楊韶剛,(2001)。

換言之,人的信念是控制個體趨向健康或者病態的一面。笛卡爾(Rene Descartes)曾說「我思故我在」,即自我藉由思考產生;然羅洛·梅(Rollo Reese May)卻認為應該是「我能」所以才自我肯定、自我感才會產生,因此,控制個體的信念或認知趨向好的人生觀是值得每個人學習的。

針對憂鬱的治療除了藥物治療之外，還包括心理治療，例如，行為治療、社交技巧訓練、認知治療、自我管理…等。Faenza指出憂鬱症是一個嚴重的健康問題，超過1,900萬的美國人罹患此病，很多人沒有治療而遭受痛苦，甚至自殺，只有一半的病人，尋求並接受適當的治療，包括心理治療藥物治療或兩者合併（心靈園地網站）。但是，我們在生活中如何來防範？以下則舉例幾個方法：

## 一、培養樂觀幽默的人格特質

　　擁有樂觀幽默的人較會採取積極的態度去面對負向情緒與生活問題，幽默感會增強自我效能與自我免疫力，使自己輕鬆過生活。

## 二、分析與調整自我認知

　　由於我們知覺到無力感、對生活無意義感，而衍生對人事物消極面，這是因為不合理信念的思考模式，因此檢視自我的認知、情緒與行為是很重要的，而且對於負向的看法可以給予重新解釋，重新與自我再一次對話，因為事物本身有好壞兩面，全憑個人的想法。評估您的信念是帶給您助力或者阻力？想像同一件事情是否仍有其他解釋？

## 三、充分的表達自我

　　當自己遇到問題與負向情緒時，能找到人說出來是個紓解的方式，能充分表達自己的看法與感受，亦能釐清自我的障礙點，所以有時候打電話找專業團體、父母、朋友傾聽、或者藉由繪

畫、日記等表達出來都是良好的因應方式。

## 四、增強自我肯定

　　每個人都是獨一無二的個體，因此每個人存在都有其價值與意義，瞭解自己的優缺點，並接納自己。

## 五、培養良好的人際互動，對人事物產生興趣

　　從周遭人眼中或口中去認識自我，就如Cooley「鏡中之我」，根據別人對自己的看法和評價向別人學習並反省自己，朋友也能提供支持與另類看法，使自己不再陷入死胡同，而對於自己無法改變的事能用一種達觀與成熟的態度面對。

## 六、著重事情的光明面

　　看事情要以積極面的角度，才有助於個體始終保持快樂的情緒。在現象場裡，每個人知覺的角度不一，有不同生活經驗，所以個體不要強調消極的處事態度，反而讓個體鑽牛角尖，活著不自在也不舒適。

## 七、勇於接受新經驗

　　願意開放心智去接觸不熟悉的事物可以使生活更豐碩，也可以幫助我們控制負向情緒以及建立能力感。勇於嘗試新經驗、接受挑戰會使我們的生活經驗不同，藉由嘗試新鮮事物使自我學習因應不愉快的事件，建立起自己未來解決問題的能力。

　　每個人都有自在過生活的能力，就看個體怎麼去做、去想。

通常一個人在挫折中，很容易把自己所有的缺點挖出來，進而忽略自己的優點，讓自己暗示自己感到「我什麼都不行」，當個體希望不再，生命也變得無意義、無價值了。因此懂得因應技巧並解決問題，會讓生命更有意義、生活更有品質。

## 結論

「疏離」是人類與生俱來的一種普遍社會心理現象，它來自於人與社會生活的連結；它來自於人與社會關係互動；它來自於人與社會制度或規範裡。它亦也是個體心理的主觀感受。因此，當個體感受到自我迷失，同時找不到自己生命的意義與真理時，生命漸漸失去價值；當個體經歷事業失敗或遇人不淑、失戀了、考試落榜時…等等負向事件後，體驗到現實我與理想我的不一致，同時也體驗到自我懷疑，自己找不到自己存在的價值；當自我情緒感到憂鬱、沮喪、難過、什麼事情也提不起勁來時，對社會的互動、對社會生活、社會制度也漠不關心。

換句話說，生命的無力感、無意義感、行為無所適從感、文化疏遠感、社會的孤立感和自我的疏隔感…如果不一一打破，生命如何獲得意義呢？以疏離感作為無意義感、無規範感、孤寂感、無力感為前提，換言之──生命本身的建構就是具有意義的。

生命中遇到不順遂、跌倒的時候，有時候它頓時解構了我們原本快樂健康的心智，這時「轉念」是很重要的。遇到逆境它並非只有死路一條，它是有很多條路可以選擇，我們可以選擇找人傾聽、選擇檢視自我負向的意念、選擇放鬆或冥想快樂的事、…我們可以選擇許多的因應方式，並不是讓自己生命或精神殘廢。

臺灣人有句達觀的諺語「吃苦當作吃補」，所以，我們應學習將危機化為轉機，使自己生活更加有意義、有價值。

# 參考書目

## 中文部分

王艷萍（2000），女性憂鬱症患者生病及復原歷程之研究。國立臺灣師範大學教育心理與輔導研究所碩士論文。

吳當（1995），現代人的孤絕與疏離，《臺灣詩學季刊》12，147-151。

李星謙（1994），國小教師對社會及學校疏離感之研究，國立台中《師範學院初等教育研究所初等教育研究集刊》2，27-58。

林義男（1988），《社會學下冊》。台北：巨流。

陳枝烈（1991），疏離感的瞭解與處理，《菁莪季刊》8，9-17。

胡嘉琪（2000）。女性大學生在成長過程中憂鬱經驗之研究。國立彰化師範大學輔導與諮商學系碩士班。

馬立秦（1984），社會學上疏離之研究（上），《中國論壇》208，59-64。

馬立秦（1984），社會學上疏離之研究（下），《中國論壇》209，60-64。

俞筱鈞與黃志成（1985），曾氏心理健康量表之修訂經過報告，《測驗年刊》32，97-102。

秦夢群（1991），學生疏離感、學校組織氣候類型、與學生學業成就與性向之關係研究，國立政治大學《教育心理與研究》

14，141-176。

浮絲曼（1993），山地兒童價值觀與疏離感之相關性研究。私立中
　　國文化大學兒童福利研究所。

郭為藩（1979），《教育的理念》。台北：文景。

陽琪、楊金寶、陳寶芳（1992），國立台北護專學生疏離感之研
　　究，《國立台北護專學報》9，219-250。

黃俊傑（2000），從教育角度論臺灣的「人之素質」的提昇，《通
　　識教育季刊》6（1），1-13。

張春興（1998），《張氏心理學辭典》。台北：東華。

葉美玲（1993），憂鬱情緒成因研究－再探「心理衛生程式」之可
　　行性。國立臺灣大學心理學研究所。

楊順南（1996）。憂鬱理論的整合研究－認知取向。國立政治大學
　　教育研究所碩士論文。

楊國樞（1989），《中國人的蛻變》。台北：桂冠。

楊韶剛（2001），《尋找存在的真諦－羅洛‧梅的存在主義心理
　　學》。台北：貓頭鷹。

鄭雅芬（1996），無望型憂鬱理論下「特定義感受性假設」之驗
　　證。國立太灣大學心理研究所碩士論文。

劉安真（1992），大學生生活事件、寂寞感與自殺意念之相關研
　　究。國立彰化師範大學輔導研究所碩士論文。

劉翔平（2001），《尋找生命的意義－弗蘭克（Frankl、Viktor
　　Emil）的意義治療學說》。台北：貓頭鷹。

盧美凡（1995）。大學生之憂鬱性歸因與知覺：憂鬱性歸因理論的
　　驗證。國立臺灣大學心理學研究所碩士論文。

# 英文部分

Beck, A. T. O (1976). *Cognitive therapy and the emotional disorders.* New York: International University Press.

Blauner, Robert, (1964). *Alienation and freedom.* Chicago: the University Press.

Cantwell, D. P., & Baker, L. (1991). Manifestations of depressive affect in adolescence. *Journal of youth and adolescence*, 20 (2), 121-133.

Erich Fromm (1955). *The sane society.* New York: Rinehart.

Ephraim H. Mizruchi (1973). "An introduction to the notion of Alienation", in Alienation: Concept, *Term and Meaning.* New York: Seminer Press.

Frank A. Johnson (1973). *Alienation: Concept, term and meaning.* New York: Seminer Press.

Helena, H. (1987). Psychoanalytic theory and depression. In R. Formanek & A. Gurian. (eds.), *Women and depression: a lifespan perspective.* New York: Springer.

Peter Berger & Stanley Pullberg (1965). "Reification and the sociological critique of consciousness", *History & theory.* 4, p. 196-211.

Rowe (1983). Depression, *The way out of your prison.* London: Routledge.

Seeman, Melvin.(1959). On the meaning of Alienation, *American sociological review.* 34,783-791.

Seeman, Melvin. (1967). Powerlessness and knowledge: a comparative study of alienation and learning. *Sociometry*, 30 (2),

105-123.

Weber Max. (1964). Some Consequencess of Bureaucratization, in L. Coser and M. Rosenberg (ed.) *Sociological theory*. New York: the Mac Millan Company.

Weisse, D. E. (1990). Gifted adolescents and suicide. *The school counselor*, 37, 351-358.

## 網站

曾昭燊，2000/4/11。長期使用抗憂鬱劑，小心副作用。民視新聞網－線上即時新聞。取自：民國90年8月6日，http://www.ftvn.com.tw/news）

林朝誠，反對百憂解可能表示一種倒退即阻止民眾尋求治療。民國90年8月6日，取自：http:www.psychpark.org/psy

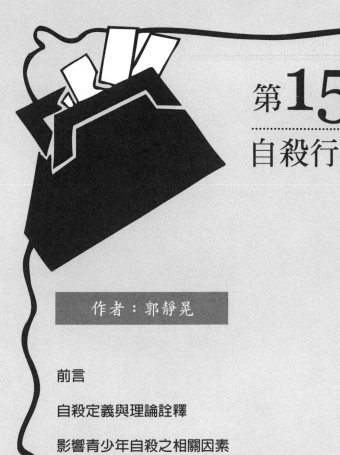

# 第15章
## 自殺行爲

作者：郭靜晃

當人類開始為了自己以外的人而活時，
生命的意義才真正開始

—— Albert Einstein

# 前言

在人際社會裡，不管個人是多麼聰明、足智多謀；當在處理
問題時，我們身處的生活環境裡，仍是充滿許多不可避免的壓
力。正如我們需求與動機總是不易滿足的，我們必須克服障礙作
各種抉擇，甚至還要忍受需求不被滿足的挫折。而這些企圖達成
目標的慾望受到阻礙時，我們通常都會發展各自一套特有的反應
方式，以適應因遭受阻礙時所受到心理或生理的情緒與行為。這
些反應，例如，壓力、挫折、衝突或焦慮皆是個人之情緒反應，
而這些反應或多或少對青少年發展過程中會帶給他們一些衝擊
（impacts），進而形成身心問題，嚴重地會造成憂鬱
（depression），甚至於自殺（suicide）。

在人的發展階段，有 些時期（例如，4～7歲，9～11歲，14
～16歲等），特別會發生一些心理問題，因為這些時期皆是個人發
展中的轉移期（transitional stage），個人在此轉移期的階段中，其
生理、智力發展會加速成長。而相對地，父母或一般成人對其期
望要求的改變，皆可能會造成暫時的不平衡或適應不良。在青少
年期（一般指10～24歲之間），這些改變可能同時進行或已存在
的，如果青少年缺乏一些新的資源或機能去適應生活及環境的改
變，那麼，這些改變可能會損壞其之前在兒童期所建立的平衡。
不容懷疑的，青少年發展對每一個人而言都具挑戰性，不僅是身
體、心理及智能的改變，而且也要順應個人的成長變化。但太多

的改變（或太快）會使個人一時無法適應，諸此種種會帶給他們很大的衝擊；或個人本身比較脆弱、容易受傷害的，即使是一絲絲的壓力，都可能令青少年受不了。這種因問題困擾，例如，挫折、衝突、焦慮或壓力導致了個人情緒產生變化，嚴重造成憂鬱心理問題，而憂鬱一直與青少年自殺有密切的關係。在美國，約有百分之一的死亡人數來自於自殺，雖然自殺者在美國以老人所占比例最高，近年來，近二十歲的青少年的自殺率也年年升高，位居第三位，僅次於意外及殺人（Newman & Newman, 1992; Santrock, 2001）。

相對於美國的青少年自殺率，臺灣依據衛生署一九九二年的統計資料顯示，10～14歲之青少年前期年齡層中，自殺位居十大死因的第七位，而15～19歲以及20～24歲之青少年中、後期年齡層中，自殺更躍居為第三位（衛生署，1992），僅次於意外事故及惡性腫瘤。國人在自殺及自傷死亡數在一九九四年有1,451人，至一九九八年升至2,177人，有逐年增加之趨勢（行政院衛生署，1998），至一九九九年自殺死亡有2,360人，其中受九二一大地震創傷嚴重的中部四縣市（台中縣、南投縣、台中市、雲林縣）較一九九八年增加14.18%。在一九九八年，按年齡來區分，在青少年中10～14歲有4人，占0.18%；15～19歲有55人，占2.53%；20～24歲有109人，占5.01%。除了自殺成功者之外，社會中有更多的企圖自殺者（attempt to suicide）。

Smith指出：每一個自殺的成人，其周圍有6～7個企圖自殺者；而每一個自殺的青少年周圍，更有50～100個企圖自殺者（Kalafat, 1990）。國內吳金水（1989）對自殺意念的研究中，發現有5～9%的國中生經常為自殺意念所苦。

「生命誠可貴，自由價更高」，尤其是對年輕人的生命，螻蟻尚能偷生，況且是萬物之靈的人類。一般人普通都有「千苦艱難

唯一死」現象，很害怕面對死亡，「死亡」在一般人的概念是何等可怕的事情，除非萬不得已，不然不會走上絕路，而一個人走到非自殺不可的地步，是何等不幸與悲慘（許咨民，1999）。一般自殺及自傷者無外乎是為了「婚姻、生計、債務、久病不癒、苦惱無法解決」等問題所困擾、羈絆，一時情緒無法獲得紓解，遂以自殺方式來結束自己的寶貴生命。而青少年自殺之因素首推個人之因素（例如，憂鬱、精神問題、物質及藥物濫用、自我觀念、自我認同、寂寞感及忍受挫折感低）；其次為家庭因素（例如，親子關係、家庭和諧、家庭支持及壓力等）；再者為學校因素（例如，同儕關係、出席狀況）。雖然自殺之因素錯綜複雜，而且自殺當事者總以為自殺後，從此一了百了，瀟灑解脫。其實不然，自殺者總會為他的家人及親友留下痛苦的擔子，將責任轉嫁他人，將問題留給社會。尤其青少年對其家庭（白髮人送黑髮人）、親友、學校及社會來說，更是一大衝擊和損失。

## 自殺定義與理論詮釋

自殺依《社會工作辭典》（2000，頁155）定義為：有意識的實行自我毀滅的個人行為或集體行動。而依世界衛生組織（World Health Organization, WHO）對自殺所下的定義（邱獻章，1991）：

一、自殺行為（suicidal act）：動機明白，而且有不同程度致死性的自殘行為。

二、自殺：造成死亡的自殺行為。

三、企圖自殺（attempted suicide）：未造成死亡的自殺行為。

國內研究相關青少年自殺的研究者也依社會者涂爾幹（Durkheim）之定義將自殺視為是受害者知道此一行為後果是死亡，而表現出來的一種直接或間接之行動（Smith, 1981）。如單延凱（1995）將自殺定義為個體企圖結束生命或以此企圖為手段的自我傷害行為。胡淑媛（1992）及周麗玉（1996）則認為自殺是個人自願且自行結束自己生命的一種行為，是自我傷害甚至是自我毀滅的行為表現。總結而言，自殺是個人瞭解行為後果是死亡，而自願且有意圖地終結自我生命的直接或間接之行為。所以說來，個體若因死亡之意圖，而造成死亡的自我傷害行為，則稱為自殺已遂或自殺成功（complete suicide）；若有死亡的意圖，但未造成個體死之，則稱為企圖自殺（attempted suicide）。除此之外，自殺仍有其它定義，許多自我傷害行為的發生存在著不同的動機，醉翁之意不在酒，死亡並非個體主要的意圖，個體可能以自殺做為操控的手段，如此較弱的死亡意圖與較低的致命危險性之自我傷害行為稱為擬態自殺（parasuicide）或自殺姿態（suicide gestures）（Schneidman, 1985; Berman & Jobes, 1993）。

　　而青少年為何要選擇以傷害行為來結束生命呢？自殺通常是由於情緒上深為某種問題所困擾。從此一層面來看，自殺和憂鬱其實有相當密切的關係。對學生而言，其問題可能是由於成績不夠理想、失戀或受人排斥的羞愧感，或因長期覺得失去所愛，遭到種種挫折或自覺本身毫無價值，而漸漸相信情況已無法改善，於是選擇其它可改善的協助，以「死」為唯一的解決之道（Newman & Newman, 1992）。

　　自殺這個問題在臺灣也是近年來才得到正視，而相關研究也相當有限。但在國外則在十八及十九世紀已關注其原因的探討，並也陸續發展出不同理論學派，對自殺行為提出不同的看法，其中以社會學派、心理學派及生態學派為較普遍為人所周知。其分述如下：

## 一、涂爾幹的自殺論

涂爾幹依社會學理論，將自殺分為四種類型，四種類型的自殺率可由社會制度（social institutions）（例如，家庭、教會、政治體系）及社會規範的整合程度來預測，其四種自殺類型為：

### （一）自我中心自殺

自我中心自殺（egoistic suicide）此類自殺的發生是因個人失去社會的約束及關聯；自殺者對自處的社群毫不關心。這類自殺是以個人因素為導向，與社會中社群關係較弱。

### （二）利他自殺

利他自殺（altruistic suicide）通常這類自殺是在社會習俗或群體壓力下產生的行為，殉夫自焚或日本特攻隊的自殺飛機均屬此類。在這種社群中視自殺（死亡）為無上的光榮，苟且偷生相對地是可恥的，這也是一種無所選擇性的自殺。

### （三）脫序自殺

脫序自殺（anomie suicide）通常這類自殺是當個人與社會之固有或聯結的關係遭到破壞，例如，天災、失去工作或親人，而讓個人徬徨不知所措，因而選擇結束生命。

### （四）宿命自殺

宿命自殺（fatalistic suicide）此類自殺與脫序自殺是相對的，因個人種種原因受外界過分控制或指揮，而使自己失去自我決策的能力與權利，因而選擇歸因於命運而結束個人生命。

## 二、班度拉社會學習論

　　班度拉（Bandura）社會學習論藉用了行為論的論說，例如，古典制約、操作制約和觀察學習等機轉，應用到自殺的行為上。相較於成人，青少年的自殺行為是模仿家庭成員、朋友和媒體所傳播的社會人士的自殺行為，舉例來說，如果媒體報導青少年因學業挫折而企圖自殺，青少年可能認為自殺是暫時擱置人生問題或得到注意可接受的手段，若父母、師長或社會人士對青少年自殺範本所採取的反應是增加對其之注意力時，就會被青少年認為是對這種因應型態（即自殺行為）的增強，因此，而習得這種病態功能（malfunctional）的因應策略。

　　在青少年自殺行為中，模仿行為扮演一種重要的角色（Philips & Carstensen, 1986），自殺的方法手段可能從新聞的相關報導或關於自殺的影片中習得（Berman, 1988），青少年在社會化過程中深受家庭之父母、學校之師長、同儕及社會環境之傳播媒體，例如，電視、電影、報紙、小說等，甚至於偶像明星的行為，都可能深受青少年模仿，觀察學習的範例。根據英國蒐集了超過六十年的資料，當傳播媒體報導犯人公開被處決消息之後，社會上殺人事件顯著地減少了。但是，當傳播媒體公布自殺的消息，結果是大異其趣的，社會上一般民眾自殺率增加了，即使是交通事故率也增加了（Philips & Carstensen, 1986），不但如此，就連死者之年齡、性別、自殺方式也很類似。例如，數年前學生在日本與美國的青少年模仿自殺事件，日本少女明星岡田有希子跳樓自殺事件，在當時引起一陣日本青少年自殺的風潮，在同一地點，採用同樣的自殺方法。在美國的New Jersey及Chicago郊外，有六個青少年履行「自殺契約」，之後，不到一星期，又有四個青少年模仿他們行為選擇自殺，所有行為方式皆相同（利用密閉車

廂吸入汽車廢氣，造成二氧化碳中毒，而且死者旁邊竟是稍早報
導自殺消息的剪報。

　　大眾傳播媒體之報導對一般民眾除了增加其模仿、參與之機
率，另一方面也因過多的類似行為報導的暴露，使得青少年對其
行為有減敏作用（desensitization），而最近的網路新興媒體，對青
少年之影響更是無遠弗屆，成人更不能掉以輕心其對青少年之影
響。

## 三、布倫芬布蘭納之人類生態觀點

　　布倫芬布蘭納（Bronfenbrenner）之人類生態觀點（human
ecological approach）結合個人、家庭和社會環境來解釋青少年之
自殺行為，提供一種科際整合的觀點，從生理、心理及社會因素
來剖析青少年自殺行為。Garbarino（1985）修正了Bronfenbrenner
（1979）的理論，提供由多階層式組織起來的生態脈絡（參見圖
15.1）來解釋青少年如何受生態組織脈絡之作用而產生行為之影
響。

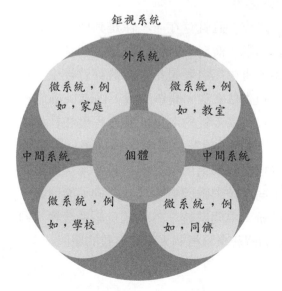

圖15.1 人類發展生態圖
摘自 Garbarino, J. (1985). Adolescent
Development: An Ecological Approach.
*Columbus*, OH: Merrill Publishing, p. 73.

由人類生態觀點來看，個人在環境是交互作用、相互影響的。當一個系統隨著時間推移改變時，另一個系統即會因應其改變而隨之產生變化，不同的人對相同的環境會有不同的反應。生態觀點中的第一（中心）層次是個體，青少年的特質是很重要的影響因素，每個青少年之個體都是幾種微系統（microsystem）的成員，例如，家庭、同儕、學校及工作或社團情境等（Bronfenbrenner, 1979），介於微系統之間的關係，即情境間的連結稱為中間系統（mesosystem）（Bronfenbrene, 1979; Garbarino, 1985）。除了個體，微系統及中間系統不但對青少年生活有直接影響，也可能增加自殺行為的發生，而大環境中的因素也可能產生間接影響，外系統（exosystem）（包括：父母之工作情境、媒體等）的因素如經濟不景氣造成父母失業，媒體傳播均會間接對青少年產生影響。而當外系統發生在廣泛制度間的脈絡或是一文化／次文化的意識型態模式，即形成鉅系統（macrosystem）。鉅系統之可能組成包括了：經濟、社會、教育、醫療、立法和政治系統，均會間接影響了青少年的自殺行為（Henry, et al., 1993），如青少年的相關立法及社會問題等。

　　總結而論，自殺自古以來一直就存在，不僅是其個人，自處之家庭，甚至衍生了社會問題，而自殺行為一直是各個學科所深感興趣，多少探究的主題。青少年自殺是指年齡輕輕就輕生，就其原因，從上列不同學科的觀點來看，簡單的說，Durkheim的社會學理論認為青少年之自殺行為受社會制度的整合程度和社會規範的強弱所影響。社會學習論則強論社會事實（social facts）間的交互作用，青少年即透過模仿的學習所引起的自殺行為；而人類生態觀點從個人周圍的不同系統來歸因青少年自殺的可能因素，從個人逐漸向外推至微系統、中間系統、外系統及鉅系統等不同層次的社會網絡和其相互的關聯來分析個人可能自殺的原因。

# 影響青少年自殺之相關因素

不論對任何年齡層的人而言，自殺都不是一種尋常手段，而且會對認識死者的人（尤其是家人）造成極大困擾。自殺的因素也是多不勝數，而且影響青少年的因素也與影響成人之因素也有所不同，接下來，就影響青少年自殺之危險因子分述如下：

## 一、基本人口背景變項

### （一）性別與年齡

男性比較容易自殺得逞，而女性意圖自殺的比率較高（Newman & Newman, 1992）；臺灣男性自殺傷亡是女性的二倍（統計處，2000）。大學生又比高中生來得高，而15-24歲此一階段，更是自殺率增加最多的年齡階段。

### （二）社經因素

當經濟不景氣或家庭出現經濟危機時，都可能使青少年出現自殺傾向（Henry, 1987）。

### （三）地區型態、種族及宗教

Neiger及Hopkins（1988）指出青少年自殺與地區人口過高或過低有關。自殺率也可能與種族的生活、飲食習慣有關；臺灣原住民男性青年的自殺率偏高（張宏文，1988）；而某些宗教，例如，天主教、回教視自殺為一種禁忌或罪惡，也較使青少年不會輕易採取自殺行為。

## 二、個人因素

　　一些研究發現相當多自殺企圖者其生理健康不佳，如最近德國前總理柯爾的夫人即因罹患慢性病而自殺，而精神失調、憂鬱、無望感（hopelessness）在青少年企圖自殺者中也常出現（張如杏，1992），甚至精神病患者亦是自殺的高危險群，以憂鬱症、性格異常、精神分裂及精神官能症者皆有很高的自殺傾向（社會工作辭典，2000，頁155）。

　　除了健康因素之外，企圖自殺之青少年可能具有憂鬱、憤怒、寂寞、罪惡感、害怕等情緒狀態（Kumar & Steer, 1995），Newman及Newman（1992）指出意圖自殺通常和情緒低落相關，例如，摯愛的人剛過世，和情侶激烈爭吵或分手，或者是其他原因造成嚴重的失落感等等。而意圖自殺也經常和濫用藥物或酗酒有關，起因是想自殺的人羞於耽溺於酒精或藥物，但又苦於戒不掉。

　　此外，在個人之認知因素，例如，認知僵化、選擇性的注意及不正確標記等認知扭曲、問題解決能力不足及缺乏控制衝動的能力等，皆可能使人如面臨不如意情境或沮喪挫折時，採取自殺方式來因應問題，（Dixon, Heppner & Rodd, 1994）。

## 三、社會環境因素

### （一）家庭因素

　　青少年企圖自殺之案例中發現有破碎家庭的歷史（張如杏，1992）、家庭暴力行為、父母間的爭執及冷談忽視的管教風格，以及父母離婚、分居或死亡而形成單親家庭之環境，也皆可能導致青少年發展出自殺意念。Tishler、Mckenry及Mogan（1981）認

為：許多自殺的青少年是因生活在失去功能的家庭中，導致其無法發展出良好的生活因應技巧。

## （二）學業及人際因素

許多企圖自殺的青少年常因學校挫敗有關，國內在此因素的自殺個案是數不勝數，相關學校之因素，例如，成績低落、和老師、同儕關係不良、具逃學傾向等，造成青少年面對上述之衝突、挫敗或損失而導致無望或無價值感，因此形成青少年之自殺念頭或行為（單延凱，1995）。

## （三）媒體傳播

媒體傳播有關青少年自殺成功的消息與青少年自殺企圖之比例有明顯的關聯（Philips & Carstensen, 1986）。

綜合上述許多影響青少年自殺的因素中，在家庭環境之家庭動力因素在青少年自殺問題中扮演著重要的地位，而個人之心理因素的無望感更是其最佳預測指標，此外同儕及媒體效仿而造成自殺傳染（contagion）亦是造成青少年自殺之重要因素之一。不過，青少年企圖自殺仍有一些警兆，例如，突然與情人分手、懷孕、學業挫敗、與父母爭執和衝突、被朋友拒絕、掛念社會的犯罪事件、突然有親人死亡、害怕生理疾病或心理困擾等皆是吾人可加以留意身旁青少年，以避免他們走上絕路。

# 自殺預防處遇

從自殺意念到自殺行為之相關研究所得到之影響變項仍著重於個人、家庭因素，其次為學校及媒體之社會情境因素。個人因素，例如，憂鬱、精神問題、藥物濫用及酗酒、自我認同、寂寞

感及失落感等；家庭因素，例如，親子關係、家庭功能、家庭支持與壓力；學校因素，例如，學業挫敗、人際關係困擾及媒體傳播之仿效作用。

　　意圖自殺也常被視為是一種求救信號，這種人大都已失去了社會支持，唯有用意圖自殺這種非常手段，才能被別人注意到自己的存在，而這種人有三成左右會再嘗試（Newman & Newman, 1992），因此，以心理治療和社會支持方式來涉入預防方案也是很重要之處遇方式之一。

　　自殺行為不管成功或未遂皆是一悲慘行為，不論對自殺行為者或認識自殺者皆是一種極大困擾。在大學階段的孩子如果知道有人自殺或意圖自殺，心中滋味是五味雜陳，包括沒有察覺到自殺者之自殺意圖而感到內疚，對自殺者不願求助感到生氣與挫折，同時，會因失去一位朋友而悲傷，這些也需要一些輔導。所謂最難開的門為心門，最難解的鎖為心鎖」，生命歷程中的困頓，徘徊與猶豫，在一個人千愁萬緒中難免為鑽死胡同，失去方向，更甚者懷疑生命存在之價值，有了輕生的念頭，實令人唏噓與惋惜。

　　自殺的預防可從社會整合做起，加強個人與家庭、社區的整合，強調個人之生命意義感，讓個人能尋求個人生活之目標，滿足其個人生命意義感。普設機構協助弱勢者，對於有自殺危機之個人，給予協談、輔導、藥物治療、住院或社區治療，強調個人之自殺問題之診斷，協助過程中講求方法、步驟，針對自殺者之問題給予協助，以幫助他改變自殺想法，獲得支持與支援，以改變其行為。對於自殺意圖者之處理與治療，應將其親人及家人納入，在初期評估及選擇治療方式時，需考慮重要親友之反應和防衛，以給予意圖自殺者之直接支持，協助他因應問題，以改變此種自殺意圖（社會工作辭典，2000，頁155）。臺灣的自殺預防機

構主要有生命線電話服務及面談服務，在民國五十八年，國內馬偕醫院首先引進澳洲生命線的民間社會服務組織，以電話協談為主的服務方式，在台北設立第一個生命線，至今已成立了二十三個地區協會，協助民眾解決困惑並增進心理健康，進而預防自殺的發生。

　　無論孩子對於自殺行為會有何種反應，吾人必須能接受且堅定地告訴孩子，碰上這種情形，生者往往會表現出相當強烈的情緒反應。此外，吾人還必須讓孩子瞭解，自殺並不能夠真正解決失敗或失落感的問題。每個人的生命中都會遇上許多問題，認知問題的特性並鼓起勇氣去克服問題，才能建立起生命的尊嚴，增加個人想達成意義的意志挫折忍受度，尋求個人之有意義的生活目標，創造個人保有意志力的自由心智，實現個人獨特之生命意義。年輕人必須相信：唯有個人能夠瞭解問題所在，勇於面對問題及解決困境，不論其成功或失敗，都應要接受這種事實，並化約為個人之生命意義。當我們如果懷疑周遭有人輕生之念頭，我們應依循下列專業的建議（Santrock, 2001，頁480）。

## 一、可以做的事項

（一）用鎮靜且直接的語氣詢問對方：「你想要傷害自己生命嗎？」

（二）用提問題的方式，例如，感受、是否有與他人提及、自殺的方式等以評估自殺意圖的嚴重性程度。如果青少年已準備自殺工具，例如，槍、刀、繩子或其它工具等，或有完善的自殺計畫，那就是陪伴著他，直到能掌握情境或獲得專業的幫助。

（三）做一位積極的傾聽者及支持者，不要亂給意見或訊息。

（四）嘗試勸服他獲得專業幫助，並協助他找到專業的幫忙。

（五）提供支持，鼓勵他能傾吐，發洩煩惱，賦予溝通管道，紓解壓力。

## 二、不可以做的事項

（一）輕忽一些警兆。

（二）如果有人想找你討論有關自殺的事項，拒絕不談它。

（三）用幽默、詼諧、不贊同或拒絕反駁的語氣來回應。

（四）因個人危機解除或已獲得專業幫助就不了了之。

（五）用「萬事要看開點」、「你已過得不錯」的訊息來勸說企圖自殺者不要自殺。

　　自殺案件發生後，死者的家人及朋友經常自怨自艾，甚至驚訝異常。雖然企圖自殺者常隱藏自己的計畫，但事前仍是有警兆可尋。事實上，企圖自殺者有時便是要求幫助的措舉，但在衝動和錯估的情況下，他們常在救援來臨之前便已殞命。有心協助防止自殺的人必須學習認識自殺的警兆，並要有敏感的心，並瞭解預防之道（繆敏志，1994，頁283）。

## （一）自殺的警兆

1.睡眠或飲食習慣的重大改變。

2.對外表異常的忽視。

3.對工作或學業難以集中精神。

4.離開工作、學校或其他日常的活動。

5.避開家人與朋友。

6.人格改變，例如，抑鬱、冷漠、憤怒等。

7.談及死亡或自殺。

8.將自己心愛的東西贈送他人。

9.在沒有任何器官問題的情形下，抱怨身體有毛病。

10.濫用藥物及酒精。

## （二）預防之道

1.和對方談及自殺的想法，以便將其情緒激發出來。並讓當事人知道，除了死，他仍有其他的選擇。

2.儘可能減輕當事人現實生活的壓力，包括：借錢、代向僱主說項、打電話給離婚的配偶。

3.告訴可防止當事人自殺的其他人，包括：當事人的父母、配偶或其他家人、密友、輔導者。

4.移開可能致命的武器，以免當事人一時想不開，或者至少可以延宕自殺行動。

5.若當事人有立即危險時，則不要讓他獨處，以免發生意外。

# 參考書目

## 中文部分

內政部統計處（2000），《自殺人數統計分析》。內政部統計處。

繆敏志（1994），壓力，郭靜晃等著，《心理學》第七章。台北：揚智。

行政院衛生署（1998），《衛生統計》。行政院衛生署。

吳金水（1989），自殺傾向的探討與自殺傾向試用量表的編製經

　　過，《台南師院初等教育系初等教育學報》頁343-441。

周麗玉（1996）青少年自殺行為之理論與輔導，《諮商與輔導》
　　122，頁10-14。

社會工作辭典（2000），第四版，內政部社區發展雜誌社。

邱獻章（1991），自殺之評估及處置，《臨床醫學》28（3），頁
　　175-179。

胡淑媛（1992），青少年自殺傾向相關因素之研究，中國文化大學
　　兒童福利研究所碩士論文。

張如杏（1992），台北地區高職五專在學青少年內外控歸因，社會
　　關係及心理健康狀況關係之探討，台大社會學研究所碩士論
　　文。

張宏文（1988），自殺問題與自殺防治，《社會發展季刊》43，頁
　　111-116。

許咨民（1999），《自殺及自傷死亡人口特性分析》。內政部統計
　　處。

單延凱（1995），青少年自殺行為危險因子與危除警訊之探訊，中
　　原大學心理學研所碩士論文。

行政院衛生署（1992），《生命統計》，行政院衛生署。

## 英文部分

Berman, A. L. (1998). Fictional Depiction of Suicide in Television,
　　Films and Imitation Efforts. *The American Journal of
　　Psychiatry*, 145 (8), pp. 982-986.

Berman, A. L. & Jobes, D. A.(1993). *Adolescent Suicide: Assessment
　　and Intervention*. Washington DC: American Psychological
　　Association.

Bronfenbrenner, U. (1979). *The Ecology of Human Development.* *Cambridge*, MA: Harvard University Press.

Dixon, W. A., Heppner, P. P. & Rudd, M. D. (1994). Problem-solving Appraisal, Hopelessness and Suicide Ideation: Evidence for a Mediational Model. *Journal of Counseling*, 41 (1), pp. 91-98.

Garbarino, J. (1985). Adolescent Development: An Ecological Approach. *Columbus*, OH: Merrill Publishing.

Henry, C. S.(1987). Adolescent Suicide and Family: A Review of the Literature with Applications. Paper presented at the Annual Conference of the National Council on Family Relations, Atlanta, GA.

Henry, C. S., Stephenson, A. L., Hanson, M. F. & Hargerr, W. (1993). Adolescent Suicide and Families: An Ecological Approach. *Adolescence*, 28 (110), pp. 291-307.

Kalafat, J.(1990). Adolescent Suicide and the Implication for School Response Programs. *The School Counselor*, 37, pp. 359-369.

Kumar, G. & Steer, R. A. (1995). Psychosocial Correlates of Suicidal Ideation in Adolescent Psychiatric Inpatients. *Suicide and Life-Threatening Behavior*, 25(3), pp. 339-346.

Neiger, B. L. & Hopkins, R. W.(1988). Adolescent Suicide: Character Traits of High-risk Teenagers. *Adolescence*, 23 (90), pp. 469-475.

Newman, B. M. & Newman. P. (1992). *When Kids Go to College: A Parent's Guide to Changing Relationships*, OH: The Ohio State University Press.

Philips, D. P. & Carstensen, L. C. (1986). Clusteing of Teenage Suicide after Television New Stories about Suicide. *The New*

*England Journal of Medicine*, 315 (11), pp. 685-690.

Santrock, J. W. (2001). *Adolescence*, 8th ed., New York: McGraw Hill.

Schneidman, E. S. (1985). *Definition of Suicide*, New York: John Wiley & Sons.

Smith, E. J. (1981). Adolescent Suicide: A Growing Problem for the School and Family. *Urban Education*, 16(3), pp. 279-796.

Tishler, C. L., Mckenry, P. C. & Morgan, K. C. (1981). Adolescent Suicide Attempts: Some Significant Factors. *Suicide and Life-threatening Behavior*, 11 (2), pp. 86-92.

# 第16章
## 從健康觀點談塑身減肥

作者：林麗眞

# 前言

　　一般人認爲，減肥大都是愛美年輕女孩的玩意，出乎意料的，注意自己的身材，並努力認眞減肥的男士，愈來愈多了，過胖的中年男士中，約有八成在乎自己的身材與體型。據統計過胖的中年男士，有78%在乎自己的體型，凸出的肚皮，啤酒桶般的身材，給人遲鈍又「不帥」的感覺。我們請教了男士們，究竟他們都如何進行體重控制的？據瞭解，回答「運動」的男士有50%，回答「節制飲食」佔28%，答「減少喝酒」佔29%，回答「三項都來」的則有17%。想要減重的人當中，確實進行運動的人大約只佔了49%，表示幾乎有一半以上的人，還是沒有做任何的運動。走路是最常選擇和考慮的運動，每天二次共走三十分至一小時，利用下班回家的時候走一段路，也有人打高爾夫球、慢跑或打網球。眞正實行「節制飲食」來控制體重的人，大約佔了62%。多數人也能做到「不要吃得太飽」「避免兩餐之間的點心」「不吃油膩的食物」「減少喝酒的次數」。令人意外的，男士們愛吃甜食的比率，竟然高達64%，女性簡直無法相比。

　　有關用餐的時間和吃飯的方式，也是減肥不容乎忽視的要點。尤以「不吃宵夜」「細嚼慢嚥」這兩項重點，大約80%的人知道也能夠理解。晚上喝酒喝得很晚才回家，倒頭就睡，這些都是會造成肥胖典型的模式。由於想要減肥，而將每天三餐改爲二餐的人，幾乎佔了半數以上的人。從以上資料顯示，中年男士們減肥的方式和年輕女士們（大多採營養不良的減肥法）的確大異其趣。男士們大多還是三餐平均地吃，加上積極的運動，也就是以「食物」和「運動」爲兩個主軸去進行減肥。至於，女學生們的看法呢？，問到：「如果望見家中老爸們這麼積極行動，妳的感想如

何?」她們說：「看到這麼努力的父親，的確感動得快要掉下眼淚，覺得老爸實在挺可愛的呢！」對於一向被小女兒嫌煩、愛抽煙的爸爸形象，竟然也開始改變了。老爸開始和女兒交換減肥的心得和訊息，無形中消弭了父女之間的代溝，變得挺溫馨感人呢!

坊間一片減肥聲浪中，有人採用「斷食減肥」法，也有人採「吃肉減肥」，甚至有摻了西藥的中藥減肥品，不當的減肥方式，的確危險減肥法氾濫讓人耽心。

近日聽說有位愛美的女子，採吃肉減肥，因不知道自己腎臟早有問題，冒然採吃肉減肥法，過了一、兩個月，搞到必須洗腎，她非常的想不開，竟然飲恨自殺。還有不久前，一群在日本的中學生，誤以消毒水當減肥藥，險些送命。歐美各地也陸續有報導指出，原本應該青春活潑的少女，因為減肥不成而心情鬱卒。婦產科醫生也來提醒大家，有些婦女因不當減肥而造成停經、生理不順、落髮及快速老化等現象。除了可能威脅健康及生命的種種危機外，在減肥上面花掉大把鈔票的大有人在，為了幫助大家能建立一些健康、正確的減肥觀念，我們先來瞭解一般容易誤導的幾個想法！

## 認識人體的「基礎代謝量」

理論上來講，熱量不足的話，一定會瘦下來，因此常有人採挨餓法或只吃熱量極低的減肥餐。一般飢餓療法只能在醫院中醫護人員的監護下，因為可能發生嚴重的併發症，例如，痛風性關節炎、貧血及低血壓。加上強行採用飢餓療法，不管當時收效如何，是否能長期維持理想體重都有待觀察，減肥最大的課題是如何維持已減低的體重。

我們必須瞭解，當一個人安安靜靜躺著不動，也有其基本需要的能量，以因應心臟、呼吸、消化等基本的能量，這就叫做人體的「基礎代謝量」。15～17歲基礎代謝達到高峰，但隨著年齡愈大，有愈來愈減少的趨勢，如（圖16.1）所示。普通勞動力的成人，每公斤體重約需25～35大卡，因基本上最低不得少於1,400大卡。如果連這種基本消耗都無法滿足的話，可說是「營養失調的減肥法」，因此採用每天1,000大卡以下的減肥菜單，必需非常慎重。

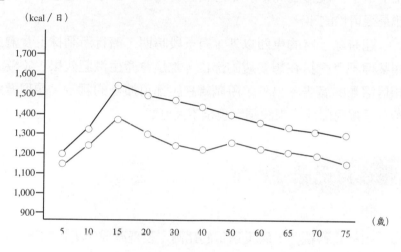

圖16.1 年齡別基礎代謝量

資料來源：《潮雜誌》，1998，頁11。

還有，人本能即具備忍受「飢餓」的能力，因此營養十分不足的情況下，為維持生命的適應和調整作用便會出現，最直接的就是身體自動地將基礎代謝量減少。造成吃的東西減少了，但熱量的消費量也跟著自動減少，身體多餘的脂肪卻還是一點變化也沒有，動都沒動呢！自然也就無可期待減肥的效果了。

而且，營養十分不夠的時候，漸漸地會出現肌肉委縮現象，重要的內臟器官也受到連累，甚至於引來疾病。有人一看到這種現象，又慌慌張張地趕緊開始吃回來。而此時身體卻因為已自動調整，減少了基礎代謝量，因此一多吃就又有過剩的能量，很快地體重又增加回來了，這就是所謂「反彈現象」。

　　比起剛開始減肥更糟糕的是，一旦有了「彈回現象」發生，重頭想再嘗試減肥餐效果又更不容易出現。像這樣「起起伏伏，上上下下」反覆之間，胖了恐怕就再也回不去了，想起來，實在也是很可怕的事。

　　還有除了吃的東西以外，有一段時期，流行所謂抹上食鹽或用某種肥皂塗抹在想要瘦的部位，說是會產生減肥效果，不要太相信這類的廣告。另外，所謂綁在腹部可瘦身的腰帶，類似像這種只是讓局部瘦下來說詞，也是不太可能。

## 檢視自己肥胖程度

　　根據資料統計，體重過重的比例，在臺灣成年男性約為14.6%的比率，女性則約16%的程度。一旦進入中年，45～64歲的男性，每5人中有一人，女性則每3.5人就有1人。

　　肥胖的原因，不用說是因為能量攝取過剩。我們所吃的食物會在體內轉變為能量，一邊消耗能量，才一邊得以生活下來，所攝取的能量與消耗能量達到平衡的時侯，自然就不會增胖。

　　攝取的能量過多的時候，所剩下來多餘的能量則會變成脂肪貯存於體內。因此，嚴格來說，肥胖其實並不關乎體重，而是到底蓄積了多少的脂肪，由此來決定肥胖的程度。

　　體脂肪測量的方法有很多，可測皮下脂肪的厚度。要知道更

詳細有關肥胖程度的話，則必須檢測到底多餘的脂肪有多少。正常人的情況，為了活下去，必須要有的體骼肌肉等，活性組織佔82%（其中60%為水分，17%為蛋白質，5%為灰分）。多出來的能量以體脂肪形態貯存的部份則最多以18%為宜，因此，當體脂肪佔到30%以上時，就可稱為「肥胖」了。

現今，為方便大家更簡單可計算，建議採用BMI「身體質量指數」來計算。其方法如下：

肥胖度係將現在的體重（KG）除上身高（M）的平方值，
也就是：〔體重÷（身高×身高）〕並以所得數值來判定
20～24　　普通
24～26.4　　過重
26.4以上　　肥胖

標準體重則是將身高平方乘上22（BMI的標準指數）
此數值上下10%皆高標準體重範圍內。譬如，一個人160公分其標準體重為：（1.6×1.6）×22＝56.32

因此56KG的前後10%為51～62KG，在此範圍內皆屬理想體重（表16.1）。實際體重較標準體重超過20%過重，超過30%為肥胖，相反的低於25%為太瘦。

體重過重者較容易得到一些併發症，譬如：肥胖者患糖尿病機率為體重正常者的五倍。肥胖之後，較容易得到的病包括：膽結石、痛風、高血壓、心臟病及關結炎等等。女性肥胖者不孕症比率為正常體重者的三倍。（圖16.2）

表16.1 成年人之理想體重範圍

| 身高（公分） | 理想體重範圍（公斤） | 身高（公分） | 理想體重範圍（公斤） |
|---|---|---|---|
| 145 | 41.5~51.0 | 166 | 54.5~66.5 |
| 146 | 42.0~51.5 | 167 | 55.0~67.5 |
| 147 | 43.0~52.0 | 168 | 56.0~68.5 |
| 148 | 43.5~53.0 | 169 | 56.5~69.0 |
| 149 | 44.0~53.5 | 170 | 57.0~70.0 |
| 150 | 44.5~54.5 | 171 | 58.0~71.0 |
| 151 | 45.0~55.0 | 172 | 58.5~71.5 |
| 152 | 46.0~56.0 | 173 | 59.0~72.5 |
| 153 | 46.5~57.0 | 174 | 60.0~73.5 |
| 154 | 47.0~57.5 | 175 | 60.5~74.0 |
| 155 | 47.5~58.0 | 176 | 61.5~75.0 |
| 156 | 48.0~59.0 | 177 | 62.0~76.0 |
| 157 | 49.0~59.5 | 178 | 62.5~76.5 |
| 158 | 49.5~60.5 | 179 | 63.5~77.5 |
| 159 | 50.0~61.0 | 180 | 64.0~78.5 |
| 160 | 50.5~61.0 | 181 | 65.0~79.5 |
| 161 | 51.5~62.0 | 182 | 65.5~80.0 |
| 162 | 52.0~63.5 | 183 | 66.0~81.0 |
| 163 | 53.0~64.5 | 184 | 67.0~82.0 |
| 164 | 53.5~65.0 | 185 | 68.0~83.0 |
| 165 | 54.0~66.0 | 186 | 68.5~84.0 |

備註：1.理想體重（公斤）＝ 22×身高$^2$（公尺$^2$）

即 BMI（Body Mass Index，身體質量指數）

$$\frac{體重（公斤）}{身高^2（公尺^2）} = 22$$

2.理想體重範圍為理想體重±10%

3.根據國民營養調查結果顯示，20～29歲年輕女性之平均體重略輕於備註1.計算而得之理想體重，使用上表時可參考理想體重偏輕之數據。

資料來源：行政院衛生署

肥胖者較體重正常者罹患各項疾病的倍數

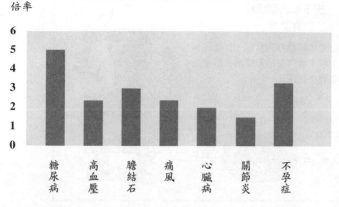

圖16.2 肥胖者罹患各種疾病倍數
資料來源：《潮雜誌》，1998，頁11。

　　肥胖者依其脂肪屯積的部位，有以下兩種區分法。一為上半身肥胖，脂肪聚集於腹部的，被專家稱為「蘋果型肥胖」（圖16.3）；另一為臀部到大腿長滿了脂肪，下半身肥胖的所謂「洋

圖16.3 蘋果型肥胖

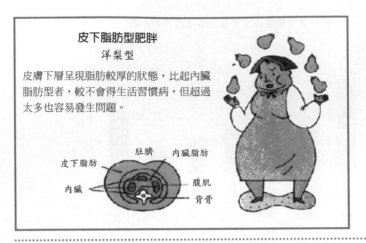

**皮下脂肪型肥胖**

**洋梨型**

皮膚下層呈現脂肪較厚的狀態，比起內臟脂肪型者，較不會得生活習慣病，但超過太多也容易發生問題。

皮下脂肪　肚臍　內臟脂肪

內臟　腹肌

背骨

圖16.4 洋梨型肥胖

梨型肥胖」（圖16.4）。將腰圍除以腹圍，衡量一下自己究竟屬於那一型？所得值0.7以上的稱爲「蘋果型」，未滿0.7者稱爲「洋梨型」。

這兩種比較起來，洋梨型較不容易瘦，蘋果型則較易得生活慢性病（慢疾病，例如，高血壓、心臟病、糖尿病等）有此傾向。腰圍／臀圍，此比值愈大得到糖尿病或高血壓的危險愈高，而女性0.9以上，男性1.0以上，也增加心肌梗塞的危險度。因此過了中年，特別要留意的就是肥胖所帶來的健康問題。

## 吃東西很快和只吃二餐者易肥胖

減肥基本上就是減少食物攝取量，同時增加熱能的消耗量，這點相信大家都能瞭解。令人意外的發現相當多的一個現象，許多有肥胖傾向的人，爲了減少能量的攝取，採取不吃早餐或中

餐。

　　尤其不吃早餐的人特別多，根據國民營養調查的結果，早上不吃的人大約佔了12%。這也難怪，早上大多起不來，因此連飯也不想吃。可以肯定的是每天都如此的話，有一天會變成肥胖症。這是因為當人體進食次數減少或不規則的進食方式，所攝取的能量不足，自衛機能便會動起來，首先將所吃的東西轉為能量蓄積下來。基礎代謝量無法控制的情況下，就愈來愈胖。

　　因此，首先要重視的是吃東西的量，維持大約過去食量的2／3就好，過去常聽說「肚子八分飽疾病不來擾」，可見古時候節食減肥的重點也在此。

　　無論如何，必須的營養素，例如，蛋白質、維生素、礦物質等，皆不可缺少。另外還要強調的是——不吃脂肪的話，就不會得到肥胖症，這是錯誤的觀念。雖然不直接攝取脂肪，可是吃了飯、麵等碳水化合物，仍會在體內會成體脂肪，其結果和攝取脂肪是一樣，反而是攝取少量脂肪，還更有助於脂溶性維生素A.D.E.K.等的吸收。

　　當然，光是強調要將食量減少，肚子沒吃飽，未能滿足的情況下，心裡總是會感到不安，還會想再吃點東西。別耽心，只要細嚼慢嚥，用點時間、懷著感恩的心，慢慢的享受每一餐，就更會有飽足感。持續地做三個月下來，相信胃都會縮小。不要吃得太快，對於每種食物一點一點的吃（一天差不多三十種類食物），這樣比較妥當。

　　我們的腦部有空腹感覺的「攝食中樞」，以及滿腹感覺的「飽食中樞」肚子餓的時候，血液中的葡萄糖（血糖值）減少，首先腦部感覺到血糖值下降了，因而有肚子餓的感覺，相反的血糖值升高時就會有飽足感。飽食中樞必須要開始吃飯之後，大約十五分鐘才會反應出來。吃得太快，在腦子還未反應飽食感之前就已

細嚼慢嚥

經吃得過多了，那是因自然沒有感覺飽而吃多了。

　　視年齡而改變進食的量也是減肥重要關鍵，人體一天所需熱量以正在發育的十幾二十歲的最多，例如，十五歲的男性為2,700大卡，女性2,500大卡。相對的，四十歲的男性則為2,400大卡，女性為1,950大卡，若要減少300大卡，差不多相當於一碗半的飯。當然，如果還是吃和年輕人一樣那麼多的東西，由於必須的能量減少了，攝取過剩的部分，就變成了皮下脂肪。

　　還有要注意，有很多人認為說水果的熱量很少，這也是錯誤的觀念。尤其大多數的女性，基於美容上的考量，總想多攝取一些的維生素C，而完全忽視水果的熱量。減肥中的人，日常可準備一些低熱量或沒有什麼熱量的食品，譬如，蒟蒻、香菇、海帶、蕃茄等，以解嘴饞。至於含糖分高的水果、零嘴、可樂及果汁

等，於兩餐之間隨意的食用，是不允許的。尤其肥胖合併有糖尿病者要特注意，當血糖值在200（正常人餐前的血糖濃度約為0.1%，即100mg/100c.c. blood，若飯前血糖濃度在130～160mg之間，則有糖尿病的可能，若高達160mg以上，則可診斷為糖尿病。有更嚴重的罹患者，其血糖濃度達300mg以上。）（空腹正常值為70～110）左右的人，口渴了馬上就喝可樂，血糖值有可能會上一下翻升到600，造成昏迷或意識不明的例子也有，不可不慎。

遠離刺激食慾的食物

飯後馬上刷牙

不要以食物作為獎勵

## 運動不足，減肥效果不彰，飲食與運動同時並行，才能立竿見影

　　前面說過，人體一旦攝取的食物量減少，熱量不足時，身體馬上自動會調整以適應此種反應。因此，想個辦法盡量控制不要讓基礎代謝量降下來。光是減少吃的東西，減肥效果不明顯，想辦法儘量增加熱能的消耗才行。如何讓身體上的脂肪燃燒，就是得動一動才行，飲食療法配合運動療法，才能讓減肥發揮最好的效果。

## 合併運動來減肥，有哪些好處呢？

1. 燃燒脂肪：由於熱量消費量增加，慢慢地就會燃燒體內蓄積的脂肪，將其轉變爲能量消耗率。
2. 強化肌肉：肥胖的人，看來肉都鬆鬆的，一方面藉由運動燃燒脂肪，同時強化肌肉，讓身體既結實又能減重。
3. 改變成一個不容易胖的體型，爲了增加、強化肌肉，以及增加能量消耗，體脂肪量減少，就不容易變胖。

勤快的動一動

一般所謂有氧的運動，比較能有效地燃燒脂肪，譬如，游泳既能鍛鍊強化肌肉，又能動到腰腹部，是一種相當理想的運動。基本上可以自己選擇二種組合方式來運動，開始時不要太貪心，才不會因做不到引起挫折感。可先選擇一種容易持續做得到的運動開始。請參考如（**表16.2**）所示各種運動可消耗的能量。

**表16.2 消耗100大卡的運動量**

| 運動種類 | 男 | 女 |
| --- | --- | --- |
| 步行70公尺／分鐘 | 28分鐘 | 35分鐘 |
| 慢跑 | 12 | 15 |
| 馬拉松 | 6 | 8 |
| 跳繩 | 18 | 23 |
| 體操 | 21 | 26 |
| 遠足 | 24 | 31 |
| 騎車 | 21 | 27 |
| 軟式網球 | 14 | 18 |
| 乒乓球 | 12 | 14 |
| 羽毛球 | 11 | 14 |
| 高爾夫 | 21 | 26 |
| 游泳 | 12 | 15 |

資料來源：潮雜誌（1998：11）。

體育運動專家建議亞鈴或慢跑，也都是很適合一般人做的運動和鍛鍊。任何一項運動，開始之前總是要先做做暖身操。走路或急行也是一樣，由每天十分鐘開始，一星期後再增加為15～20分，過一星期再增加為30～40分，一旦一天能走到40～50分鐘，

日行一萬步就絕對沒有問題了。速度也是先慢而逐漸加快，視個人體能調整。

　　以減肥成效來看，通常第一個月會有比較明顯的體重下降，接下來幾個禮拜可能動都不動。但請不要氣餒，只要繼續保持少吃多運動，過一段時間，體重一定會再掉下去，而總有一天達到自己想要的理想體重了。成功之道就在於忍耐、努力加上恆心。

# 參考書目

## 中文部分

行政院衛生署（1997），《中華民國公共衛生概況》。台北：行政院衛生署。

陳維昭、余麗娟（1994），正常體重和不同肥胖程度女性之身體組成及基礎代謝率研究，《中華營誌》19，407-420。

行政院衛生署（1998），國民營養健康狀況變遷調查結果研討會台北：行政院衛生署。

葉松齡、胡雪萍（1998），飲食與運動對體重過重者體重變化體組成及代謝情形之追蹤研究II。行政院衛生署87年度委託研究計畫。

黃伯超、潘文涵等（1984），國民營養健康狀況變遷調查。行政院衛生署83年度委託研究計畫期末報告。

李美璇、金惠民、蘇秀月（1998），醫院體重控制班長期效果評估及其影響因素之探討。行政院衛生署87年度委託研究計畫。

黃伯超、游素玲 營養學精要（1991），台北市合作書刊出版合作

社Tokunaga K, Matsuzawa Y, Kobatake T, Fujjioka S, Tarui, S. Ideal body weight estimated from the body mass index with the lowest morbidity. Int J Obesity (1991),15:1-5。

荒牧麻子（1999），《讓體脂肪減少有方》。日本：女子營養大學出版部。

剛部正（1998），錯誤的減肥法，《潮雜誌》。

大野誠（1999），自覺肥胖的恐怖，《主婦與生活社》。

奧田和子（1998），中年男士的減肥，《聖教新聞》。

# 第17章

## 臨終關懷

作者：林烝增

認識臨終關懷

對臨終病人及家屬的協助

臨終關懷組織的服務

相關法令的制度與推展現況

臨終關懷的倫理議題

結語

參考書目

附錄

面對臨終的病人，醫療者或家屬常奮力想將瀕死者從垂死邊緣拉回他的生命，假裝死亡的陰影不存在，沒有人面對死亡，紛紛埋頭顫抖於死亡的恐懼中。

臨終不是只是等死，而是安然、坦然、欣然走完人生。

## 認識臨終關懷

臨終關懷（hospice）或稱安寧療護或稱善終服務。臨終關懷是指一種照護方案，與醫師或社區中的巡迴醫療協會互相配合，為垂死的病人及家屬提供緩和性及支持性的照顧，此方案重點是著重於死亡前病人病痛的控制及死亡後家人情緒的支持（黃天中，1991）。

根據中華民國安寧照顧基金會訂定的定義為：安寧療護不同於一般傳統醫療。它是針對癌症末期病患、臨終病人及其家屬的特別照顧。整個照顧過程中，病人有最大的自主權，家屬全程參與，滿足病人肉體的、情緒的、社會的‧精神的、以及病人家屬的需要，是一種提昇癌症末期病人與家屬生活品質的「全人照顧」。

另一個相似的概念為緩和醫療（palliative medicine）在世界衛生組織（W.H.O.）的定義是：當疾病已無法治癒時，對病人作積極完整的照顧——疼痛與其他症狀的控制，以及對精神、社會和靈性問題的處理是很重要的，目標是達成病人與其家庭的最佳生活品質（許禮安，1998）。

# 一、臨終關懷與安寧療護之理念與內涵

## (一) 臨終關懷組織憑藉的理念

臨終關懷組織憑藉的理念有以下三點：（黃中天，1991）

1. 以照顧（care）為主的理念：醫療體系中是以治療為重點，在臨終關懷中則以照顧（care）為中心理念，對於末期患者治療希望渺茫，生命結束邁向死亡為不可避免情形下，此時最重要的是疼痛控制及精神支持。著重病人的想法、需求與期待來給予照顧，而不是從醫療人員的角度單向思考病人的需要或一昧的給予。

臨終關懷與安寧療護強調「四全」的照顧。所謂的四全照顧是指（陳榮基，1998；吳雅菁，2000）：

(1) 全人：把病人當作整體的人來照顧、來關懷。

(2) 全家：協助家屬處理心理的負擔與實際照顧病人的工作。

(3) 全程：自發病開始、治療過程中、往生前後、殯葬事宜乃至家屬喪親後的悲傷治療，都在安寧照顧之工作中。

(4) 全隊：指整個醫療團隊間相互地合作、作充分的溝通與協調，以協助病人及家屬，提供最完善的服務來達到善終。

另外，也有人提出第五全：全社區，希望未來在臺灣能透過安寧居家照顧或居家護理的推動來促進全社區的照顧，參與相互的關懷與社會照顧。

2. 尊重生命尊嚴、尊重瀕死病人的權利：臨終關懷照顧的工作原則都以尊重生命尊嚴及關懷瀕死病人及家屬爲基本準則。尊重病患想不想要知道病情、參與治療的過程等意願，尊重其個人的價值觀、宗教觀以及死亡觀。

　　美國在一九七四年有一份臨終者的人權宣言，說明每個人都有權利接受治療到死亡爲止並參與照顧自己的權利，有避免疾病痛苦的自由，有權利保持自己的個性，有權利接受體貼敏感而有知識的醫療人士之照顧服務，臨終者有權利要求不使用人工之生命維持系統來延長病情之疼苦。美國老人醫學倫理委員會也支持臨終者之願望就是不要延長痛苦時間，在臨終時，要提供緩和醫療照顧，來減輕臨終者的痛苦，使用藥品或非藥品服務，並瞭解臨終者關心事項使其安心放心，使其表達感受，保護其隱私權利，利用最後有限時間和親友表達永別（引自李宗派，1999）。

3. 尊重生命品質：尊重生命品質是臨終組織工作中重要的一環。對瀕死病人的照顧工作不再是如何去延長生命而是如何去豐富其生命，卡夫曼（Cafman, 1987）指出界定生活品質的主要考慮的三項項度：一是生命品質與個人差異性有密切相關；二是生命品質是依據個人目前生活方式、過去經驗、未來期望與理想而定；三是生命品質強調個人的成長史發展。這是希望提供者在有限的日子裡，有清楚的意識，控制疼痛下與家人共同生活、接受關懷（引自吳庶深，1987）。

## (二) 安寧療護的內涵

　　日本柏木哲夫教授貼切地用HOSOICE七個字母來表現安寧療護的內涵（引自陳榮基，1998），分別說明如下：

1. 親切（hospitality）：親切的態度能讓安寧療護人員與病人之間建立起關係，透過溫暖、眞誠的表現，讓病患感到被接納與被尊重。親切除了在口語、音調之外，還得表現於安寧療護人員之肢體、表情等。

2. 團隊照顧（organized care）：包括醫師、護士、物理及職能治療師、藥師、臨床心理師、諮商師、社工師、宗教師及志工…，共同來提供供照護。

3. 症狀控制（symptom control）：減低病人的痛苦、提供照顧是安寧服務的主要工作，而非以療育疾病、延長生命爲目標。

4. 精神支持（psychological support）：病人及家屬的憂鬱、沮喪、悲傷、憤怒需要給予諮商或治療，並提供精神上的支持與協助。靈性部分，宗教人員的協助也提供病人與家屬信仰上的支柱。

5. 個人化照顧（individualixed care）：以病人爲中心，協助其完成心願，讓病人得以在最後的生命中享有生活品質，且擁有自己的希望與選擇。

6. 溝通（communication）：家屬、病人及醫療團隊間的溝通瞭解十分重要，病人有知道自己病情及接受何種治療的權益。

7. 教育（education）：病人家屬及醫療人員、志工、社會大眾等傳遞安寧療護與臨終關懷的涵義，讓大家一起支持臨終關懷，更加有人味。

## 二、緣起

一九六七年在英國，桑德絲（Dame Cicely Saunders）創立了聖克里斯多福臨終關懷機構（St.Christopher's Hospice）（黃天中，

1991；胡子明，1992；杜明勳，1998）。取名Hospice原意是指接待收容旅人之處，引申為照顧癌症末期病人的地方。

聖克里斯多福臨終關懷機構是全世界第一家有特殊服務方案的機構也是全世界安寧照顧上一座楷模式的安寧照護醫院，北美洲後來許多安寧照顧醫院都參考學習聖克里斯多福臨終關懷機構照護病人的模式。世界上第一所專為照顧末期病童的hospice在一九八一年成立於英國牛津。

美國知名的心理精神學家及生死學學者伊莉莎白·庫伯勒·蘿斯（Elisabeth Kübler-Ross）在一九六九年左右將hospice的概念引進美國，美國第一家安寧照顧於一九七四年在康乃迪克州成立，服務型態為居家照顧而不收住院病患。一九七五年加拿大成立Royal Victoria Hospital），提供緩和照顧（Palliative Care Service）（引自杜明勳，1998）。七〇至九〇年代是安寧療護蓬勃發展的年代，在一九九八年時全球已有八十一個國家，有5,400個安寧醫療照顧計畫。就安寧照護的先驅——英國而言，在一九九八年時已有400家安寧療護機構，多以居家照顧為主，有住院病房的有120家，英國的社會福利制度是其發展的後盾。美國在一九九八年則已有2,000家安寧院，提供臨終照顧服務，在一九八六年美國國會通過法案讓臨終照顧、安寧服務成為永久性之老人醫療保險給付之一部分（引自李宗派，1999；許禮安，1998）。

## 三、臨終關懷在臺灣的發展

在臺灣推動臨終關懷初期有很多波折與困境，視死亡為禁忌話題的中國人更是不敢也不容易正視死亡。有些人對臨終關懷存有迷思，甚至將安樂死混為一談，也有一些醫院與家屬對癌症末期臨終病患仍然送往加護病房，從鼻胃管到導尿管，各式各樣的注射與引流管，以及加諸其身的各種搶救技術，雖延長患者的呼

吸、心跳等生命現象，卻使其失去生命的尊嚴與生活品質。

臺灣在一九八〇年先由醫學界自國外將安寧照顧（hospice care）的觀念引進臺灣。

臺灣第一個提供安寧服務之機構為 Miraculous Medal Hospice；其次一九八四郊區之陸軍829醫院設立病床收容癌症病患。臺灣第一個非軍方設立的公家安寧照護醫院則是台北市立仁愛醫院，其病房在一九八五年八月啓用，以照顧癌症病患之心理與精神。（1985年8月26日，民生報；杜明勳，1998）實施居家療護則首推一九八三年天主教康泰文教基金會成立癌症病患聯誼會（1983年10月3日，中央日報），以及一九八七年榮總癌症治療中心成立癌症居家小組（1987年5月12日，民生報）。

臺灣是第十八個建立安寧照顧服務的國家（中華民國安寧照顧基金會，1998）。一九九〇年開始，安寧照顧在臺灣真正受到重視與推動，陸續成立「財團法人中華民國安寧照顧基金會」、「天主教康泰醫療教育基金會」、「佛教蓮花基金會」以及「臺灣安寧照顧協會」等民間團體。

茲將國內這幾個推展安寧照顧貢獻良多的基金會作簡單介紹：

## (一) 財團法人中華民國安寧照顧基金會

最早成立的安寧照顧基金會是由基督教馬偕醫院內的社會事業基金會、雙連教會等共同發起，其服務包括贊助合約醫院醫療儀器、出版相關文宣品、影帶及醫療費用補助，提供癌症末期病人安寧小組醫師會診，社工員與宗教人員提供適當的安寧療護。該基金會成立服務的網站（http://www.hospice.org.tw）讓民眾對安寧照顧有更多認識。

一九九八年馬偕醫院與安寧照顧基金會於淡水院區成立安寧照顧教育示範中心，每年皆針對安寧療護人員辦理專業訓練。

## （二）天主教康泰醫療教育基金會

以居家照顧的型態於一九九三成立，主要協助訓練各醫療院所醫療專業人員及志工並教導病人及家屬正確的照顧方式，以關照病人的身、心、靈。另外也協助喪親家屬走過悲慟。該基金會成立服務的網站http://www.kungtai.org.tw。

## （三）佛教蓮花臨終關懷基金會

佛教蓮花臨終關懷基金會成立於一九九四年，協助癌症末期病患紓緩症狀，也協助病人處理社交、情緒、經濟及宗教等事務，及陪伴喪親者走過悲傷。

其服務的網站爲http://www.lotushcf.org.tw。

佛教蓮花臨終關懷基金會也常辦理佛法與臨終關懷之研討會，藉以增進安寧療護之人才之訓練、研究及交流。

## （四）臺灣安寧照顧協會

爲了整合國內外臨終關懷機構之力量，一九九五年設立了臺灣安寧照顧協會，主要是針對醫療社工專業人員提供進修及對現行制度提供建議及評鑑，推動安寧療護的品質。同時也關注國際安寧機構之聯繫與交流。

從上述基金會可看到不管是佛教、天主教、基督教等任何信仰組織都在極力推展臨終關懷工作，讓生死皆相安。

除了基金會之外，國內各相關宗教醫院也都紛紛設立病房，例如，1990年馬偕淡水分院成立安寧病房，一九九四年天主教耕莘醫院設立聖若瑟之家病房，一九九五年臺大醫院之緩和醫療病房及忠孝醫院安寧病房、嘉義基督教醫院之戴德森紀念病房，一九九六年慈濟醫院之心蓮病房、聖功醫院之聖方濟之家、天主教若瑟醫院之安寧病房，一九九七年佛教菩提醫院之安寧病房、榮

總醫院之大德病房、省立桃園醫院之安寧病房、一九九八年成功大學醫學院附設醫院之緣恩病房…，目前已有二十家醫院設有安寧病房。臺灣現有之安寧病房之相關資料請參考本章附錄。有些醫院雖尚未成立安寧病房，皆認同安寧療護工作，也與中華民國安寧照顧基金會訂定合約，成立安寧小組，共同推動安寧療護。

## 對臨終病人及家屬的協助

### 一、臨終者的心理反應與行為模式

美國死亡研究先驅之一及著名精神醫學家伊莉莎白・庫柏勒・蘿斯（1969）在其經典作《論死亡與瀕死》中，提出瀕死者的五個心理反應模式：震驚與否認（shock and denial）、憤怒（anger）、討價還價（bargaining）、沮喪抑鬱（depression）、接受（acceptance）（謝文斌譯，1973；陳芳智譯，1994）。

### （一）震驚與否認

對死亡的事實感到震驚、驚訝且不相信、拒絕接受即將死亡的事實。

### （二）憤怒

對於為什麼是我？對命運或老天或上帝獨獨挑選上自己感到不平、生氣與憤怒。病人心理會退縮，不願接觸醫療人員，強烈的情緒反應讓照顧人辛苦且備受挑戰。

### （三）討價還價

與上帝或神明討價還價，企圖延長生命或自我約束、否定、

祈求以及企圖改變已預測的死亡時間。討價還價的對象可能是自己、上帝或命運…等。

## （四）沮喪

對不可避免的瀕死事實感到失落、絕望。

## （五）接受

接受自己即將死亡的事實，能有所交代，以平和心離開人世，甚至能歡愉地迎接死亡，走完人生旅程。

這是伊莉莎白・庫柏勒・蘿斯從觀察兩百多個病人而發展與整理出來的架構，並非每個人都一定會經歷這五個階段。但是可以做我們瞭解與同理病患面臨死亡時可能的心理感受。

席內德曼曾描述癌症末期病人有幾種不同的行為模式：

## （一）磨蹭型

堅持到底、努力奮戰、一直否認將死的事實。

## （二）認命型

安靜、深思究理，認為是自己的命運。

## （三）輕蔑型

不相信自己即將死亡，對他人協助表示輕蔑。

## （四）歡迎型

已經厭世了，準備好離開。

## （五）恐懼型

對死亡的恐懼極不尋常，能奮戰到底是因為對死亡的害怕而不是求生的意志力。

David Carroll則是增加了無懼型、沒事型、克制型與逆境中求勝型等幾種面臨死亡的行為類別（引自陳芳智譯，1994）。

## 二、臨終病童的心理情緒反應

死亡對兒童而言是個殘酷的事實，在孩子眼中是如何去看待死亡？

Myra BlueBond-Langer發表「死亡對兒童的意義」之報告中所言，瀕死的兒童對自己健康情形的瞭解甚於大人所想像的，他們對死亡的反應與大人並沒什麼不同，否認、討價還價、沮喪、退縮都是常見的反應，並且瀕死孩子的世界更充滿了疾病的意象與對死亡的直覺（引自陳芳智譯，1995）。一般而言，瀕死的兒童較早發展出成熟的死亡概念。

在林烝增（1997）進行訪談一般兒童對死亡概念的研究時，有孩子提到面臨垂死、掙扎的複雜情感。她被救活了！從事情發生時的無助與驚慌、到急診室與加護病房的痛苦、掙扎、恐懼與害怕，再到普通病房的擔心、不平的一段心情轉折歷程。接著是研究者整理女孩在事後描述意外瀕死時的心情，以及兒童的幾段話。

### （一）無助、驚慌

面臨自己生命受威脅，首先最可能有的感受就是驚慌，面臨他人的死也會有驚慌，只是自己瀕死時之驚慌多半參雜著無助感：他人的死所引發的震驚，可能較多是懷疑。以下是一位小女孩危急時的慌亂，以及等待急救時堅強的生存意念：

在想說怎麼辦怎麼辦，…我快完蛋了，…。

會說我不要死，我不要死…喔！我不要死。我一定要好好的把我的生命保藏好。…我就想說我不能去那個地方，我要趕

快讓自己活起來。…自己要堅強啊，不要放棄…。

我被救活了，就被救活了…，也不是很開心，就是自己救活自己，也是別人救活的，媽媽救我的，如果我媽媽不在場我不可能在這邊。

這裡，可以看到伊莉莎白・庫柏勒・蘿斯五階段中的「震驚、否認期」中，兒童顯露出的驚慌、拒絕事實、堅持不要死。

## (二) 恐懼、孤單、害怕與擔心

急救時，她心中的恐懼與害怕是難以形容的， 年後的現在回憶起來，仍讓她心有餘悸。她害怕的是她就這樣喪失了生命，她怕死，她也怕死後的生活，因為在她的認知中，死亡是必須到地府去，她怕孤單、怕失去依靠；同時她也擔心家人為了她而憂心與難過：

好恐怖，真的好恐怖喔！那時昏迷的時候，覺得全身輕輕的，感覺好像在飄那樣，然後那樣子，然後我在加護病房，插管子，插到身體裡面去，要放水進去，要不然沒水喝，然後不能講話。

我很害怕，怕說我會不會因為這樣子而死掉。…都會看不到他們喔。所以自己都會很害怕，很難過。趕快把我自己救活就好，不要去想那些事情，那時候會很害怕啊，很擔心這種事情。

我想如果我出事情的話對我家人不好，對我也不好。我的爸爸媽媽親戚怎麼辦？然後，我的妹妹，表妹表姊，他們都有一些事情交代我啊，要我去做，我一定要把它作好。…心裡想我的爸爸媽媽啊，如果說我真的這樣子失去生命的話，我爸爸、媽媽，還有很多的親人都會很難過啊！怕他們會擔心

怕說我在那個地方怎麼樣，會擔心被人家欺負。那邊的人都
是很陌生的啊！比如說吃東西還要人家照顧。一個人孤獨在
下面沒有認識的人，好像是比較孤單，沒有人陪。…在地
府，很孤單等投胎。…在想說如果我真的死了會不會有人來
照顧我，比如說來掃墓啊…。

　　這種被急救的恐懼，對兒童而言是相當震撼的，比較一般病
人瀕死前的恐懼是有些異同之處。Pattisony在一九七八年探討臨
終病人的恐懼時，他提出瀕死者內心的恐懼是包含：對未知、孤
獨、憂傷、喪失身體機能、自我控制能力、疼痛、失去認同、以
及對撤退之恐懼等八項（引自吳庶深，1988）。二者相較，相同的
恐懼感是來自對於未知、孤單、憂傷等部分；不同處則是，本研
究上例中該兒童的恐懼偏向個人失去依靠、沒有人照顧與撫養，
這一點和成人失去自我控制能力有很大的不同；另外，兒童也明
顯地對死後是必須到「地府」去之認知感到恐懼。

## （三）不平、失落

　　事情發生了，除了上述的情緒之外，經歷這類經驗的兒童覺
得不平，「為什麼是我自己發生這個不幸」？尤其對她來說不平
衡的地方是她不能向別人一樣去玩樂、學校課業須暫時停擺，健
康狀況也變差了，這些都是她認定的損失。

# 三、對瀕死病人的協助

　　對病人的協助，首先會碰到的難題為考量是否告知瀕死病人
有關死亡的事實，這會與我們和病患的互動關係有關。

## （一）是否告知瀕死病人有關死亡的事實

　　根據格拉塞及史特拉斯（Glaser & Strauss, 1965）提出瀕死病

患、醫護人員及家屬的互動情形可能有以下四種：

1. 封閉性覺察：醫療人員知情，病人不知情。
2. 懷疑性覺察：病人懷疑自己病情嚴重，但不確定，也不知是否要探討實情，醫療人員及家屬皆保持沉默。
3. 互相偽裝：三方皆知實情，卻裝作若無其事，避免討論痛苦的死亡事實。
4. 公開性覺察：病人、家屬與醫療人員皆瞭解實情，並相互分享自己的感受且彼此提供支持（黃天中等，1991）。

是否該告知病人他即將死亡？唯一的答案要視什麼時機及用什麼方式來告訴他嚴重病情，當病人主動問起時是適當的時機，若病人什麼都不問，有可能他還沒準備好。說的時候要能專注傾聽、接納病人的感受與心情，以同理心來對待病人，給予支持及尊重。其次，對病人的協助還包括：疼痛的控制、情緒的支持、提供諮商、協助其完成未盡事宜、陪伴他（她）走完生命旅程。

## 四、對家屬的協助

悲傷是人們失去親友時正常且自然的反應，悲傷的過程有不同的階段。

正常的悲傷感受包括：悲哀、憤怒、愧疚感與自責、焦慮、孤獨感、疲倦、無助感、驚嚇、苦苦思念、解脫感、輕鬆、麻木等。對喪親者需提供悲傷輔導或悲傷治療，J. Willian Worden提出了進行悲傷輔導之原則：（李開敏等譯，1995）

原則一：協助生者體認失落。
原則二：幫助生者界定及表達情緒感受。

原則三：幫助生者在失去逝者下活下去。

原則四：將情感從逝世者身上轉移。

原則五：允許時間去悲傷。

原則六：闡明正常的悲傷行為。

原則七：允許有個別差異。

原則八：提供持續的支持。

原則九：檢查防衛及調適型態。

原則十：界定病態悲傷行為及轉介。

# 臨終關懷組織的服務

　　瞭解臨終患者的心理反應及生命歷程對於要提供給予他的照顧有很大的助益，臨終關懷需要有多元化的經營方式、及滿足各種不同需求的服務方式，而且不單單只需要醫師、護士，還需要一群專業的醫療團隊。接下來，進一步來說明臨終關懷服務的對象，形態與服務方式。

## 一、臨終關懷的服務對象

　　臨終關懷服務多針對癌症末期病患，死亡為無法避免，病人有身體上的症狀苦痛、或有心理精神、靈性等問題，無法延長生命，故不再於病人將死亡時作心肺復甦術、插氣管內管或電擊等延長期苦痛的治療或急救。這樣的服務對象也需是對臨終關懷或安寧療護有正確的瞭解及接受度。

## 二、臨終關懷需要團隊合作

由主治醫師、住院醫師、精神科醫師、心理治療師、護士、志工、社工師、營養師、復健師、督導人員、家屬等形成一個合作團隊，來共同推動臨終關懷或安寧照顧。

## 三、臨終關懷或安寧療護經營的型態

臨終關懷或安寧療護經營的型態上可區分為以下四種，如表17.1：（胡子明，1992；王培瑾等，1995）

表17.1 臨終關懷或安寧療護經營的型態、特色與國內外執行情況

| 經營型態 | 特色（優、缺點） | 國內外執行情況 |
|---|---|---|
| 獨立的安寧院<br>free-standing hospice | 擁有獨立的經費、人員、設備<br>設施最為完善<br>病人轉介可能會有所延誤 | 歐洲以此型態為最多，美國有34%屬於此類，我國目前尚無此機構 |
| 醫院中的病房、醫院為主的單位<br>hospital-based hospice | 利用醫院中現有的醫療人力與設備來提供服務<br>病人轉介不易有延誤<br>可延續對病人常規性的醫療照料<br>人員兼任<br>經費未獨立易缺乏 | 美國有49%屬於此類<br>我國的馬偕醫院、忠孝醫院、耕莘醫院、臺大醫院等等屬於此類 |
| 醫療團隊到病房服務、醫療為主的<br>hospital-based program | 沒有固定的病房單位，由醫療人員到各病房為病人服務 | 美國有17%屬於此類<br>臺灣與安寧基金會的合約醫院一屬此類型 |
| 社區為主的服務<br>community-based program | 利用醫療小組進行居家療護 | 歐美皆有此類型 |

## 四、臨終關懷或安寧療護的服務方式

服務的方式則有日間照顧、院內照顧及居家照顧等。

內政部調查有九成以上國人希望在家終老，臺大等大型教學醫院也曾做過民眾對末期照顧地方選擇調查，結果顯示有三分之一的人希望在醫院過世，但如果有醫療機構能提供居家照護，則有一半以上的人希望能在家過世，這是我們在居家照顧或居家護理上可以繼續努力的。

## 相關法令的制度與推展現況

衛生署自八十五年開始推展安寧療護業務，成立安寧療護推動小組，並擬定緩和醫療病房規範，及癌症末期病人居家照護規範。推展居家安寧試辦計畫。

目前計有二十家醫院提供安寧病房服務，為讓安寧療護人員對癌末病患之疼痛作更有效的處置，衛生署也完成「安寧療護疼痛處置參考指引」，內容包括：疼痛評估、藥物及非藥物處理、輔助性藥物之使用、難控制之疼痛、疼痛治療合併症、⋯等，亦完成「安寧住院療護標準作業參考指引」及「安寧居家療護標準作業參考指引」，提供給安寧療護服務機構參考使用，以提昇國內安寧療護之服務品質。

健保局也自該年七月開始，將住院安寧療護納入健保給付試辦計畫，計有十五家醫院參與，另外，尚有二十五家醫院參與「安寧居家療護納入全民健保試辦計畫」，提供安寧居家療護服務。整體之試辦計畫則由政府部門評估中。

民國八十五年五月二十三日立法院三讀通過安寧緩和醫療條

例，正式由總統公布制定，也訂定出安寧緩和醫療條例實施細則。

　　法則中規定，病患在被兩位醫師診斷為不可治癒且有醫學上的證據時，近期內病程進行至死亡已不可避免者時，將治療轉為施予緩解性、支持性之安寧療護，或不施行心肺復甦術的病人能以有尊嚴的方式走完人生最後的道路。（立法院公報，2000）

　　法令的通過讓臨終病人能夠更有尊嚴走完生命，不須為短暫延長生命而在過程中飽受插滿管子、軀體飽受折騰，而得以善終。

　　除了政府部門的努力，民間機構團體在推展臨終關懷或安寧療護上更是不遺餘力。除前述各醫院安寧病房的設立，還有安寧照顧基金會、蓮花基金會…等社會福利機構與各宗教組織。除了服務的提供也致力於相關人員的專業訓練、交流。安寧照顧基金會也與全省許多家醫院簽約為合約醫院，協助醫療補助、儀器贈送及人員訓練。

## 臨終關懷的倫理議題

### 一、自主權與安樂死

　　死亡是否有自主權？什麼情況下一個人希望結束生命？

　　自主權包括不隱瞞病情，讓病人有時間安排自己的末期生活及後事。國人許多傳統的習慣皆是不忍告知病人病情或家屬本身也抗拒、否認、無法接受事實。阻撓了醫師與病人討論病情，瞭解各種治療方法的機會，也剝奪了病人瞭解自己身體、生命的權

利。

　　除了知道自己病情之外，另一個倫理議題即是安樂死。趙可式（2001）提到，當病人要求「安樂死」時，常是因下列七種原因（中國時報，論壇，90/06/15）：

　　（一）承受了極大的身體痛苦。
　　（二）長期病痛折磨的心力交瘁。
　　（三）無人瞭解無人分享及關愛的孤寂。
　　（四）怕拖累親人及造成親人過度的負擔。
　　（五）對人生及苦難的無意義感。
　　（六）對未來的無希望。
　　（七）怕失去尊嚴。

　　趙可式認為「安寧緩和醫療」（Hospice Palliative Care）就是以反向思考，不必為了「痛苦」而解決「人」，而是為了「人」解決「痛苦」，以高品質的療護緩解病患身、心、靈的折磨，提昇生活品質，維護病患尊嚴。事實證明，一九九七年澳洲北領地的安樂死法案通過只有八個月，就被全數立法委員否決了，原因是立法委員們參訪了「安寧病房」後，那些臨終病患現身說法，告訴立法委員們說：「以前我們因為受不了痛苦煎熬而希望一死了之。現在安寧療護的團隊有效地緩解了我們身體的痛苦，我們被愛與關懷圍繞，親人也獲得充分的支持。我們的靈性得著滋養力量，這段時間是我們生命的高峰，體會到生命珍貴的意義，我們珍惜每一天每一刻，直到壽終正寢，而我們的靈魂彷彿長了翅膀，迎向新生。」他接著提到「安樂死」若立法允許，會產生難以控制後果的「滑坡效應」（slippery slope）。於是弱勢者，可能因著種種理由而被迫「安樂死」，例如，痛苦、失去尊嚴、沒有用、

拖累親人、增加社會負擔等等，因此先進國家雖然歷年來不斷有人提出這個呼聲，至今也只有荷蘭真正立法通過了。「給予死亡」與「准予死亡」是兩個不同的概念。「給予死亡」是結束不會死亡的人的生命；而「准予死亡」卻是不作猛烈而過度的醫療，去拖延一定會死亡的臨終病人之死期。美國一九七六年立法的「自然死法案」即為對末期臨終病患不施以增加痛苦且拖延死期的醫療。這並非「安樂死」，而是一種「自然死」（趙可式，2001）。我國在公元二〇〇〇年五月廿三日立法的「安寧緩和醫療條例」就是類似「自然死」的法律，對醫療已經無能為力的臨終病患，不再施以猛烈的醫療，但卻在醫療團隊及親人悉心的呵護照顧下，「安寧活」至壽終正寢。（中國時報，論壇，90/06/15）

## 二、行善與不傷害原則

以病人為中心的處理原則下，要儘速解除病人的身心靈不適與疼痛而配合家屬或病人的要求，卻又要顧及醫療照顧策略與各治療方法的利弊。有時會陷入倫理上的兩難，給予病人的幫助往往有可能違反醫學倫理不傷害的原則，例如，營養水分的供給。或是治療與追求生活品質的兩個方向的衝突。

## 三、公平或正義原則

在臨床上有資源公平分配抉擇兩難的倫理困境，在安寧療護與緩和療護中常遭遇器材、藥物、設備、儀器等高科技與高花費的付出，若僅限經濟上負擔得起的病患使用是否公平？這是值得我們思考！

# 結語

到世間走一遭，人人都得面對一個終極的抉擇：從人生的漩
渦中走出來，你是遍體鱗傷、垂頭喪氣，還是變的更成熟，
更有自信和智慧？

──Elisabeth Külber Ross

臨終關懷這樣的課題與社會服務，讓人們親近死亡、深思死
亡，貼近臨終者！如同在《因為，你聽見了我》作者Maria
de ltennezl在書中分享陪伴瀕死的人度過生命最後一刻的豐
盛，護送瀕死者走到生命盡頭的心路歷程。她分享她的生命
有這些豐富過程而改變，她說死亡不像我們所認定，缺乏意
義，死亡前的這段時間是死者個人的實現，也是周遭近親轉
化的機會──在更細膩、更內在的領域，也在與別人交往的
天地裡，有許多事物還可以繼續活下去。當死亡如此靠近，
在傷心與痛苦的支配下，生命還能有力、有喜悅，還能有從
未經驗過的深而強的靈魂活動。因為當我們什麼都不能做
時，我們還可以愛人，也能感受被愛。（吳美慧譯，2000）

# 參考書目

## 中文部分

中華民國安寧照顧基金會（1998），《中華民國安寧照顧基金會會訊》（30）。

王培瑾、吳青蓉、楊惠卿等（1995），國內外臨終關懷輔導實施狀況的比較，《諮商與輔導》（114），13-15。

立法院公報，89：32（下），華總一義字第8900135080，89.6.10。

李開敏、林方皓、張玉仕、葛書倫等譯（1995），《悲傷輔導與悲傷治療》。台北：心理。

李宗派（1999），臨終關懷與社會工作，《社區發展季刊》（78），215-224。

杜明勳（1998），安寧療護之起源與發展，《臨床醫學》42（6），392-396。

吳庶深（1998），對臨終病人及家屬提供專業善終服務的探討。東海大學社工研究碩士論文（未出版）。

吳雅菁（2000），由安寧緩和條例談臨終關懷及其諮商輔導，《諮商與輔導》（177），2-6。

吳美慧譯（2000），《因為，你聽見了我》。台北：張老師。

林烝增（1997），兒童對死亡的認知與情緒反應之研究，中國文化大學兒童福利碩士論文（未出版）。

胡子明（1992），籌建臨終關懷組織（Hospice）—現代醫療不可缺之一環，《研考報導季刊》（20），56-63。

陳芳智譯（1994），《生死大事—如何幫助所愛的人走完人生旅程》。台北：遠流。

陳榮基（1998），臨終關懷與安寧療護，《應用倫理研究通訊》
　　（8），13-16。

許禮安（1998），《心蓮心語：安寧療護與生死學》。慈濟文化志
　　業中心。

黃天中（1991），《死亡教育概論—死亡態度及臨終關懷研究》。
　　台北：業強。

黃天中等（1991），《生涯與生活》。台北：桂冠。

趙可式（2001》，論壇，《中國時報》90.06.15。

謝文斌譯（1973），《論死亡與瀕死》。台北：牧童。

## 英文部分

Kubler-Ross E. (1969). *On Death and Dying*. New York:Macmillan.

# 附錄：臺灣現有安寧病房醫院：提供癌症末期病人住院服務

| 醫院名稱 | 病房名稱、求診科別<br>（電話） | 成立時間 | 病房數 |
|---|---|---|---|
| （台北）馬偕紀念醫院 | 安寧病房<br>腫瘤科、安寧療護<br>02-28094661#3101,#3102 | 79年2月創立<br>89年4月遷入安寧療護教<br>育示範中心 | （原為18床）<br>一人房13間<br>二人房17間<br>三人房4間<br>四人房1間<br>共63床 |
| （新店）天主教耕莘醫院 | 聖若琴之家<br>緩和醫療科<br>02-22193391#5501 | 83年03月 | 一人房2間<br>二人房6間<br>共14床 |
| （台北）台大醫院 | 緩和醫療病房（6A）<br>家醫科<br>02-23562256 | 84年06月 | 一人房3間<br>二人房4間<br>三人房2間<br>共17床 |
| 台北市立忠孝醫院 | 祥禾病房<br>內科<br>02-27861288#6985 | 84年07月 | 一人房7間<br>二人房4間<br>共15床 |
| 嘉義基督教醫院 | 戴德森紀念病房<br>放射腫瘤、家醫科<br>05-2765041#233 | 84年10月 | 一人房2間<br>二人房2間<br>三人房3間<br>共17床 |
| 高雄天主教聖功醫院 | 聖方濟之家<br>家醫科<br>07-2238153#612 | 85年04月 | 一人房7間<br>三人房2間<br>共13床 |

| 醫院名稱 | 病房名稱、求診科別<br>（電話） | 成立時間 | 病房數 |
|---|---|---|---|
| 雲林天主教若瑟醫院* | 安寧病房<br>內科、疼痛科<br>05-6337333#2274#2245 | 85年08月 | 二人房2間<br>四人房1間<br>共8床 |
| 花蓮慈濟醫院 | 心蓮病房<br>家醫科<br>038-561825#2341#2343 | 85年08月 | 一人房2間<br>二人房2間<br>四人房3間<br>共18床 |
| 台中菩提醫院* | 安寧病房<br>內科<br>04-4829966#207#208 | 86年06月 | 一人房2間<br>二人房3間<br>三人房1間<br>四人房1間<br>共15床 |
| 桃園醫院 | 安寧病房<br>腫瘤科門診<br>03-3699721#3005#3521 | 86年07月 | 一人房6間<br>三人房3間<br>共15床 |
| （台北）榮民總醫院 | 大德病房<br>家醫科、安寧療護<br>02-28712121#7211 | 86年07月 | 一人房1間<br>二人房7間<br>共15床 |
| （台南）新樓醫院 | 馬雅各紀念病房<br>腫瘤科<br>06-2748316#3155 | 87年04月 | 一人房1間<br>二人房1間<br>三人房2間<br>共9床 |
| （台南）成大醫學 | 緣恩病房<br>一般內科<br>06-2353535#3856-9 | 87年06月 | 一人房2間<br>二人房6間<br>共14床 |

| 醫院名稱 | 病房名稱、求診科別<br>(電話) | 成立時間 | 病房數 |
|---|---|---|---|
| 高雄市立民生醫院＊ | 安寧病房<br>家醫科<br>07-7511131#2502-3 | 87年09月 | 一人房2間<br>二人房3間<br>三人房1間<br>共12床 |
| （高雄）榮民總醫院 | 崇德病房<br>家醫科、安寧療護<br>07-3422121#7105#8105 | 87年11月 | 一人房3間<br>二人房3間<br>三人房2間<br>共15床 |
| （花蓮）門諾醫院 | 安寧病房<br>內科<br>038-241350 | 87年11月 | 一人房1間<br>二人房2間<br>三人房1間<br>共8床 |
| （屏東）基督教醫院 | 傳愛之家<br>血液腫瘤／疼痛科<br>08-7358686#530#531 | | 一人房1間<br>二人房1間<br>三人房3間<br>共12床 |
| 新竹醫院＊ | 腫瘤及安寧病房<br>腫瘤科<br>035-326151#5700#5701 | 87年12月 | 一人房10間<br>二人房2間<br>共14床 |
| （台中）光田綜合醫院＊ | 福田之家<br>血液腫瘤科<br>04-6625111#2800#2827 | 89年2月 | 一人房1間<br>二人房2間<br>共5床 |
| （台中）仁愛綜合醫院＊ | 緩和病房<br>癌症特別門診<br>04-2255450#725 | 89年2月 | 一人房1間<br>三人房3間<br>共10床 |

註：＊為非健保局核定試辦整合性安寧緩和醫療病房（摘自蓮花基金會網頁）